Millien

Kilyan, el Anacreón.

> Manipulador de veneno.

Lorelei,

> Tacto mortal.

Judas,

> Creador de explosiones.

Azura,

> Elemental de fuego.

Michael,

> Manipulador de gravedad.

Nitocris,

> Zú araña

Isis,

> Zú araña

Regan.

Bacia.

Bastien.

Ziyoú

Draco, el Raisaar.

> *Elemental de trueno.*

Marina, la Domadora de Océanos.

> *Elemental de agua.*

Pacifica,

> *Elemental de agua.*

Quentin,

> *Creador de terremotos.*

Alba,

> *Manipuladora de luz.*

Buck.

Oscar.

Kami.

Sin más, Arvel pasó a Ethan de largo, desapareciendo tras la puerta del hostal. El líder de gremio se quedó allí de pie, con los puños cerrados con fuerza y el corazón desbocado.

Echaba de menos al Arvel que conocía, a su amigo.

Puede que no hubiese conseguido ninguna respuesta concreta, pero no había terminado con las manos vacías. Ya no tenía que preocuparse por la seguridad de Chi; ahora solo tenía que preocuparse de quién era.

«Hikami», pensó mientras se giraba hasta el hostal. «Ella tiene las respuestas».

Al igual que el día anterior, los miembros del gremio se congregaron enfrente de las puertas del muro norte. Los guardias los escoltaron hasta la explanada de tierra árida y allí, Kobu subió a Chi hasta el estadio.

El mismo ruido hacía vibrar el aire, como si el público no se hubiese movido de las gradas, como si la hoguera que era aquel evento no se hubiese apagado en ningún momento. Pero a diferencia del día anterior, aunque el estadio pareciese el mismo, Chi estaba consiguiendo respirar con un poco más de facilidad.

Hoy no tenía que pelear, solo tenía que observar.

Rhonda fue directa hasta la barandilla del palco, inclinándose peligrosamente hacia delante para observar las gradas, rebosantes de gente. Sobre la arena, su rostro se reflejó junto al de un joven que Chi no reconoció.

—¡Damas y caballeros, bienvenidos al segundo día del Torneo! Hoy tenemos unos combates entre algunos de los alumnos más notorios de la Zona Central. —Wilson caminó hasta el centro de la arena, con una sonrisa ancha—. ¡Hagamos recuento del día anterior! —dijo, alzando una mano al cielo, donde los nombres de cada gremio aparecían plasmados en el aire.

Bershat - 4   Ziyóu - 4
Chestána - 2   Ikory - 2
Millien - 0   Amirata - 0

Los ojos de Chi rodaron hasta el palco de Millien, donde unas oscuras nubes de tormenta parecían haberse asentado sobre sus miembros. A la derecha de Kilyan, de pie frente a la barandilla, había una joven bajita y de cuerpo robusto cruzada de brazos. Sus ojos almendrados eran de un verde tan claro que parecían estar hechos de cristal tintado, contrastando con su piel oliva y pelo marrón.

Su mera expresión hizo que Chi desease no conocerla jamás.

De hecho, cada miembro de aquel gremio compartía la misma expresión que ella, una mirada muerta y un ceño fruncido con rabia. Chi supuso que no estaban acostumbrados a estar en último lugar.

—Y sin más demora: ¡Rhonda la Castigadora contra Ralph Cavedon!

—Por fin —gruñó Rhonda. Saltó por encima de la barandilla, sin transformarse ni hacer crecer sus alas.

Chi inspiró con fuerza, dando un paso hacia delante para poder mantener los ojos clavados en su compañera.

La joven cayó en picado hasta la arena, pero antes de que sus pies tocasen el suelo, cuatro agujeros agrietaron la arena a su alrededor. Rhonda terminó de descender con gracia y comenzó a caminar hacia Wilson a paso vivo. Tenía una sonrisa ancha en el rostro y una expresión que hizo que una fina capa de sudor empezase a cubrir la espalda de Chi.

Ralph llegó a la altura de Wilson pocos segundos después. Era un joven corpulento y de un tamaño que incluso desde las gradas hacía que Chi se sintiese como una hormiga; y, aun así, Rhonda le miraba como si fuese un animalillo al que estaba a punto de comerse. La joven irguió la espalda, ensanchando los hombros como si estuviese compitiendo con el tamaño exuberante de su contrincante.

Los tambores sonaron y Wilson se escabulló tan rápido como había aparecido, pero no tan rápido como Rhonda saltó hacia delante, cerrando la distancia entre ella y Ralph. El joven dio un paso atrás y del suelo crecieron un par de puntiagudos cristales de un color verde oscuro, esmeralda, que se interpusieron entre él y Rhonda. Ralph continuó retrocediendo mientras sus brazos se cubrían de aquel mismo cristal, como una armadura, pero entonces, los cristales frente a él se hicieron añicos con un estruendo.

Rhonda se abalanzó sobre su adversario, que la observaba con una incredulidad que no tardó en convertirse en miedo. Sus escamas se hicieron visibles, revelando que dos de ellas estaban enroscándose por los brazos de Ralph, como finos tentáculos grisáceos capaces de quebrar árboles. Su armadura esmeralda comenzó a agrietarse a medida que las escamas se aferraban con más y más fuerza.

Al lado de Chi, Leon dejó escapar un silbido.

—Le va a romper los brazos. —Su compañero hizo una mueca.

Chi devolvió su atención a la pelea, con el corazón galopándole en el pecho. Tenía razón. Conocía a Rhonda lo suficiente como para saber que romperle los brazos a alguien no era algo que la hiciese pestañear.

«Incluso lo disfrutaría», pensó.

Miró a su gremio de reojo. La mayoría de sus compañeros observaban el encuentro con visible preocupación, no por Rhonda, sino por Ralph. Chi no pudo evitar pensar que al menos nadie esperaba que ella se comportase como Rhonda. Nadie esperaba que disfrutase del Torneo, pero si tantos alumnos de la Zona Central eran así de despiadados, tal vez no sería tan difícil hacerles daño.

Entonces, Ralph se transformó en un gran dragón de brillantes escamas verdes y se liberó del agarre de Rhonda. La joven trastabilló hacia atrás, esquivando los pisotones de la bestia y las múltiples estacas de cristal que se alzaban del suelo a una velocidad que hizo que Chi perdiese el aliento.

Rhonda cambió también a su forma de dragón, rivalizando con el tamaño de su contrincante, y una docena de escamas crecieron de su cuerpo mientras ella alzaba el vuelo por encima de Ralph.

Se enzarzaron en una pelea aérea de garras y dientes, pero en menos de un minuto los movimientos del joven se ralentizaron. Las escamas de Rhonda le rodearon y, con una certeza aterradora, se le clavaron en la espalda, a casi un antebrazo de profundidad.

Un ruido espantoso se escapó del dragón mientras se desplomaba sobre el suelo. Las escamas salieron de su espalda, dejando caer riachuelos de sangre por la arena. Rhonda aterrizó con brusquedad y se acercó al cuerpo de Ralph.

—Me rindo —jadeó él, de vuelta a su forma Volkai.

Los tambores resonaron.

Las escamas de Rhonda se arremolinaron a su alrededor como lazos azotados por el viento. La dragona golpeó el suelo con una pata y emitió un rugido victorioso antes de volver a su forma Volkai, ocultando sus escamas. Sin esperar a que Wilson llegase hasta el centro de la arena, la joven ya había volado de vuelta hasta su palco.

—¡Menudo espectáculo! —exclamó Wilson, dando un par de palmadas de emoción. Las gradas rugieron en respuesta—. ¡Y dos puntos más para Bershat, lo que les pone en cabeza con seis puntos! ¡Chestána se mantiene en tercer puesto con dos puntos!

Chi se giró hacia Rhonda.

—¿Estás bien? ¿Necesitas un sanador?

—No —dijo su compañera, sacudiendo la cabeza. Alzó un brazo, enseñándole sus heridas—. No son más que arañazos, se curarán solos.

A pesar de sus palabras, lo que Chi vio fueron cortes más profundos que cualquier arañazo, aunque no eran nada comparado con las heridas de Ralph. Los sanadores pusieron al joven en una camilla boca abajo, con cuidado de no moverle más de lo necesario, y le evacuaron con rapidez. Mientras, Wilson continuaba azuzando al público como si estuviese intentando convertir el fuego en un incendio.

—Y a continuación, lo que todos hemos estado esperando, ¡el Anacreón, Kilyan, contra la Movedora de Montañas, Roma!

Como un látigo, Chi se giró hacia el palco de Millien y vio a Kilyan dando un par de pasos hacia delante mientras sus compañeros se apartaban de él con una mezcla de recelo y cautela. Se le formó un nudo en la garganta.

Era hora de presenciar por primera vez al Anacreón.

Capítulo 3

Kilyan *se detuvo al lado de* Wilson, con los brazos cruzados y el rostro neutro. Sobre él, mil voces gritaban su nombre, gente que jamás conocería y que jamás le importaría. El presentador vestía un llamativo traje rojo; su chaquetilla estaba bordada por complejos diseños de hilo dorado que enmarcaban innumerables gemas rojas.

A pesar de que solo habían pasado tres meses desde la primera vez que puso un pie en el estadio, ya casi no recordaba la abrumadora presión de aquellos ojos. No recordaba el sudor que solía cubrirle de arriba abajo, su pulso desbocado o el extraño pitido que se escuchaba en el fondo de su mente y que ahogaba los sonidos que lo rodeaban.

Ahora, lo único que sentía era impaciencia.

Por culpa de Rahn y su detestable personalidad, el Torneo se había alargado un mes más de lo necesario. Si no hubiese perdido los estribos y matado al líder de Bershat, puede que ahora mismo su gremio se alzase victorioso. Quizás por fin sería libre de las ataduras que habían causado sus pecados.

Sus ojos violeta se alzaron sobre su hombro, donde un destello rojo le observaba con una preocupación alarmante. El joven reprimió una sonrisa.

Si no fuese por Rahn, nunca habría conocido a Chi.

Roma se detuvo frente a él, a una distancia considerable. Estaba extremadamente pálida y un par de gotas de sudor habían comenzado a acumulársele en el nacimiento del pelo. Kilyan la perforó con la mirada y la joven frunció los labios en respuesta, rehuyendo sus ojos.

—¡Que dé comienzo el combate! —Wilson bajó el brazo que había estado sosteniendo sobre su cabeza y los tambores resonaron por el estadio.

Kilyan dejó que un instante se escapase, esperando a que los tambores y el público se callasen, y esperando también a que Roma abriese la boca y recitase las palabras, pero no lo hizo.

Sin moverse un paso y con los brazos todavía cruzados, el joven hizo crecer sus alas. Las agitó un par de veces, cubriendo la arena a su alrededor de un espeso humo negro que pronto comenzó a reptar hacia los pies de Roma. La joven retrocedió con rapidez, alejándose de aquella sustancia desconocida. ¿Era un veneno letal? ¿Un tranquilizante? ¿Un alucinógeno? Alzó las manos al cielo con una rapidez desesperada y frente a ella, la arena comenzó a emitir unos crujidos renqueantes.

Del suelo brotó una gran pared de piedra, separando a Roma del veneno. Sus hombros subían y bajaban mientras

Sin darles tiempo a responder, Kilyan desplegó las alas y alzó el vuelo para volver a su palco, donde sus compañeros se mantenían sentados, observando los hologramas en el cielo con aparente aburrimiento. Estaban demasiado acostumbrados a las victorias de su líder de gremio como para celebrar.

De todas formas, seguían en penúltimo lugar.

Chi se sentó entre Ebony y Kobu, recostándose contra el respaldo acolchado con un pequeño suspiro. El lobo la observó como lo había estado haciendo durante la pelea del Anacreón. Pensó en preguntarle qué era exactamente lo que veía en alguien como él y qué tipo de relación tenían, pero no quería escuchar la respuesta.

Wilson anunció la siguiente pelea: de Ziyoú, Marina, la Domadora de Océanos, contra Silas de Amirata. El público, todavía demasiado alterado por la victoria de Kilyan, en la que le había dado a su gremio sus primeros dos puntos, no bajaron el volumen mientras los siguientes dos alumnos caminaban hasta el centro de la arena.

Chi se fijó en Marina y no pudo evitar quedarse embelesada. Era alta y delgada, y su larga melena del color del carbón caía sobre su espalda como una cascada que parecía brillar de un tono azulado bajo el sol. Su piel, casi tan oscura como su pelo, contrastaba con sus ojos, de un azul tan saturado que solamente podría ser replicado con pintura de lapislázuli.

Poco después de que comenzase la pelea, Chi descubrió que se trataba de una Volkai elemental de agua, y que su contrincante no parecía saber cómo nadar.

En un abrir y cerrar de ojos, el día había llegado a su fin, con el sol todavía alto sobre sus cabezas. Las puntuaciones de los gremios se reflejaron en el cielo.

Bershat - 6   Ziyoú - 6

Chestána - 2   Ikory - 2   Millien - 2

Amirata - 0

—¡Y a continuación, los combates de mañana! —Wilson hizo aparecer un sobre del interior de su chaquetilla. Lo abrió con cuidado y sacó una única nota de papel grueso—. ¡Regan de Millien contra Keft de Amirata! —Los rostros de ambos jóvenes aparecieron en el cielo—. ¡Taj de Chestána contra Cedric de Ikory! —El hombre titubeó. Su ceño se frunció de forma casi imperceptible—. ¡Y por último, Draco de Ziyoú contra Kenra de Bershat!

El público rugió ante la mención de uno de los alumnos favoritos del Torneo, Draco Beneberak, cuyo rostro apareció reflejado en el cielo. El joven saludó con ambas manos y una sonrisa de suficiencia cruzándole el rostro.

Por su parte, Hikami se tensó, clavando las uñas en los brazos de madera de su asiento.

—¿Esa no es tu protegida? —preguntó Dabria desde donde se encontraba sentada con el resto de los miembros del Consejo. Tenía la más ligera de las sonrisas surcándole los labios, agrietados por la edad—. Recuerdo haberle dado ese nombre cuando todavía trabajaba en administración.

—Sí, Kenra. —Hikami pronunció aquel nombre que jamás utilizaba antes de mirar a la mujer con advertencia en los ojos.

Habían pasado diez años desde que Dabria le había asignado su nombre a Chi y por aquel entonces, la mujer era poco más que una secretaria ensalzada. Hacía el mismo trabajo que el resto de los secretarios y recepcionistas de la Academia, pero para el Consejo. Y aunque su trabajo fuese solo hacer papeleo u organizar desayunos, trabajar para ellos siempre había hecho que Dabria caminase con la barbilla demasiado alzada y tono desdeñoso. Su actitud no mejoró cuando se aseguró un asiento en la mesa del Consejo después de descubrir a uno de sus miembros robando fondos del subsidio para los huérfanos que residían a tiempo completo en la Academia.

Hikami arrugó la nariz, a sabiendas de que Dabria siempre estaba olfateando en busca de trapos sucios y de que ningún título era demasiado osado para ella, por poco cualificada que estuviese. Si encontraba la munición adecuada, fijaría los ojos hasta en el mismísimo asiento del director.

—He escuchado que hay un gran bote a favor de su primer adversario. Ni siquiera esperaron a saber contra quién iba a pelear antes de empezar a apostar, aunque supongo que no importa. Qué mala suerte debe de tener esa niña para que, de todas las opciones, le haya tocado alguien como el Raisaar.

—Es lo que pasa cuando las peleas se escogen de forma aleatoria. Si siempre dejásemos al público elegir solo se verían los mismos diez alumnos participando una y otra vez. —El director miró a Hikami de reojo, notando la ira que burbujeaba debajo de la superficie—. Estoy seguro de que tu pupila estará bien.

La magistrada inspiró y expiró con lentitud, apaciguando su mente. Estiró los dedos, rodeando los brazos de la silla con un cuidado elegante, y se irguió en su sitio. La pobre Dabria no conseguiría verla perder los nervios. No en aquel palco ni en ningún otro sitio.

—Aunque espero que no hayas apostado nada en las peleas de mañana, Dabria —continuó Yule, haciendo que la mujer se tensase. El resto de los miembros del Consejo observaron en silencio cómo el director apoyaba la barbilla sobre su mano. Cada uno de sus dedos estaban adornados por anillos de oro macizo y piedras preciosas—. He escuchado que la nueva adquisición de Bershat es más capaz de lo que parece.

Hikami chasqueó los dedos y de las pesadas cortinas de terciopelo que escondían la parte trasera del palco apareció Rax. Se inclinó sobre su magistrada para que la mujer pudiese susurrarle unas palabras al oído. El guardia asintió y volvió a desaparecer en las sombras.

La atmósfera era muy diferente a la del día anterior. Solo un par de los miembros del gremio habían decidido ir a la taberna. No para celebrar, sino para trazar un plan. Uno sobre cómo Chi iba a derrotar a Draco.

Hacía más de una hora que habían terminado de comer y aun así, seguían ahí sentados. Ebony había recogido los platos y limpiado la mesa en algún momento, y ahora se encontraba sentada al lado de Chi, que mantenía los ojos fijos en una mancha de pintura descolorida de la pared.

—No —sentenció Naeko, de brazos cruzados al final de la mesa. Las puntas blancas de su pelo azabache se curvaban ligeramente hacia fuera debido a la humedad que impregnaba el aire. El cielo llevaba horas llorando—. Eso no va a funcionar.

—Puede que la mejor idea sea rendirse. —Nahuel dijo lo que todos estaban pensando y lo que ninguno quería admitir—. Draco no es un Volkai particularmente irascible, dudo que ataque a matar, pero las probabilidades de que Kenra gane son mínimas —añadió, y Naeko asintió—. Y por muy rápido que pueda curarse, es posible que su sistema nervioso reciba daño severo, puede que incluso permanente, por mucho que Draco se contenga.

—¿Kenra? —Ebony zarandeó a su compañera, que parpadeó un par de veces antes de alzar la mirada hasta sus compañeros, que la observaban con diferentes niveles de preocupación.

—¿Estás bien? —preguntó Ethan. Sus ojos fueron desde Chi hasta Alessia, la única que se encontraba alejada del grupo. La salvaje lo observaba fijamente, sentada en el extremo opuesto de la barra—. No hay vergüenza en rendirse cuando la batalla no te favorece.

—Lo sé, solo estoy... cansada.

—Es tarde —el erudito Nahuel, ojeando el cielo nublado al otro lado de la ventana. Seguía lloviendo—. Ríndete antes de que Draco te ataque, no hay nada que puedas hacer contra un elemental de trueno.

Chi se limitó a asentir. Sabía que tenían razón y lo único que quería en aquel momento era saborear las pocas horas que le quedaban hasta que tuviese que estar de pie en la arena una vez más, bajo el peso del mundo. Ni siquiera tendría a Ebony para guardarle las espaldas y, si no fuese por ella, lo más seguro era que no hubiese sobrevivido a su primera pelea.

No tardó en despedirse de sus compañeros y salir a la calle. El diluvio se había convertido en una llovizna tan suave que Chi apenas podía notar el agua tejiendo un fino velo sobre su pelo. Bajó por los viejos adoquines de piedra a paso lento, pensando que Draco poseía un nivel de poder que ella jamás conseguiría rozar. No era cuestión de si quería herirle, era cuestión de si *podía*. Y según sus compañeros, la respuesta era que no.

Descendió por la calle hasta que la tenue armonía de la lluvia y sus pasos sobre la piedra se vieron acompañados de un segundo corazón, acelerado, y pocos segundos después, unos sollozos. Chi se mordió el labio inferior mientras apretaba el paso, pues conocía muy bien ese corazón, esa voz.

Pasó el callejón de largo, el mismo callejón en el que la había encontrado la primera vez que había recogido sus piezas rotas del suelo y las había vuelto a juntar.

Melibea hipó y Chi se detuvo.

Frunció los labios hasta que perdieron todo color y se miró los zapatos como si estos fueran a decirle que siguiese caminando, que los problemas de Melibea no eran los suyos. Ya no. Por eso, dio un paso hacia delante y luego uno más, seguido por otros dos. Cuando llegó hasta el final de la calle, y a pesar de que los sollozos de Melibea ya no eran más que un murmullo diminuto contra el viento, sintió su corazón pisoteado.

«No mereces la pena», le había dicho hacía un par de semanas... y su pecho dolió casi tanto como aquel día. Se maldijo a sí misma por lo débil que era y se dio la vuelta. Caminó calle arriba con lentitud y se asomó al callejón en silencio.

Melibea tenía el rostro escondido entre las rodillas, con los brazos rodeándole las piernas. Jamás le había parecido tan pequeña, tan insignificante. Estaba sujetando una botella de vino a medio beber; nunca antes la había visto sujetando algo que no estuviese ya vacío o a punto de estarlo.

A pesar de la lluvia y la brisa, no vestía más que una camiseta negra de manga corta y unos pantalones vaqueros. Chi no podía sentir el frío, pero sabía que la temperatura era más baja de lo normal por cómo su compañera temblaba con cada ráfaga de viento.

—¿Estás bien?

El cuerpo de Melibea se crispó bajo el filo de sus ojos rojos. Poco a poco, alzó la cabeza, mirándola como si fuese un animal que estaba a punto de masacrarla. Se pasó el brazo por la nariz, sin dejar de observarla con ojos rojos e hinchados.

—¿Estás bien? —repitió Chi, después de unos segundos más de silencio. Melibea volvió a bajar la cabeza.

—Sí —dijo con voz resquebrajada. ¿Cómo se suponía que tenía que responder a eso?

—¿Ha pasado algo?

Una vez más, su pregunta fue seguida por silencio, por vergüenza, se aventuró a suponer Chi. Melibea inspiró con fuerza, sorbiéndose los mocos, y entonces, se llevó la botella a los labios.

Una chispa de rabia se encendió en el corazón de Chi.

—Para —dijo con una severidad en su tono que no era propia de ella—. ¿Por qué sigues haciéndote esto a ti misma? ¿De verdad eres tan cobarde que no puedes afrontar la realidad sobria durante más de un par de minutos?

—Suficiente gente me ha dado ya el discurso sobre lo patética que soy y lo rota que estoy, así que haznos un favor a las dos y ahórratelo. No estás diciendo nada que no sepa.

El estómago de Chi se retorció ante esas palabras. Inspiró y expiró lentamente apaciguando la repentina ola de rabia que azotaba su interior y observó a su compañera como lo que era: una mujer incapaz de superar la muerte de un primo y la de un amigo. Alguien que se culpaba por una sangre que no había derramado.

Se limpió un sudor inexistente de las manos contra el pantalón de su uniforme y se sentó al lado de Melibea.

—Lo siento. —Chi la miró de reojo, pues su rostro todavía se mantenía en dirección contraria a ella—. No sé por qué he dicho eso. No eres una cobarde. Es normal no querer afrontar algo que no estás segura de poder soportar. Yo nunca he perdido a nadie, así que no puedo imaginar cómo te sientes.

—El resto del gremio también perdió a alguien aquel día y ellos no se han desmoronado.

—Que no se hayan desmoronado no significa que no estén teniendo problemas manteniéndose a flote. No sé cómo solíais ser, pero incluso yo puedo ver que muchos de vosotros habéis cambiado. He notado cómo evitan mencionar el nombre de Samuel alrededor de Ebony y he visto cómo su mirada se pierde de vez en cuando, como si estuviese viviendo en otro tiempo.

—Pero ella tiene razones para sentirse así. Ella y Sam crecieron juntos, eran inseparables. Verlos flirtear de forma constante sin dar el siguiente paso nos daba a todos unas náuseas... —Melibea se interrumpió con brusquedad, su rostro se ensombreció y sus dedos apretaron la botella—. Y aquí estoy yo ahora, deseando que nunca me hubiese quejado de lo mucho que me gustaba verlos ser felices, deseando poder pasar una noche más en la taberna con todo el mundo, bebiendo y riendo y soñando con el día que ganemos este maldito torneo de mierda.

Chi envolvió los hombros de Melibea con un brazo. La espalda de la joven se sacudió al ritmo de sus sollozos.

—Echo de menos a mis amigos —gimió con amargura—. Alessia solía pasar tiempo con nosotros y Kobu no siempre estaba al borde de un ataque de rabia. Nahuel no solía tener unos muros tan altos y las sonrisas de Mael siempre le llegaban a los ojos... y... —Su frase fue interrumpida por un largo sollozo—. Leon simplemente nos abandonó. En el momento en el que Sam dio su último aliento, dejamos de ser una familia.

—Lo siento mucho —susurró Chi—. Puede que ahora no te lo parezca, pero seguís siendo una familia... aunque las cosas hayan cambiado y aunque sufráis en silencio. ¿Has intentado decirle estas cosas a alguien? ¿A Ethan? —Su compañera negó con brusquedad—. No creo que se hayan dado cuenta de lo mal que lo has estado pasando. No pueden ayudarte si no saben que necesitas ayuda.

Como si hubiesen sido invocados por las palabras de Chi, dos voces subieron por la calle, teñidas de preocupación.

—¿¡Bea!?

La voz de Leon rebotó entre los edificios de piedra, apremiante. Chi miró a Melibea de reojo, pues no parecía haberla escuchado. Había dejado de llorar, pero su mirada se mantenía perdida en los sucios adoquines del callejón.

—Melibea, lo sentimos mucho. —La voz de Mael, mucho más baja que la de Leon, tenía un filo de angustia que ella jamás había escuchado antes—. ¡Melibea!

—Leon y Mael te están buscando.

—¿Qué? —Melibea irguió la espalda y un destello de miedo le iluminó los ojos.

—Llegarán pronto, se están disculpando. —Su compañera hizo una mueca ante sus palabras—. ¿Ha pasado algo?

—Nada aparte de que soy un pedazo de mierda humeante.

—No creo que...

—Ahórratelo, Chi. Tú más que nadie sabes que es cierto.

Negó con la cabeza, pero optó por no decir nada más mientras se levantaba del suelo. Le tendió una mano a Melibea y ella, después de unos segundos de duda, aceptó el gesto y dejó que su compañera la ayudara a levantarse. Entonces, dijo:

—Sé que no merezco ningún tipo de explicación sobre Kilyan aquel día en tu casa... —Antes de que Chi pudiese decir nada, continuó hablando—. No voy a decir nada, pero ten cuidado, es un hombre peligroso.

—Eso he oído —respondió en un susurro—. Y aun así me siento más segura con él que con cualquier otra persona.

Melibea cerró las manos a su espalda, clavándose las uñas. Si los pedazos rotos de su persona no fuesen tan afilados, si no hubiese sido tan estúpida, tal vez esas palabras estarían dedicadas a ella en vez de a él.

—Tienes que tener cuidado de que nadie más se entere. Os expulsarían a ambos.

—Gracias por preocuparte y por no decir nada. —Chi se dio la vuelta y alzó la barbilla para mirarla a los ojos. Alargó una mano hasta el puño cerrado de Melibea. Le abrió la palma para poder estrecharle la mano y darle un pequeño apretón—. Tienes que dejar que te ayuden, ahora que han reanudado el Torneo tienes que tener cuidado, Bea. —Sonrió un poco más de lo que había anticipado y Melibea sintió que un escalofrío le recorría la espalda y la obligaba a erguirse.

Leon y Mael llegaron a su altura unos segundos después. Los tres intercambiaron múltiples disculpas y abrazos antes de volver por donde habían venido. Melibea se dio la vuelta una sola vez para mirar a Chi, todavía de pie donde habían estado hablando, como un espectro de pelo rojo en la oscuridad de la noche.

Su pulso se aceleró y, a pesar de que todavía sentía las puntiagudas garras del arrepentimiento clavadas en su corazón, por primera vez en mucho tiempo consiguió sentir más allá del dolor.

Por fin, vio la luz al final del túnel en el que había estado encerrada durante meses.

Capítulo 4

Alessia cruzó el umbral de la taberna envuelta en un silencio mortífero. Mucha gente le había dicho a lo largo de los años que sus talentos eran desperdiciados en el Sector de Sabiduría, pero a ella eso poco le importaba. No había entrado en la Academia para pelear, por mucho que su situación aparentase lo contrario.

Llegó hasta la biblioteca pocos minutos más tarde. Al intentar entrar se percató de que la puerta estaba cerrada con llave. Dio dos toques rápidos con los nudillos y casi instantáneamente, el cerrojo rechinó.

—¿Tienes los ingredientes? —preguntó Ethan mientras le hacía un gesto para que pasase. Un enjambre de hadas se había formado a su alrededor, iluminando la entrada.

La salvaje había esperado varios minutos después de que Ethan y Nahuel abandonasen la taberna para seguirlos y, aun así, no pudo evitar escudriñar la oscuridad en busca de algún par de ojos curiosos, pero la calle estaba desierta.

—Sí.

Ethan volvió a cerrar la puerta con llave y guio a su compañera hasta la gran mesa de roble que solían utilizar para sus reuniones. Nahuel se irguió en cuanto los vio acercarse.

Carraspeó. No estaba acostumbrado al tipo de nervios que le atenazaban la garganta.

—Subamos.

Ambos jóvenes asintieron ante la sugerencia de Alessia y la siguieron hasta la doble escalera en la parte trasera de la biblioteca. El segundo piso era abierto y estaba adornado por barandillas de cobre sobre las cuales se cernían varias docenas más de estanterías sumidas en penumbras.

Justo enfrente de la escalera había una puerta que daba a una habitación privada, los restos de lo que en algún momento había sido una oficina. Alessia fue directa hasta ella y la abrió, haciéndole un gesto a sus compañeros para que entrasen, acompañados por la congregación de hadas que los habían estado siguiendo a través del edificio.

La oficina tenía una de las pocas ventanas en la biblioteca, detrás de un escritorio viejo cubierto por una espesa capa de polvo y roña. Alessia cruzó la habitación de un par de zancadas y cerró las contraventanas, ocultando el nublado cielo de la noche.

Empujó el escritorio, cuya madera medio podrida crujió en respuesta, hasta una pared cercana. Les dio un par de patadas a unos libros mohosos que se habían caído de la mesa, terminando de despejar el suelo, y se volvió hacia sus compañeros.

—Uno de vosotros tiene que ir a asegurarse de que Kenra esté durmiendo —les dijo—. Entretanto, puedo empezar a preparar el ritual.

—Iré yo. —Nahuel se giró hacia su líder de gremio y le puso un dedo en la frente—. Te daré una memoria falsa. Alessia, pregúntale cuál es la última palabra del libro *Los calcetines parlanchines*. Si recuerda cuál es, es porque Kenra sigue despierta. Una vez que esté dormida haré desaparecer la memoria.

Ethan arrugó la nariz.

—¿Sandalias? —inquirió, mientras Nahuel retrocedía un par de pasos—. ¿Esa es la última palabra?

—Sí —fue lo único que dijo antes de desaparecer, cerrando la puerta a su espalda.

Alessia negó con la cabeza. Se arrodilló sobre el suelo polvoriento y comenzó a sacar objetos de su bolsa. Lo primero de todo fue un tazón de piedra tallada, un mortero, a juzgar por el cilindro a juego que hizo aparecer a continuación. Sobre el suelo también depositó unos sacos pequeños, como los que llevaba colgados de la cintura y, por último, una botella del tamaño de una jarra de cerveza llena de un líquido rojo y espeso.

—¿Eso es más sangre? Por favor, dime que no has desangrado a...

—Es sangre de animal —interrumpió la salvaje, sin alzar la mirada. Abrió una de las bolsitas y vertió decenas de cristales azules en el mortero. Hizo lo mismo con la siguiente—. La mayoría de nuestros rituales requieren sangre, aunque este en específico pide sangre común, sin magia. —Su voz sonó monótona, como si estuviese recitando las palabras de memoria. Ethan supuso que muchos Volkai continentales le hacían ese tipo de preguntas, pues su gente era la única que sabía cómo practicar brujería—. Es una forma de pago valiosa, aunque no tanto como un sacrificio fresco. —Sus ojos se alzaron hasta los de Ethan y le taladraron—. Pensé que no querrías presenciar algo por el estilo.

—Gracias —respondió él, con la voz entrecortada.

Alessia comenzó a moler las piedras. Lo hizo poco a poco y con cuidado, como si no quisiese que ningún pedacito saliese disparado.

—Puedo ayudar con...

—No. —La palabra salió de los labios de la joven mucho más rápido y más alto de lo que pretendía, por lo que se apresuró a añadir, con más detenimiento—: No te acerques, por favor.

—Vale, vale —murmuró Ethan, retrocediendo un par de pasos hasta la pared, por la que se deslizó hasta quedar sentado. Arrugó la nariz hacia el suelo mugriento—. ¿De qué quieres hablar? —Alessia le sostuvo la mirada. Ethan suspiró—. Siempre has sido una mujer de pocas palabras.

—Y aun así sigues intentando sacar conversación.

—¿Qué quieres que te diga? A mí sí me gusta hablar...

—Jamás lo hubiese adivinado.

Ethan entrecerró los ojos hacia su compañera mientras ella continuaba moliendo las piedras hasta convertirlas en un fino polvo celeste, como su melena.

—¿Qué tipo de mineral es ese? —El crujir de las rocas llenó el silencio y Ethan puso los ojos en blanco—. Hace un momento parecías feliz de explicarme cómo funciona tu brujería.

—¿Cuál es la última palabra del libro?

—¿De verdad? Se fue hace cinco minutos.

—Contesta la pregunta.

—Sandalias —respondió él, pronunciando cada sílaba con lentitud—. Solía ser más fácil hablar contigo.

—Y yo solía pensar que las probabilidades de que mis amigos murieran eran bajas —masculló ella, tan suave que Ethan apenas pudo oírla.

Una vez más, lo único que se escuchó fue el sonido del mortero.

Alessia esperó a que su compañero se sacase algún otro tema de la manga, alguna otra pregunta que la hiciese desear no estar en esa habitación con él, pero no dijo nada más. Alzó la mirada y lo vio ojeándose las manos con una expresión perdida. Lo contempló durante unos segundos más, esperando a que se recuperase como siempre hacía. Era algo que el joven había aprendido de Samuel: nunca rendirse y afrontar cada obstáculo con una mente abierta y una sonrisa, aunque no lo hacía tan bien como él.

Alessia entrecerró los ojos antes de devolver su atención al mortero.

—¿Cómo está Bony? —preguntó, ocultando su desdicha casi por completo. Casi.

No volvió a mirar a su líder de gremio, y aun así pudo sentir que le había dado un soplo de vida. Los hombros de Alessia se hundieron ligeramente.

—Me aventuraría a decir que no lo está llevando muy bien, aunque en realidad no lo sé. Ha estado haciendo un gran trabajo fingiendo que está bien.

—Solo ha pasado un mes.

—Lo sé, pero ese es todo el tiempo que nos dieron para estar de luto. Y ella lo utilizó para ocuparse de nosotros.

—Eso hacen las buenas personas. —Alessia ladeó la cabeza y sus rizos celestes se desbordaron sobre su hombro—. Dar trocitos de sí mismos para ayudar a los demás... hasta que no les queda nada.

—Esa es una forma muy negativa de ver el mundo.

—Lo dices como si no fuésemos un montón de veinteañeros matándonos los unos a los otros por gloria y poder.

—Hasta donde yo sé, tú todavía no eres una veinteañera.

—¿Siempre has sido tan exasperante? —Alessia lo miró y, para sorpresa de Ethan, hizo una mueca cuando lo encontró sonriendo de oreja a oreja.

—Perdóname, estos últimos días han sido muy estresantes. Supongo que echaba de menos hablar así con alguien.

Alessia soltó el cilindro del mortero, pues ya no había nada más que polvo en el cuenco. Alargó la mano hasta la sangre de conejo que había recolectado y vertió el líquido viscoso sobre el polvo. Comenzó a remover la mezcla. Cuando volvió a mirar a Ethan, el joven la observaba asqueado.

—Estás haciendo un buen trabajo con el gremio. Puedo ver por qué Samuel te confió el liderazgo a ti.

—Y aun así, no estoy haciéndolo tan bien como él.

—Él no tuvo que guiarnos a través de un camino tan empinado.

—Gracias. —Ethan cambió su peso de un lado a otro, incómodo y reconfortado al mismo tiempo—. Siempre he sabido que eres mucho más agradable de lo que quieres parecer.

—¿Se supone que eso es un cumplido?

Alessia se levantó, sujetando el cuenco, y caminó hasta el centro de la habitación. Volcó el líquido con el cuidado y la precisión de una mano maestra. Dibujó un círculo de una palma y media de diámetro y luego se alejó, delineando otros dos círculos alrededor del primero, cada uno mucho más grande que el anterior. Por último, dibujó líneas para conectar los dos círculos más grandes, como los barrotes de una cárcel.

Se acercó a su bolsa y sacó cinco pequeñas estatuas talladas en fresno. Ethan entrecerró los ojos en aquella oscuridad y cuando una de las hadas revoloteó cerca de las manos de Alessia, consiguió distinguir unas figuras femeninas arrodilladas como si le estuviesen orando a los espíritus.

La salvaje colocó las estatuas alrededor del círculo más pequeño, sin tocar ninguna de las líneas de sangre que ahora marcaban el suelo.

—¿Qué son?

—Tótems de protección. Están tallados en madera por sus cualidades aislantes, que nos protegerán de cualquier energía indeseable, y por sus conexiones con la naturaleza, que fomentan la vida y el crecimiento. —Ethan alzó las cejas, pero se mantuvo en silencio—. ¿Cuál es la última palabra de *Los calcetines parlanchines*?

Para la sorpresa de ambos, el líder de gremio frunció los labios en vez de contestar.

—No me acuerdo.

—¿Estás seguro? —Después de unos segundos más de silencio, Ethan asintió—. Bien, empecemos.

Alessia sacó una piedra de su bolsa, del mismo aspecto acristalado que las que había molido, pero más grande que su puño. Parecía una roca de sal, aunque azul en vez de anaranjada. Tenía una cara cóncava, lisa y curva a diferencia del resto de su superficie, que estaba tallada.

La salvaje caminó hasta el centro de los tres círculos y, con cuidado de no perturbar el trabajo que había hecho, dejó la roca en el interior del más pequeño. Alargó una mano hasta uno de los bolsitos que colgaban de su cadera y sacó el mismo vial que les había mostrado hacía unos días, el que contenía la sangre de Chi.

—Mantente pegado a la pared —ordenó mientras destapaba la botella. Ethan asintió y se puso en pie.

La joven dejó caer la sangre sobre la roca, que acunó la mayor parte del líquido antes de empezar a desbordarse, rodando con lentitud hacia el suelo. Más rápido de lo que se había movido en toda la noche, Alessia salió del círculo y abrió los brazos igual que un pájaro desplegaba sus alas. En apenas un susurro, comenzó a recitar palabras en un idioma que Ethan no consiguió reconocer.

El joven inspiró con fuerza, intentando calmar el creciente palpitar de su corazón. Los segundos pasaron con el murmullo monótono de Alessia, que hacía que todo su cuerpo se erizara. Alzó la mirada a tiempo de verla fruncir el ceño.

—¿Pasa algo?

—No —respondió, cortante—. No está pasando nada. Normalmente solo hay que recitar el conjuro una vez. Ya lo he hecho tres...

Antes de terminar la frase, dio un paso atrás, mientras sus labios se fruncían a juego con su ceño. Y, entonces, el suelo comenzó a temblar bajo sus pies. Ethan separó las piernas para mantener el equilibrio y sus ojos se fijaron en la piedra.

La sangre comenzó a burbujear. Poco a poco, más y más sangre se derramó de la roca, hasta cubrirla por completo de rojo, mucha más de la que había salido del vial. El líquido creció y creció, hirviendo y humeando, hasta que la silueta deforme de una persona con demasiadas caras y brazos se alzó frente a ellos. La figura levantó varias manos hasta la barrera invisible que le rodeaba y la golpeó con los puños cerrados, haciendo vibrar la habitación entera con una intensidad que obligó a ambos alumnos a retroceder.

—¿Qué es esto? —preguntó Ethan con una mezcla de miedo e indignación en la voz. Su espalda chocó contra la pared.

—No lo sé —respondió Alessia. La incertidumbre que hizo temblar su voz formó un nudo en la garganta de su compañero. Ella *siempre* sabía lo que estaba pasando, ¿qué significaba su ignorancia?

Entonces, el temblor que agitaba el suelo se hizo más intenso y, con una fuerza explosiva, un humo negro estalló desde dentro de la figura de sangre, salpicando rojo sobre la barrera invisible. El humo se alzó en una columna circular hasta el techo, acompañado de un ruido ensordecedor, y comenzó a propagarse más allá de los círculos que Alessia había dibujado, hasta cubrir el techo por completo.

El suelo continuó sacudiéndose y, espantado, Ethan observó cómo la columna negra frente a él se movía y se retorcía intentando liberarse. Un brillo rojo iluminó el interior del humo, revelando las caras más deformadas que hubiese visto nunca, las cuales sostenían un grito mudo.

Los rostros se estamparon contra la barrera, intentando escapar. A la vez, los tótems empezaron a arrastrarse hacia atrás, como si estuviesen siendo empujadas por el más débil de los vientos. El humo pareció ganar algo de terreno.

Ethan se llevó una mano al pecho, intentando mitigar el repentino dolor que le consumía. Dolor, desesperación, miedo... La abrumadora sensación de que el mundo se estaba desmoronando bajo sus pies, de que estaba cayendo por un precipicio sin fin.

Lo primero que vislumbró fueron los rostros de sus padres y luego el de Ebony, seguido por el de cada miembro de su gremio, y todos ellos se desvanecieron hasta que no quedó nada más que un vacío completo y a la vez...

Caos.

Alessia cayó de rodillas al suelo, adoptando la misma postura que las figuras de madera, y comenzó a recitar más palabras que él jamás había escuchado. Tenía los brazos alzados sobre su cabeza, temblorosos, y los puños entrelazados con fuerza. ¿Estaba rezando? ¿Qué tipo de monstruo se retorcía frente a ellos? ¿Qué tipo de magia podía convocar algo con aquel aspecto y causarle semejante reacción?

Las piernas de Ethan flaquearon y unas náuseas terribles sacudieron su estómago.

Los rezos de Alessia se hicieron más y más altos hasta que su voz prácticamente competía con aquel ruido monstruoso. Sonaba desesperada, aterrada.

—¡Suficiente, por favor! —gritó, con la frente pegada al suelo—. ¡BASTA!

En un instante, el humo fue tragado de vuelta, la habitación dejó de temblar, y no hubo nada más que silencio. Durante un minuto entero, Ethan observó la roca en la que Alessia había vertido la sangre de Chi. Seguía igual que cuando habían empezado, un pequeño charco sin perturbar, como si no hubiese ocurrido nada.

Se deslizó contra la pared hasta quedar sentado.

Alessia, cuyo cuerpo temblaba de forma descontrolada, levantó la cabeza. Primero miró a su compañero, que tenía una sola lágrima deslizándose por la mejilla derecha, y luego al círculo de invocación.

Las cinco estatuas de fresno se encontraban lejos de donde las había colocado... y cada una de ellas estaba partida por la mitad, de pies a cabeza.

La joven dejó escapar un suspiro leve, levantando una pequeña nube de polvo del suelo. A pesar de que los sentimientos abrumadores que la habían llenado hacía solo un momento parecían haber desaparecido por completo, todavía sentía miedo. Miedo de moverse, miedo de hablar y, sobre todo, miedo de lo que fuera que había dentro de Kenra.

—¿Alessia? —La voz de Ethan salió rota, como si no hubiese hablado en años. Carraspeó—. Alessia, ¿estás bien? Por favor, dime que estás bien. —Silencio. Sus ojos se encontraron y supo de inmediato que no estaba bien. Él tampoco lo estaba—. ¿Qué ha sido eso?

—No lo sé.

Chi se despertó sin aliento y cubierta de un sudor frío. Se incorporó con rapidez y la neblina del sueño no tardó en comenzar a disiparse. Estaba en su habitación y, a juzgar por el vacío a su lado, Kilyan ya se había marchado.

Se quedó allí sentada durante unos minutos, intentando calmar su respiración.

No recordaba la última vez que había tenido semejantes pesadillas, escenas tan vívidas que al despertar se olvidaba de en qué mundo vivía. Se pasó las manos por el pelo, enredado y húmedo por el sudor, sin poder parar de pensar en humo, unos ojos sin rostro... una voz sin boca.

Una voz que le susurraba cosas terribles.

Sacudió la cabeza antes de levantarse, apartando aquellos sueños de su mente. Se dio un baño rápido y cuando volvió a su habitación se fijó en una hoja de papel sobre su escritorio, encima de todos los libros que todavía tenía que devolver a la biblioteca.

Pasó los dedos por la tinta y leyó:

Buenos días, hermosa:

Espero que te encuentres mejor, parecías estar teniendo una pesadilla terrible, pero no he conseguido despertarte.

Buena suerte con tu pelea de hoy. Draco es un adversario con el que deberías tener cuidado, aunque no es un prodigio; tiene muy malos reflejos y cuenta con que nadie se le acerque, así que no suele estar muy preparado para peleas cuerpo a cuerpo.

Buena suerte y, por favor, ten cuidado.

Chi le sonrió a la carta, fijándose en la elegante estructura de sus letras al inclinarse hacia delante y cómo la tinta se encharcaba al final de cada frase. Pudo imaginar a Kilyan con la pluma descansando contra el papel, sopesando sus siguientes palabras con un detenimiento cuidadoso.

A pesar de que sabía que sus posibilidades de ganar eran prácticamente nulas, él todavía creía en ella, todavía la animaba a esforzarse y la ayudaba. La sonrisa de Chi se torció hacia abajo, sintiendo un repentino peso en el pecho. Quería a Kilyan mucho más de lo que se aventuraba a admitir, tanto que le dolía tener que limitar su compañía a un par de horas nocturnas, tanto que no sabía qué sería de ella si le ocurriese algo durante el Torneo.

La imagen de Melibea la noche anterior parpadeó en su mente. No estaba segura de ser lo suficientemente fuerte como para cargar con el dolor que su compañera llevaba a las espaldas.

Dejó el papel sobre el escritorio y se giró hacia la caja que reposaba sobre su silla. La había encontrado en la entrada de su edificio la noche anterior, pero no había tenido la energía suficiente para abrirla. Sabía que era de Hikami, gracias a la nota que había dejado.

Dentro encontró dos cosas: una capa negra y un peto idéntico al que Isis había agujereado. Alargó una mano hasta la nota y leyó: «Un reemplazo para tu armadura y una capa aislante para tu pelea».

Chi no consiguió sonreír.

¿Hikami de verdad pensaba que tenía alguna posibilidad de ganar? Su fe en ella hacía brillar una calidez familiar en su pecho, acompañada de un frío afilado. No quería decepcionarla, pero tanto ella como sus compañeros sabían la verdad. Poco podía hacer Chi más que rendirse. Al fin y al cabo, ¿qué iba a hacer alguien como ella contra un hombre capaz de blandir electricidad?

Dejó caer la nota y se vistió con su nueva armadura y capa. La tela de la prenda era diferente a la que solía vestir, mucho más larga y pesada, y de un tacto áspero. En vez de abrocharse a sus hombreras como lo hacía su capa habitual, esta tenía un broche que descansaba contra su piel y que se le clavaba ligeramente en el cuello por el peso del resto de la tela.

Iba a ser un día largo, podía sentirlo en la tirantez de su cuerpo y el zumbar de un dolor de cabeza que empezaba a formarse en la base de su cráneo. El sol mañanero la cegó al salir de su casa y una vez llegó al muro, las voces de sus compañeros pusieron sus nervios a flor de piel.

Sus ojos se detuvieron sobre el estadio cuando este decidió mostrarse a través de las nubes. Hoy no tenía que preocuparse de herir a nadie; solo tenía que preocuparse de la humillación que sentiría al rendirse enfrente del mundo entero.

Al menos Roma lo había intentado. Aunque todos supiesen que iba a rendirse y que su pelea contra Kilyan fuese casi tan desequilibrada como la de Chi y Draco, al menos había luchado hasta que no pudo mantenerse en pie, hasta que sus propios compañeros le rogaron que se diese por vencida.

No fue capaz de concentrarse en los primeros dos combates del día. Ni nombres, ni rostros, ni magias consiguieron registrarse en su mente mientras los alumnos peleaban. Lo único que notó fueron los ojos de Kilyan, que, de vez en cuando, la miraban con nerviosismo, y a Hikami, sentada al lado del director. La mujer que había creído en ella lo suficiente como para adoptarla a pesar de todo. No le había importado suspender clase tras clase, examen tras examen, durante años, pero Hikami nunca había estado presente para observar su ineptitud fingida.

Chi cerró los puños alrededor de su capa, sintiendo una repentina oleada de náuseas amenazando con derrumbarla.

Ahora contemplaría una incompetencia verdadera.

Su cerebro la obligó a percibir cada olor: el aroma a sudor y tierra árida de Kobu a su lado, el tufo a palomitas y comida grasienta que se derramaba desde las gradas, el casi imperceptible pero siempre presente olor a sangre que impregnaba el estadio por completo, gracias a años, décadas, *siglos* de aquel líquido siendo derramado. Era un olor tan sutil y, a la vez, tan presente que, si se concentraba lo suficiente, prácticamente podía saborear el metal en la lengua al respirar.

Kobu le dio un codazo en el hombro, arrancándola de su trance.

—Es tu turno —dijo sin más. Los ojos de Chi se agrandaron mientras observaba a Wilson, con una mano alzada hacia ella. Su rostro, cristalino frente a las gradas, como el de un ciervo acorralado—. Ya han dicho tu nombre.

Un portal se abrió a su lado y ni siquiera tuvo tiempo de advertir dónde se encontraba Leon, pues Kobu ya la había empujado hacia la oscuridad. Disimuló el tropiezo a la vez que sus pies se hundían ligeramente en el suelo acolchado de arena.

Cerró las manos con fuerza.

Sus oídos se destaponaron, como si acabase de pasar varios minutos sumergida en agua, y el ruido del público bramó sobre ella. Draco se encontraba a un par de metros de distancia, con los brazos cruzados igual que los había tenido Kilyan el día anterior. ¿Él también esperaba el final de aquel combate con impaciencia?

Su pelo era puntiagudo y apuntaba en todas direcciones como si estuviese electrificado. Sus ojos tenían el mismo gris que las nubes de tormenta. Con razón le habían otorgado el nombre del Dios de las Tormentas.

Su corazón se aceleró.

Wilson, que aquel día iba vestido con un traje de un turquesa saturado y repleto de perlas oscuras, que brillaban de diferentes tonos azules y grisáceos, bajó la mano que había mantenido alzada.

—¡Que dé comienzo el combate!

Tan rápido como lo hacía siempre, el hombre se escabulló. Los tambores retumbaron, erizando su piel con tanta brusquedad que la fricción de su ropa le dolió. Durante unos instantes eternos, aquel sonido omnipresente vibró por cada centímetro de su cuerpo, manteniéndola atrapada en el momento.

Su boca se secó.

El ruido cesó y Chi dio gracias a que Hikami estuviese justo fuera de su campo de visión, al igual que su gremio. Abrió la boca e inspiró el aire necesario para decir las palabras que no se había atrevido a pensar hasta aquel instante.

Pero antes de que pudiese dejar escapar ruido alguno, Draco habló:

—¿Vas a rendirte tan rápido?

Capítulo 5

La *sonrisa de Draco* se ensanchó.

—Después de todo lo que he escuchado de ti esperaba algo más que... esto.

—¿Esto? —inquirió Chi.

El más leve de los enfados comenzó a hormiguearle en el estómago, pero estaba demasiado ocupada intentando ocultar su miedo y su vergüenza como para percibirlo. Los aplausos del público apenas habían comenzado a menguar a medida que notaban la falta de acción.

—Una cobarde. —El rostro de Chi se crispó ante la palabra, pues sabía que la describía a la perfección en aquel momento—. Adelante, ríndete. Estoy seguro de que Kilyan no tardará en superar la decepción.

Un escalofrío la recorrió de pies a cabeza. Escaneó las gradas y los palcos en busca de reacciones. Sin embargo, no hubo ninguna. Ella apenas podía escuchar las conversaciones que tenían lugar en la arena desde su palco, así que con suerte nadie podía escucharlos ahora.

—No sé de qué estás hablando —dijo, fingiendo toda la compostura que podía, la cual no era mucha.

El rostro de Draco se contorsionó con una mueca de dolor casi cómica.

—¿No te ha hablado de mí? —preguntó, fingiendo sorpresa—. Ah, este mejor amigo mío, siempre hiriendo mis sentimientos. —Ella entrecerró los ojos, sin saber qué decir o qué pensar—. En cambio, él me ha hablado mucho de ti, Kenra. Está completamente embobado contigo..., lo cual se me hace bastante extraño teniendo en cuenta que podría matarte con un simple roce.

—Supongo que no te lo ha contado todo.

Fue el turno de Draco para entrecerrar los ojos.

—¿Entonces qué? ¿Vas a rendirte así sin más?

—¿Cuál es la alternativa? ¿Dejar que me electrocutes y *luego* rendirme?

Él levantó una mano, sacudiéndola en el aire.

—¿Por qué no hacemos un trato? Si accedes a pelear contra mí, te prometo que me mantendré Volkai. No me transformaré en ningún momento. Eso debería hacer el combate ligeramente más justo.

—¿Y por qué harías eso?

—Porque mi curiosidad siempre saca lo mejor de mí y porque hay un bote que roza los millones en contra tuya. No me gusta que me utilicen para hacer dinero fácil, y si yo estuviese en tus zapatos tampoco me haría gracia que me subestimaran de semejante manera. Además —añadió, afilando su sonrisa—, una amiga de Kilyan es una amiga mía.

—Llevas siendo uno de los tres alumnos más poderosos del Torneo desde que empezó. Lo más probable es que haya cientos de personas que se han hecho ricas gracias a ti.

—Nadie me reducirá al mismo nivel que un caballo de carreras, Kenra, es una cuestión de principios. Eso y que he apostado a que voy a ganar una pelea limpia, pero el bote grande es a favor de que te rindas en el primer minuto o de que pierdas sin siquiera tocarme.

—¿El primer minuto? —inquirió ella, su voz una octava demasiado alta. Miró a su alrededor una vez más. El estadio se había sumido en silencio casi por completo.

—Exacto, acabas de hacer que unos cuantos pierdan millones, felicidades.

—¿Millones? —exhaló Chi, sin poder creer lo que oía. Él sonrió—. Si hubieses apostado a que me iba a rendir y no me hubieses interrumpido, tú habrías podido hacer ese dinero.

—¿Y perder la oportunidad de pelear contra la única no Volkai en existencia? —Negó con la cabeza—. Además, Kilyan jamás me perdonaría si hubiese duplicado mi fortuna a costa de su novia. No soy tan ruin.

—No necesito tu caridad.

—No es caridad, es honor, así que deja de resistirte y pelea. —Draco dio un paso hacia delante y ella retrocedió—. ¿Piensas que no me he dado cuenta de la cara que estabas poniendo? Sé que no querías rendirte.

Chi negó con la cabeza, pero cuando Draco volvió a dar un paso hacia ella, no se movió. Él alzó una mano y la sostuvo en el aire.

—¿Trato?

Una extraña quietud reposó sus alas sobre el estadio. Todo el mundo quería saber de qué estaban hablando y qué significaba esa mano suspendida en el aire; todos los alumnos, desde Bershat hasta Millien, observaban con una curiosidad suspicaz, y desde el palco presidencial, Hikami y el director mantuvieron una expresión serena, ella con el ceño fruncido y él con una curva en los labios que muy pocos hubiesen reconocido como una sonrisa.

—Os dije que no iba a ser una pelea tan predecible —dijo el director. Su mirada se mantuvo clavada en la arena al igual que la de Dabria, cuyo cuello había comenzado a enrojecer.

Chi soltó un suspiro tan rápido como tembloroso. Alzó una mano y la cerró alrededor de la de Draco.

—Trato.

—Empecemos. —El Raisaar volvió a sonreír antes de dar un paso atrás y, al soltar su agarre, Chi sintió un ligero calambre.

Mientras se alejaba, se fijó en los dedos de su adversario, que habían comenzado a soltar pequeñas descargas eléctricas. Una vez se encontraron a una distancia prudente el uno del otro, el aire comenzó a afilarse.

Chi inspiró.

Lo primero fue un destello frío y brillante, que oscureció el estadio entero en un segundo como si el mismísimo sol se hubiese apagado sobre sus cabezas. Ella no dudó al agazaparse sobre el suelo, ocultando todo el cuerpo bajo su nueva capa.

Lo siguiente que ocurrió fue un trueno ensordecedor. Chi había vivido muchas tormentas eléctricas, era un fenómeno común en una isla en medio del océano, pero jamás había escuchado un trueno tan cerca. El sonido fue tan estrepitoso que sus oídos pitaron. El rayo se estrelló contra su cuerpo y de inmediato, un calor abrumador la envolvió. Sintió un dolor agudo en la espalda, como si alguien le hubiese pisoteado la columna con tacones de metal.

Aun así, se sacudió el dolor y el aturdimiento en un instante. Se puso de pie, su capa todavía humeante, y cargó hacia Draco, agujas en mano. A su espalda, allí donde el rayo había caído, la arena se había ennegrecido y en algunos puntos se había derretido, dando lugar a un cristal sucio e irregular.

Draco no se movió ni dejó de cruzar los brazos mientras ella cerraba el espacio que los separaba. Entrecerró los ojos y una vez más, el sol se apagó y un destello blanco cegó a todos los presentes.

Chi se deslizó hacia atrás, con el corazón desbocado, y derrapó sobre la arena hasta quedar tumbada. Se hizo un ovillo, escondiéndose debajo de la capa, y un instante después el rayo cayó sobre ella. Su cuerpo absorbió el impacto, dejándola sin aliento, y un intenso olor a quemado le subió por la nariz y los ojos, haciéndola lagrimear.

Tardó un instante más que antes en levantarse, pero en cuanto lo hizo, ignorando la tirantez de sus músculos, reanudó su carrera. Empuñó dos agujas y las lanzó hacia su adversario, una a su hombro y otra a sus pies. La primera le rozó el brazo, cortando la tela de su chaqueta, y la segunda se hundió en la arena, allí donde su zapato había descansado hacía un instante. Draco descruzó los brazos y separó los pies. Chi desenfundó dos agujas más, pero antes de que pudiese lanzarlas, su contrincante alzó una mano hacia ella y un rayo azulado salió despedido de su dedo índice, zigzagueando de forma errática a través del aire.

Chi viró hacia un lado, apenas esquivando la descarga. El pelo de su nuca se erizó. Sus pies derraparon ligeramente sobre la arena, levantando una pequeña nube de polvo, antes de que pudiese volver a arremeter. Solo unos pasos más y conseguiría alcanzarle.

Draco separó los dedos, con la mano todavía alzada, y despidió una descarga de docenas de pequeños rayos entretejidos como telarañas, algo que Chi no pudo esquivar. Sus pupilas se afilaron cuando la electricidad impactó contra ella. Cada uno de sus nervios ardió como un incendio forestal. Su cuerpo se agarrotó, sus manos se cerraron con demasiada fuerza sobre las agujas que había estado sujetando y sus rodillas se atoraron.

El público y los alumnos exclamaron al unísono, quedándose sin aliento, no porque la joven hubiese recibido una descarga a quemarropa, sino porque, a duras penas, había conseguido levantar un brazo y colocar una de sus agujas contra el cuello de su adversario.

Los ojos de Draco se abrieron de par en par y cualquier rastro de una sonrisa se desvaneció de su rostro. Apartó la mano de Chi de un golpe rápido, pero ella ya se había sacudido los efectos de su ataque, así que pasó su otra mano por detrás del cuello de Draco y tiró de él hacia abajo. Le dio un rodillazo en el estómago, con la fuerza suficiente como para que el chico comenzase a toser de forma descontrolada. Trastabilló hacia atrás a la vez que Chi le propinaba una patada en el costado, lanzándole a varios metros de distancia. Cayó sobre la arena y el público se alzó entre aplausos y vítores.

Menudo espectáculo estaban presenciando. Nadie esperaba que fuese una pelea equilibrada y, aun así, era el Raisaar el que se arrastraba por el suelo.

El cuerpo de Chi temblaba con fuerza y, a pesar del esfuerzo que estaba haciendo para mantener sujetas las agujas, los dedos de su mano izquierda se abrieron poco a poco, dejando caer el arma. Sus ojos se fijaron en Draco, que intentaba ponerse en pie tras golpear la arena con el puño cerrado.

La más pequeña de las sonrisas curvó los labios de Chi, un simple destello de regocijo al ver que, después de todo, no eran tan inútil como creían; una pequeña, rápida, efímera, chispa de satisfacción ante el daño que había causado.

Se volvió hacia Draco, que acababa de levantarse. Él tiró su chaqueta al suelo y se rodeó el costado con una mano. Ya no se alzaba tan derecho ni con la barbilla tan alta.

—Y yo que pensaba que eras una pacifista —bufó al ver la expresión de Chi—. Has estado a punto de romperme un par de costillas. —El corte de su brazo no había dejado de sangrar en ningún momento y ahora, la manga de su camisa vestía un rojo oscuro.

—Tú me has electrocutado —replicó ella, alzando sus brazos temblorosos—. Duele.

—Al parecer, no lo suficiente —dijo con un ligero destello de amargura—, pero si en algún momento es demasiado, siempre puedes rendirte.

Chi frunció los labios. Ahogó los gritos del público y sus propios pensamientos, tanto los que le suplicaban que se rindiera antes de hacerse demasiado daño como los que le susurraban que le hiciese el mismo daño a él.

Silenció su miedo y su rabia y alzó sus armas.

Draco desenfundó un cuchillo de su cinturón y arrastró su pie derecho, dibujando una luna menguante sobre la arena al prepararse para recibir el siguiente ataque de la joven. Flexionó las rodillas a la vez que Chi se abalanzaba sobre él.

Draco esquivó las embestidas como pudo, consciente de que no estaba intentando atacar sus puntos vitales, y aun así, se encontró sin aliento en pocos segundos. Cada golpe que le proporcionaba, cada choque que absorbía, enviaba ondas de dolor por todo su cuerpo, como si estuviese bloqueando la ferocidad de un tigre o las olas más iracundas del mar.

Y entonces, entre las ráfagas de ataques y sudor, Chi encontró una abertura. Dejó que una de sus agujas se hundiese justo donde el hombro y la clavícula de su adversario se unían. El dolor amenazó con cegarle, con cortarle las piernas y hundirle los pulmones. Supo que no iba a durar mucho más, por lo que alzó la daga con la que se había estado defendiendo y cortó el aire hacia arriba.

El filo metálico se arrastró por la armadura de Chi, deslizándose por la piel de su cuello hasta su barbilla. La joven abrió los ojos de par en par y se apartó de un salto, llevándose una mano al cuello.

No la había cortado a ella, sino al broche que sujetaba su capa.

La tela cayó como plomo sobre el suelo y entonces, el estadio se oscureció, el aire vibró y las nubes que se habían formado al principio del encuentro se electrificaron. Chi dejó escapar un grito ahogado. Sabía que no tenía tiempo de agacharse y de alguna forma cubrirse con la capa. Tal vez, solo tal vez, podría incapacitarle antes de que...

Un trueno resonó sobre la arena al mismo tiempo que Chi sacaba la aguja del hombro de Draco y la alzaba una vez más, amenazando con hacerle mucho más daño. Sin embargo, un rayo azulado descendió del cielo, cortando el aire, y cayó sobre ambos.

Un fuego repentino recorrió cada nervio de su cuerpo, propagando un dolor tan agudo y tan letal que no tuvo tiempo de gritar. Su visión se oscureció y su mente se apagó. Su cuerpo quiso caer inerte al suelo, pero Draco la rodeó con ambos brazos, haciendo un visible gesto de dolor. La dejó tumbada sobre la arena y le quitó tanto el cinturón como el tahalí que albergaban todas sus armas. Se puso las agujas sobre el hombro, retrocedió un par de pasos, y prácticamente se derrumbó al sentarse, vencido.

Se sujetó la herida del hombro y observó con seriedad a Kenra, inconsciente frente a él. Si aquel último ataque no hubiese funcionado, no estaba seguro de haber podido ganar.

Los minutos se alargaron entre susurros. Muchos se levantaron de sus asientos para estirar las piernas o para comprar más comida. La mayoría de los alumnos habían empezado conversaciones, algunos incluso dormitaban.

Kilyan era el único de su gremio que seguía de pie, con los ojos fijos en Chi. Sabía que muchos levantarían una ceja ante su interés, sobre todo por el hecho de que solía emitir una indiferencia que rivalizaba con cualquier otro. Sin embargo, por mucho que se dijese a sí mismo esas cosas, sus pies no se movían.

Habían crecido unas profundas raíces de preocupación y un hormigueo de rabia dirigido a su amigo, que todavía descansaba despatarrado sobre la arena.

La cabeza de Draco estaba caída hacia atrás, disfrutando de cada rayo de sol que bañaba el estadio, como si no hubiese chamuscado las ropas de Chi, quemado su piel y frito sus nervios. Kilyan abrió los puños, consciente de lo blancos que estaban sus nudillos.

—¡Que se despierte ya! —exclamó Judas a su espalda, atrayendo miradas agrias de su palco vecino, Bershat—. Llevamos aquí quince minutos sin hacer nada, quiero marcharme de una puñetera vez.

—Silencio —siseó Lorelei, lo cual Kilyan agradeció. Sus ojos rodaron hasta el gremio enemigo y se encontró con la mirada hostil del lobo, tan afilada y llena de odio que tuvo que esforzarse para no mostrarle una sonrisa—. Tiene que estar a punto de despertar.

—Me da igual —bramó Judas, que se levantó de su asiento para estirar las piernas. La espalda de Kilyan se mantuvo estática—. Sería tan fácil matarla...

Kilyan inspiró con fuerza y a punto estuvo de darse la vuelta, pero justo entonces los espíritus le detuvieron, porque un murmullo reavivó al público y pronto, lo único que pudo escuchar fueron exclamaciones de sorpresa.

Se giró de inmediato, olvidándose de todas las heridas que quería infligirle a Judas, y vio que Chi se había sentado. La chica tosió un par de veces, sacudiendo su espalda encorvada, y alzó la cabeza para mirar a Draco. Intercambiaron unas cuantas palabras que Kilyan deseó poder escuchar y luego, Chi ladeó la cabeza hacia su palco. Contempló el perfil adolorido de su rostro, sus cejas que apuntaban hacia el cielo con pena y sus labios curvados hacia abajo, y sintió su estómago retorcerse.

Parecía tan devastada que Kilyan deseó poder derrocar a la Academia entera.

Los labios de la chica se movieron y los tambores sonaron, haciendo que se encogiese ligeramente ante el sonido. Draco se levantó y dio un par de pasos hacia ella. Le tendió una mano y la ayudó a levantarse, poniendo el tahalí y el cinturón que le había quitado sobre su hombro. Tenía las piernas y los brazos enrojecidos por diferentes niveles de quemaduras cuya intensidad parecía haber comenzado a menguar durante el tiempo que había pasado inconsciente.

Kilyan vio que un grupo de sanadores entraba en la arena. Corrieron hasta ambos alumnos y se arremolinaron a su alrededor. Un par de ellos empezaron a atender los cortes de Draco, pero la mayoría se centraron en recorrer el cuerpo de Chi de pies a cabeza, examinando desde sus pupilas hasta la negrura de su piel allí donde tocaba el metal de su armadura.

Un portal se abrió detrás del grupo y Ethan apareció en la arena. Comenzó a hablar con los sanadores, gesticuló hacia su espalda y pocos segundos después estaba sujetando a su compañera del brazo y entrando de vuelta al portal con dos sanadores pisándoles los talones.

—¡Dos puntos para Ziyoú, qué gran pelea, qué emoción! —gritó Wilson, caminando hacia el centro de la arena—. ¡No se podía esperar nada menos de nuestro Draco, el Raisaar de los cielos!

Draco se despidió de su contrincante haciendo una exagerada reverencia hacia su palco e hizo crecer sus alas, sin perder la oportunidad de saludar al público durante su salida.

Wilson anunció los combates del día siguiente, pero Kilyan estaba demasiado distraído observando el palco a su izquierda como para escuchar ninguna de las palabras que el hombre parloteaba.

Volvieron a sus ciudadelas poco después y el chico se pasó las horas antes del anochecer sentado a los pies de su cama, en silencio, con la mirada perdida en los ladrillos desgastados de su chimenea, todavía llena de ceniza y carbón de la última —y única— vez que la había encendido.

Solo podía pensar en ella. En lo mucho que quería verla y cuidarla hasta que se recuperase de sus heridas. Quería, más que ninguna otra cosa en aquel momento, poder tomar el lugar de uno de sus compañeros para no tener que esconderse ni disimular lo mucho que la quería, lo mucho que se preocupaba.

Cada herida que ella recibiese era una herida que se abría en su propio corazón, que sangraba y sangraba sin fin hasta que la luna brillaba y él podía visitarla.

Qué estúpido era, qué feliz y qué dolido se encontraba. Kilyan supuso que era así como se sentía uno al estar enamorado, pero alguien como él no podía saberlo, pues nunca antes lo había experimentado.

Capítulo 6

n *ahuel observó a sus dos* compañeros con nerviosismo. No era capaz de dejar de tocarse el pelo, pero su tic se disimulaba únicamente por la ansiedad combinada de Ethan y Alessia. Los ojos de la salvaje se disparaban cada pocos segundos hasta el pasillo de estanterías que daba a la entrada de la biblioteca, como si estuviese esperando que una ola de guardias irrumpiese... O tal vez solo a Chi.

Jamás la había visto sin la máscara de calma e indiferencia que siempre vestía, y eso no ayudaba a relajar su corazón.

Tampoco ayudaba ver a Ethan tan descompuesto. El líder de gremio había mantenido el decoro todo el día. Y aun así, en cuanto volvieron del Torneo y entraron en la biblioteca, se desmoronó ante sus ojos.

La noche anterior Nahuel volvió de su pequeña misión espía con un secreto que no sabía si debería guardar. Estaba listo para recibir algo de claridad, algunas respuestas quizás; sin embargo, lo único que se había encontrado era a Alessia con lágrimas silenciosas surcando su cara impasible y a Ethan tembloroso y cubierto de sudor.

Le habían contado una historia errática, sumida en histeria y miedo, un miedo que se filtraba desde la oficina en la que el ritual se había llevado a cabo y que impregnaba el edificio entero. Nahuel casi podía saborear lo que sus compañeros estaban sintiendo a pesar de no terminar de comprender lo que le estaban diciendo.

—Tenemos que ir al palacio y contarle a la magistrada lo que ha ocurrido —sentenció Ethan, rompiendo el silencio por fin—. Ella tiene que tener respuestas.

—¿Y de verdad crees que nos las daría? —Alessia sacudió la cabeza en desacuerdo—. Después de lo que vimos ayer... solo los espíritus saben lo que esa mujer nos haría si supiese lo que hemos visto.

—Ni siquiera estamos seguros de qué es lo que hemos visto.

—Mayor razón para cerrar la boca y fingir que no sabemos nada. —Alessia se inclinó sobre la mesa. A pesar de su voz cortante, su postura era desesperada—. Si ella de verdad tiene respuestas, entonces no es una locura asumir que también es responsable de ocultarlas. Tal vez Arvel tiene razón, tal vez sería mejor deshacernos de Kenra.

—¿Deshacernos de Kenra? —inquirió el erudito, soltándose la coleta por primera vez en toda la noche—. Entiendo que lo que os pasó anoche fue traumático, pero Alessia, por favor, ni siquiera sabemos qué está pasando. Kenra no ha sido más que una buena compañera... ¡Es una niña, por todos los dioses! ¿Estás insinuando que deberíamos matarla?

—¡No lo sé, Nahuel! —Su voz, casi un grito, se rompió. Después de unos segundos de silencio, añadió en un susurro—: No lo sé, pero creo que lo que sea que tiene dentro no es algo que el mundo necesite. —Alessia escondió el rostro en sus manos, buscando una calma que no conseguía encontrar.

Ethan se levantó de su silla y se estiró por encima de la mesa para poner una mano sobre el hombro de su compañera, dándole un apretón.

—Creo que más que nada necesitamos tiempo para asimilar lo que fuese que presenciamos ayer. Tomar decisiones ahora mismo sería imprudente. —Volvió a sentarse en cuanto Alessia se frotó los ojos y bajó las manos, centrando su mirada de vuelta en el pasillo—. De lo único que estoy seguro es de que las decisiones de Arvel no fueron las correctas. Kenra sabe tan poco como nosotros y no merece ser castigada por algo fuera de su control.

Nahuel mantuvo su silencio. Por un lado, deseaba entender lo que sus compañeros habían visto y por qué se encontraban en el estado en el que estaban, pero a la vez, se sentía afortunado de no tener esas imágenes y sentimientos tallados en su mente para siempre.

—Necesito descansar. —Alessia se levantó y dio un par de pasos hacia la salida antes de detenerse. Sus ojos, tan cansados como angustiados, serpentearon hasta Ethan—. Tú deberías hacer lo mismo.

Antes de que pudiese responder, la salvaje desapareció al otro lado de la estantería y en cuanto la perdieron de vista, sus pasos se esfumaron como si nunca hubiese estado allí.

Ethan se pasó una mano por el pelo y cerró los ojos con fuerza, como si eso pudiese hacer que todo desapareciese.

—¿Estás bien? —Nahuel puso una mano sobre la espalda de su amigo y esperó. No le había visto así desde lo de Samuel.

—Sí, solo estoy un poco abrumado. —Dejó escapar una risa amarga—. Ojalá hubiese instrucciones para lo que sea que está pasando. No sé cuántos problemas más puedo manejar, estoy con el agua hasta el cuello... y mira en lo que he metido a Alessia, ¿qué tipo de líder somete a sus amigos a semejante sufrimiento?

—Ninguno de nosotros sabíamos en lo que nos estábamos metiendo, no tiene sentido que te culpes.

—No lo entiendes, Nahuel. Lo que vimos no fue algo natural... Ni siquiera una magia como la de Zafrina nos habría hecho lo que nos hizo esta. Ella solo puede hacernos ver cosas, pero esto fue diferente... —Su voz quedó atragantada y una vez más, no hubo más que el diminuto zumbar de las hadas.

Nahuel se mordió el interior de la mejilla.

—Puedo hacer que lo olvides —dijo. Ethan se limitó a negar con la cabeza—. Te quitaré las memorias del ritual y nada más.

—No, Nahuel, necesito recordarlo todo. Necesito saber qué es lo que hay dentro de Kenra, porque si no recuerdo lo que sentí, jamás podré entender lo terrible que es. —El joven se irguió, mirando a su compañero a los ojos—. Deberías ofrecérselo a Alessia, ella... no se merece tener ese tipo de recuerdos.

—Lo haré —dijo con un asentimiento rápido. La imagen de la habitación de Chi la noche anterior apareció en su mente y la necesidad de contar lo que había visto hizo que su lengua

79

hormiguease, pero se la mordió—. ¿Tienes alguna idea sobre qué hacer ahora? ¿Deberíamos volver a hablar con Arvel?

—No, dudo que decida cambiar de opinión y contarnos lo que sea que está ocultando. —Se escurrió por el respaldo de la silla y sus ojos terminaron en las estanterías que asomaban sus cabezas desde el segundo piso—. Deberíamos ir a hablar con la magistrada.

—No nos sobran las opciones, pero creo que Alessia tiene razón, no es una mujer de fiar. Y nadie termina con el título de magistrada sin pisar unas cuantas cabezas.

—No vamos a confrontarla, lo único que necesitamos es que la toques.

—¿Quieres que utilice mi magia contra una magistrada?

—Lo único que necesitas es un roce, ¿no? Jamás se dará cuenta.

—Supongo que tienes razón —murmuró. Nahuel se levantó con un suspiro—. Venga, hemos tenido un par de días muy movidos. Todos necesitamos descansar.

Ethan esbozó la más triste de las sonrisas mientras seguía a su compañero por la biblioteca.

—Tendré suerte si consigo pegar ojo.

Melibea soltó un suspiro largo y amargo. Sentía que llevaba horas allí sentada, pero probablemente solo habían pasado quince minutos, quizás treinta. Echó la cabeza hacia atrás, golpeando la pared de madera con un sonido sordo.

Los dedos de su mano derecha se habían alargado hasta formar unas cuchillas afiladas con las que trazaba pequeños cortes en la mesilla al lado del sofá en el que se encontraba.

Miró la madera de reojo y el pequeño montón de tirabuzones de corteza que se habían formado allí donde sus dedos terminaban su trayecto destructor. Volvió a golpear la cabeza contra la pared, resoplando, esta vez más como un caballo que como una persona.

Se centró en el intenso picor de los celos en vez de en lo mucho que le quemaba la garganta, y cómo su mano izquierda se abría y se cerraba alrededor de un saco de semillas en vez de una botella. Se centró en el hecho de que se encontraba en un ático oscuro y polvoriento en vez de en la habitación de Chi, y en lo mucho que le molestaba que Leon y Mael le estuviesen haciendo compañía en vez de ella.

—Malditos —masculló para sí misma. No notó que su pie tamborileaba a un ritmo frenético contra el parqué, ni la ligera capa de sudor que le cubría la frente.

Pero no podía enfadarse demasiado. No se merecía estar con ella y cuidarla, sino cumplir todas sus peticiones, y en este caso era esperar a un insulso desgraciado.

Fue todo lo paciente que pudo, acumulando una montaña de virutas y suprimiendo las ganas de hacer cualquier otra cosa excepto lo que se le había pedido.

Por fin, o por desgracia, el ventanuco que daba a la azotea se abrió con un crujido chirriante. Kilyan entró en el ático como lo hacía todas las noches: como la sombra de un gato, ágil y silencioso. Había escapado de su ciudadela en cuanto el sol dejó de teñir el cielo, tan rápido y tan sumido en sus propios pensamientos que cuando por fin llegó al edificio de Chi, no notó la figura de Melibea.

Las piernas de la joven se alargaban en direcciones opuestas más allá del sofá y sus hombros reposaban sobre el respaldo acolchado, dándole un aspecto relajado, amenazante. Sus dedos metálicos habían dejado de arañar la madera y ahora simplemente descansaban sus puntas afiladas sobre la mesa como una jaula mortal.

—Si fuese tú, no bajaría por esas escaleras —comentó Melibea, sobresaltando al recién llegado.

El Anacreón se volvió con una lentitud desquiciante, tal vez porque estaba intentando retomar la compostura que acababa de perder o, tal vez, porque estaba intentando relajar una repentina sed violenta. Su rostro se iluminó gracias a las velas que adornaban el descansillo de las escaleras, que hicieron centellear sus ojos violetas, cuyo brillo provocó que Melibea se incorporase ligeramente sobre el sofá.

—¿Por qué estás aquí? —preguntó él, su voz grave.

—Porque Chi me lo ha pedido. —Melibea se levantó, reuniendo toda la valentía que pudo, la cual no era tanta desde que estaba sobria, y dio un par de pasos hacia el joven—. Pero si prefieres bajar a saludar a Leon y Mael, adelante. Estoy segura de que estarán muy sorprendidos de verte.

Se sostuvieron la mirada el uno al otro durante unos segundos largos y tensos en los cuales el lustre plateado del metal que cubría los dedos de Melibea comenzó a trepar hasta cubrirle los brazos. Kilyan notó el cambio y una sonrisa se extendió por su rostro.

—¿Tienes miedo? —le susurró.

—No importa cuánta ponzoña segregues, jamás podrás envenenar metal. —La nariz de la chica se arrugó, dejando a la vista sus dientes—. No eres tan invencible como crees.

—No subestimes lo corrosivo que puedo llegar a ser.

Kilyan alzó una de sus manos enguantadas y Melibea retrocedió de forma instintiva. Un repentino fogonazo de rabia la encendió por dentro y, sin pensárselo dos veces, apartó la mano del Anacreón de un guantazo. Le apuntó con su dedo índice, todavía afilado.

—Más te vale no perder nunca esos guantes cerca de Chi. No sé qué tipo de relación enfermiza tenéis, pero si alguna vez le haces algo, si alguna vez la tocas, te juro por el mismísimo Ankoku...

—Si yo hiciese esa promesa ahora mismo —interrumpió él, con una voz tan baja y fría que envió olas de pánico por los huesos de la chica—, tendría que hacerte daño.

Después de unos segundos más de contingencia, Melibea reunió suficiente valor como para volver a hablar sin que su voz titubease.

—Deberías agradecer que jodí las cosas con ella de esa manera, porque si no, tú no estarías aquí. Sería yo la que pasaría las noches a su lado y, a diferencia de ti, la que desayunaría y pasaría tiempo con ella. La que la consolaría en días como hoy.

—Pues mil gracias por ser el desastre que eres.

—La única razón por la que no te he denunciado al capitán es porque no quiero hacerle más daño a ella. Sé que si lo hiciese, tú conseguirías que no se enterasen de por qué estabas escabulléndote dentro de una ciudadela que no es la tuya.

Kilyan no respondió nada; se limitó a pasar a Melibea de largo y se sentó en el sofá, desplegando las piernas y extendiendo los brazos sobre el respaldo del mueble igual que lo había hecho ella hacía un minuto.

—Tienes mi enhorabuena por estar intentando arreglar las cosas —dijo, alzando la barbilla para mirarla. No tuvo que fingir todo el desdén que se filtró en su voz y desde luego no intentó disimularlo—. Y puede que Chi te perdone todo el daño que le hiciste, pero jamás lo olvidará. Nunca podrás recuperar lo que has perdido y cuanto antes te des cuenta, mejor.

Melibea bajó por las escaleras hasta el segundo piso envuelta por un silencio sepulcral. No tenía nada que decir, nada que refutar. Lo único que quería era marcharse y continuar pensando en lo mucho que le gustaría poder estar bebiendo.

Abrió la puerta entrecerrada de la habitación de Chi. Dentro, Leon se encontraba tumbado sobre las mantas, paralelo a los pies de la cama, hablando sobre cualquier tontería que se le viniese a la cabeza, y Mael estaba de rodillas en el suelo, al lado de Chi.

—No he conseguido encontrar el libro —anunció Melibea, ahogando toda la emoción de su voz. Chi, que se encontraba enterrada bajo varias capas de tela y mantas, se giró todo lo que pudo y ladeó la cabeza para mirar a su compañera. Tenía un aspecto enfermizo y cansado, y unas ojeras del mismo color que un ojo morado—. Deberíamos dejarla dormir.

—Vosotros podéis iros si queréis, yo me quedaré un rato más. —Mael mantuvo las manos alzadas sobre las mantas, saturando el cuerpo de la joven con su magia.

El suyo no era un poder visible; para cualquiera que no le conociese daría la impresión de que solo tenía las manos suspendidas sobre la cama. Los que en algún momento habían recibido su tratamiento sabían lo suave y gentil que era la magia de Mael, tanto como su persona, que cubría y abrazaba cada fibra del cuerpo para protegerlo de su propio dolor.

—Ya has hecho mucho por mí, deberías descansar para mañana —dijo Chi, con la voz ronca. Carraspeó. Miró a Melibea de reojo una vez más, fijándose en las comisuras crispadas de sus labios y en la profundidad de su ceño fruncido antes de devolver su atención a su compañero.

—¿Estás segura? —preguntó él. Sus ojos la perforaron con la más pura de las preocupaciones.

—Sí, mañana tengo todo el día para recuperarme, estaré bien.

Mael asintió y apartó sus manos con cuidado al levantarse. Chi notó aquel torrente de alivio y calidez desaparecer, pero no dejó que ni una sola gota de malestar pintase su rostro mientras sus compañeros se marchaban.

Se despidió de ellos desde la cama y se hizo un ovillo, escuchando sus pisadas bajando por las escaleras y saliendo del edificio. En cuanto la puerta principal se cerró y sus voces comenzaron a disiparse en la noche, unos pasos silenciosos descendieron desde el ático.

—¿Chi?

Se dio la vuelta bajo las mantas —incluso aquel simple movimiento le dolió— y sonrió al ver a Kilyan de pie bajo el marco de la puerta.

—Te he echado de menos —susurró.

Kilyan se acercó hasta la cama en un suspiro y se tumbó sobre las sábanas, reposando su frente sobre la de ella, tan cerca que ninguno vio nada que no fuera el otro. Sus alientos se mezclaron al exhalar y el rostro de Chi se contrajo con dolor, pena y felicidad. Pena porque desde que había escapado de la arena, lo único que había deseado era esconderse del mundo en sus brazos, y felicidad porque por fin estaban juntos. Por fin podía respirar en paz y, aunque fuese solo por unas horas, podía fingir que la noche sería infinita.

—Yo también —susurró él, besando sus mejillas, su frente, sus labios, con la suavidad de la seda. Reposó la cabeza sobre las almohadas y volvió a perderse una vez más en esos ojos rubíes tan preciosos, tan cautivadores—. Te amo.

Chi cerró los ojos, escondiendo lo mucho que le dolían esas palabras, lo mucho que le partía el corazón saber que por la mañana él ya no estaría.

—Y yo a ti —susurró, y cuando volvió a abrir los ojos sus pestañas no eran las únicas humedecidas por la tristeza.

Ethan inspiró con fuerza al salir de su habitación. El hotel entero llevaba horas sumido en un sueño silencioso que él no conseguía compartir.

Después de dar incontables vueltas en su cama se había quedado dormido solo para despertarse temblando y cubierto de sudor, como un niño con la más vívida de las imaginaciones y las peores pesadillas. Se había sentado al borde de la cama, mirándose los pies, hasta que por fin su corazón terminó por calmarse y no le costó tanto respirar.

Ahora, descalzo en el pasillo del cuarto piso del hotel, no estaba demasiado seguro de qué hacer. Fue hasta el baño y se lavó la cara a oscuras, con agua demasiado fría. De vuelta en el pasillo, miró la puerta de su habitación largo y tendido, sin querer entrar.

Se quedó allí mucho más tiempo del que quiso admitir hasta que una luz se filtró por debajo de una de las puertas. En ese piso, a pesar de haber más de una docena de habitaciones, solo había otras dos personas: Arvel, que pocas noches pasaba en su habitación... y Alessia.

Caminó hasta la luz de unas velas titilantes que teñían el suelo. Tocó la madera con los nudillos, con tal ligereza que si ella hubiese estado durmiendo, el sonido no la habría despertado. Escuchó el lento gemir del suelo bajo unos pasos vacilantes y, unos largos segundos después, las bisagras chirriaron.

Para cualquier otro, el rostro de Alessia se habría mostrado impasible e incalculable, pero Ethan podía ver la insinuación de una arruga entre sus cejas. Tenía las ojeras de alguien que, como él, no conseguía dormir.

En cambio, lo que ella vio fue una expresión mucho más abierta que la suya. Podía leer el miedo, el cansancio y la preocupación en su líder de gremio; si no en sus labios curvados hacia abajo, en sus ojos cristalinos.

—¿Estás bien?

Ethan se preguntó cómo de malo debía de ser su aspecto para hacer que las primeras palabras de su compañera fueran esas. Se frotó los ojos con una mano rápida, ahuyentando unas lágrimas imaginarias, y se forzó a sonreír.

—He estado mejor.

—¿Tú también estás teniendo pesadillas? —preguntó Alessia. Él asintió y ambos se miraron en silencio hasta que ella consiguió pronunciar las palabras que amenazaban con atragantarla—. ¿Y Ebony?

Ethan frunció el ceño; su sonrisa desapareció.

—No puedo decirle lo que hicimos, no lo entendería.

Momentos después, Alessia dio un paso atrás. Su compañero se quedó de pie bajo el umbral durante unos instantes

antes de entrar en la habitación. No estaba seguro de por qué había llamado a la puerta de la salvaje y tampoco estaba seguro de cuál iba a ser su reacción, pero desde luego, no esperaba aquella.

Alessia se acopló sobre un taburete de terciopelo azul, en la esquina más alejada de la entrada, y le hizo una seña para que se sentase en la cama. Él obedeció, haciendo todo lo posible para no analizar cada recoveco de aquella pequeña habitación. No podía evitar querer husmear, pues hasta donde él sabía, nadie había entrado nunca en el dormitorio de la salvaje.

Había sal esparcida por las esquinas y una docena de velas encendidas sobre su mesilla de noche. Una laguna de cera se había formado en el centro del mueble.

—Nahuel se ha ofrecido a borrar nuestras memorias del ritual. —Se cruzó de brazos después de pronunciar aquellas palabras, intentando ocultar lo mucho que le temblaban las manos. Se dijo a sí mismo que era por el frío.

—No creo que eso sea una buena idea —dijo la joven. Empezó a peinarse el pelo con los dedos, los cuales no eran más que destellos rojos en una marea celeste, un gesto muy nervioso para alguien como ella. Bajo la tenue luz de las venas, los colores de Alessia parecían haber perdido intensidad, dándole un aspecto casi marchito—. Tú puedes hacer lo que quieras, pero como dije hace unos días, prefiero saber qué tipo de monstruos tenemos en el gremio. —Sus ojos centellearon al encontrarse con los de Ethan—. Prefiero sufrir por estos recuerdos que por haberlos olvidado.

—¿Qué es exactamente lo que vimos, Alessia? Pensé que sería algo más literal; una fogata, un pájaro, lluvia... Cosas normales que representan magias normales.

—No tengo una respuesta. Lo único que sé es que lo que vimos fue la esencia de su magia... En general, la intensidad determina el nivel de poder. Un Volkai elemental de fuego normal y corriente podría haber convocado una llama; sin embargo, con alguien como Ebony esperaría algo más parecido a un incendio forestal. —Alessia se hizo una trenza rápida y, cuando sus manos dejaron de estar ocupadas, Ethan se fijó en sus uñas mordisqueadas, nada parecidas a las garras negras y afiladas que solía lucir—. Los círculos y las estatuas están ahí para evitar que las llamas se expandan más, es decir, para contener las magias más poderosas. Y sobre lo que sentimos... no sé qué decir. —La joven hizo un gesto cansado hacia una pila de libros desbordados a los pies de su cama—. He estado buscando algún tipo de explicación, pero en ningún sitio hablan de esencias más allá de lo visual.

—Gracias por intentarlo.

Gracias.

La palabra cayó como plomo en el estómago de Alessia. Siempre había pensado que Ethan era demasiado blando para el Torneo, demasiado bueno para estar rodeado de gente como ella. La estupidez de su amabilidad la hacía sentir inadecuada y a la vez, enfadada.

¿Por qué le estaba dando las gracias? ¿Por causar el peor evento de sus vidas?

Después de un minuto de silencio, mientras sus ojos todavía estaban clavados en la madera del suelo, Ethan inspiró con fuerza.

—¿Tú... también escuchas los gritos? —preguntó, con voz rota. Carraspeó un par de veces antes de volver a hablar—. Por mucho que me esfuerce no consigo que dejen de repetirse en mi cabeza. Estoy tan seguro de que son los gritos de nuestros compañeros... Pero eso no tiene sentido, ¿verdad? Nunca los he escuchado chillar de esa manera.

Alessia se negó a mirarle. Quería agarrarse a ese enfado que sentía hacia su líder de gremio, a pesar de que este se le escurría de las manos, porque si dejaba de estar enfadada...

La joven dejó escapar un suspiro tembloroso cuando vio dos gotas caer sobre el suelo, oscureciendo la madera. Alzó los ojos y su garganta se cerró como si alguien hubiese decidido que no merecía respirar más.

Un par de lágrimas solitarias descendían por las mejillas de Ethan.

«Lo que viste fue mi culpa», quiso confesar ella. Toda su ira y su rencor se desmoronaron, dejando al descubierto lo que realmente sentía. Culpa y miedo y preocupación. Aun así, mantuvo la boca cerrada y volvió a bajar la mirada. «Fue todo idea mía. Perdóname, por favor, perdóname».

Capítulo 7

Chi se despertó cuando el sol ya se alzaba alto en el cielo. Se había quedado en la cama, observando el techo de su habitación en silencio durante horas, hasta que por fin su estómago rugió en protesta.

Se vistió con una sudadera y unos pantalones holgados y salió a la calle de camino a la taberna. Una vez allí, se encontró un bol de gachas y fruta en una de las mesas, con una nota que decía: «Hay más en la cocina, come lo que necesites. Espero que te encuentres mejor pronto. Ebony».

Chi mantuvo los ojos fijos en esas letras pulcras mientras engullía el desayuno. Se encontraba mucho mejor que el día anterior; un poco cansada, pero al menos podía moverse. Todas las quemaduras habían desaparecido y sus dedos habían dejado de tener espasmos, aunque el olor a chamuscado todavía le llenaba la nariz.

En el silencio de una ciudad vacía, la joven tuvo mucho tiempo para perderse en su mente.

Caminó por las calles adoquinadas para estirar las piernas entumecidas, examinó los edificios demolidos que había cerca del muro, intentando determinar por qué habían quedado en ruinas, y, más que nada, pensó en su pelea con Draco. Cada una de sus acciones se repitió en su cabeza, todos sus errores y todas las veces en las que podría haberle incapacitado si hubiese sido capaz de pensar con más rapidez.

«Todas las veces en las que podría haberle matado», susurró una voz idéntica a la suya. La imagen de Draco sobre el suelo, arrastrándose, se plasmó frente a ella como si volviese a estar en la arena, bajo un sol indomable y un público enloquecido. El corazón de Chi se aceleró y vio docenas de ocasiones en las que podría haberle clavado una aguja en la yugular. «Podría haber ganado si...».

Se sacudió aquella voz que no era suya, que jamás sería suya, y caminó de vuelta a su casa. Pasó el resto del día dormitando para escapar tanto de malos sueños como de malos pensamientos, hasta que por fin la luna se alzó, Kilyan entró en su habitación y durante unas cortas horas no sintió tristeza, ni rabia, ni miedo.

Al día siguiente, intentó volver al Torneo con sus compañeros, pero tanto ellos como los dos guardias que solían escoltarlos se negaron a dejarla ir. Los dos días de descanso que le habían dado eran obligatorios.

Asustada ante la idea de volver a pasar el día sola con su mente, fue hasta la biblioteca y se pasó las horas leyendo cuentos de la pila de libros que Nahuel siempre tenía en su mesa preferida, muchos de los cuales le había recomendado.

Libros sobre las docenas de dioses frysterros, sobre los espíritus de la creación y sobre las magias originales.

Chi pensó en la iglesia Ratheira y en todos sus seguidores. ¿Cuántos de ellos realmente creían que las leyendas sobre las magias eran verdad? ¿Cuántos frysterros veían a sus dioses como algo más que mitología?

Se preguntó por qué alguien como Nahuel, un alumno destacado del Sector de la Sabiduría, estaría tan interesado en cuentos de hadas.

«Tal vez es su forma de escapar del Torneo», reflexionó y poco después, ella misma se perdió en las páginas.

El sexto día del Torneo llegó por fin, marcando el final de la primera semana. Chi despertó aquella mañana con optimismo, deseosa de terminar sus dos días de soledad.

Se sentó al lado de Melibea en el palco. El ceño de la joven estaba incluso más fruncido de lo normal. Durante su pelea del día anterior, a pesar de haberla ganado, su contrincante le había roto el brazo, por lo que ahora estaba obligada a llevar una escayola. El yeso estaba firmado por casi todos los miembros del gremio, pero más que nada, estaba lleno de mensajes de Leon. El más grande decía: «¿Cuál es el brazo más fácil de romper? ¿El de hueso o el de metal? JA JA JA».

—¿Cómo te encuentras? —preguntó Kobu, sentándose a su lado. Chi desvió la mirada del brazo de Melibea hasta su compañero. Vestía la misma capa marrón y peluda de siempre. Sus ojos ámbar la observaron, expectantes.

—Como si no hubiese pasado nada —respondió ella, ojeando la arena, donde Wilson acababa de aparecer.

—Me alegro —dijo él, y fue imposible no escuchar la torpeza en su voz. Melibea los miró de reojo, su curiosidad ganándole el pulso a su mal humor—. Siento no haberte hecho más compañía, hace siglos que no hablamos.

—No pasa nada, de todas formas lo único que hice fue dormir.

—Lo sé, pero me gustaría... —El lobo negó con la cabeza. Guardó silencio durante unos segundos, reorganizando sus pensamientos—. Has estado haciendo un buen trabajo con el Torneo, más de lo que nadie esperaba.

—Gracias, aunque de momento soy la única del gremio que ha perdido una pelea.

—Pero no perdiste contra cualquiera —dijo, demasiado rápido y con demasiada brusquedad—. En ningún momento fue un emparejamiento justo y aun así le pusiste de rodillas. Si le puedes hacer eso a él, se lo puedes hacer a cualquier otro.

—No eres el único que piensa así —dijo Melibea, uniéndose a la conversación, e hizo un gesto con la cabeza hacia el público frente a ellos, justo encima de donde Hikami se sentaba.

Los ojos de Chi se centraron en un grupo de gente pegada a la barandilla del segundo piso de gradas. Unas quince o veinte personas sujetaban pancartas con todo tipo de halagos, desde «Kenra es la mejor» hasta «La poderosa no-dragón», y vestían atuendos negros que a duras penas se asemejaban a su armadura. Algunos incluso llevaban pelucas parecidas a su propio pelo, aunque un par de tonos demasiado rosáceas.

La más ligera de las sonrisas curvó los labios de Chi mientras observaba a sus fanáticos, que sacudían sus pancartas con orgullo y cuyos gritos se perdían en la histeria del día, pero no por falta de esfuerzo.

Se dejó a sí misma soñar con cómo sería su vida una vez terminado el Torneo. Tal vez el mundo no la odiaría tanto como había pensado, tal vez las peleas no serían tan difíciles, tal vez...

«Podría haber ganado si...».

Sacudió la cabeza, ahuyentando la imagen de su mente al igual que toda fantasía sobre su vida más allá de aquellas semanas. Todavía tenía que sobrevivir; no todos sus adversarios serían tan corteses como Draco. Muchos alumnos de la Zona Central preferirían verla muerta antes que en la cima.

Sus ojos rodaron hasta el palco de Millien.

Primero admiró a Kilyan, de pie frente a la baranda. Tenía los brazos cruzados con fuerza sobre el pecho y la espalda recta como si de un rey se tratase, y observaba las gradas y los otros palcos con un detenimiento preciso, meticuloso. Vestía un traje de chaqueta larga, bordada con detalles plateados, y bajo la tela negra asomaba una camisa del mismo violeta que sus ojos.

El resto de su gremio se habían congregado en los asientos, todos sentados a excepción de una silueta de pie en la boca del túnel que les daba acceso al estadio. Chi se encontró con un solo ojo, amenazante, que la miraba con un odio frío, cristalino. Su otro ojo estaba cubierto por un parche de cuero negro que encajaba en su rostro a la perfección, como si siempre hubiese estado ahí. Rompió el contacto visual con la joven para observar a Isis, la cual se encontraba medio escondida detrás de su hermana.

A diferencia de la primera, ella no le estaba prestando atención a Chi. Tenía los ojos fijos en el suelo y los brazos alrededor del cuerpo, más pequeña e insignificante de lo que la hubiese visto nunca, nada más que una sombra de lo que había sido en el Sector del Sigilo, donde el mundo entero parecía postrarse ante ella.

Hacía solamente unos días habría sentido culpa ante el estado de las hermanas, una rota y la otra mutilada, pero ahora no sintió nada al mirarlas excepto, quizás, la más fugaz de las penas. Al fin y al cabo, se lo merecían.

Wilson habló, distrayendo a Chi de sus pensamientos.

—¡Bienvenidos todos a los octavos de final, el último día de una semana sensacional! Hoy, al final del día, tendremos que despedirnos de uno de nuestros seis gremios participantes. ¿Quién? ¡Eso está todavía por ver!

Flotando sobre la arena, los espejos reflejaron los nombres de cada gremio y sus puntuaciones.

$$\text{Bershal - 10}$$
$$\text{Ziyoú - 8} \qquad \text{Millien - 8}$$
$$\text{Chestána - 4} \qquad \text{Ikory - 4}$$
$$\text{Amirata - 2}$$

—Por fin podremos decirle adiós a Amirata, deberían haber sido eliminados hace tiempo —rio Zafrina desde donde estaba sentada. Tenía las piernas estiradas sobre el reposabrazos, de forma que su figura acaparaba casi tres asientos enteros—. Siempre han sido unos inútiles.

Chi esperó a que alguno de sus compañeros dijese algo, pero no lo hicieron. Se fijó en el palco de aquel gremio, al otro lado de la arena, y vio rostros contorsionados por miedo y estrés, posturas encorvadas, vencidas. Cualquier posibilidad que tuviesen de conseguir suficientes puntos para sobrevivir se había esfumado en cuanto ellos mismos asumieron que iban a ser eliminados.

Melibea se levantó de repente, con el rostro crispado, y sin decir nada desapareció en la oscuridad del túnel.

—¡Hoy los tres gremios con menos puntos se enfrentarán entre ellos durante múltiples combates para decidir cuál terminará eliminado!

Mientras Wilson comenzaba a anunciar los combates del día, Chi se puso de pie y entró en el túnel. Se encontró a Melibea sentada en el bordillo de la plataforma de aterrizaje. Su corazón se aceleró ligeramente al ver cómo gran parte de sus muslos colgaban al vacío.

—¿Estás bien? —preguntó Chi con rapidez. Su compañera se giró para mirarla, con los ojos entrecerrados—. ¿Te duele el brazo? —añadió más calmada, intentando disimular sus pensamientos.

—No tienes que preocuparte por mí.

Chi frunció los labios, pero después de unos momentos de duda, se sentó a su lado. Se quedaron allí en silencio, escuchando el silbido del viento y el ruido de las masas a sus espaldas. Chi apenas podía oír la voz de Wilson desde afuera, por lo que, cuando los tambores dieron comienzo al primer combate, las dos se sobresaltaron del susto.

Melibea dejó escapar un largo suspiro, hasta quedar completamente desinflada, con los codos sobre las piernas y la cabeza reposando sobre su mano buena.

—¿Por qué estás aquí? No necesito una niñera.

—Estoy aquí porque sí —respondió Chi, alzando la barbilla al cielo—. Puedo sentarme donde quiera.

—Sé lo que estás haciendo —insistió Melibea. Sus palabras se ahogaron con el viento, pero sabía que su compañera podía escucharla a la perfección.

—No sé de qué estás hablando.

Otro suspiro, seguido por un minuto de silencio.

—Amirata era el gremio de mi primo —habló Melibea por fin, rompiendo la tensión. Sus hombros se hundieron aún más que antes, y no se molestó en dejar de esconder el rostro tras una cortina de pelo y manos—. Son el gremio que más miembros ha perdido... Ahora mismo solo son nueve. —Un escalofrío le recorrió la columna cuando Chi puso una mano sobre su espalda. Incluso a través de su ropa podía sentir su calidez, una calidez que añoraba cada día—. Sé que no iban a llegar mucho más lejos, sobre todo después de ver cómo se han ido desmoronando con el tiempo, pero siento que ellos son los únicos que entienden lo mucho que le echo de menos.

—Le recordarán, igual que nosotros siempre recordaremos a Sam. —Chi bajó la mirada y se mordió el labio inferior—. Para bien o para mal... ninguno nos olvidaremos de nuestro tiempo en la Zona Central.

—A veces... —Unos sollozos silenciosos interrumpieron sus palabras—. A veces pienso que no le extraño tanto como extraño no sentirme culpable. Incluso después de su muerte, lo único que consigo ser es una puta egoísta.

Los tambores volvieron a sonar, seguidos de unos aplausos estruendosos. La energía de esos vítores, la felicidad y la emoción, hicieron que el corazón de Chi se hiciese más pesado y las sombras que lo cubrían se espesasen.

—Lo siento —susurró Chi, sin saber qué más decir—. Lo siento mucho.

Bajó la vista a la academia que se expandía a sus pies y se preguntó por qué.

«Por poder», le susurró su propia voz. «Por dinero».

Pero no le parecieron razones suficientes; jamás lo habían sido. El Torneo no era más que un malgasto de vida, una trampa que usaba los deseos más vanidosos de su especie como cebo para encarcelarlos; los obligaban a pelear por sus vidas y, al final, los cubrían de títulos y tesoros y tierras para que no se quejasen de lo mucho que habían sufrido.

De todo lo que habían perdido.

El día no trajo consigo ninguna sorpresa. Amirata perdió todas y cada una de las peleas hasta que por fin, los últimos tambores sonaron y Wilson anunció lo que todos sabían. Cada miembro de aquel gremio lloró, tanto por lo que habían perdido en vano como por el alivio de no tener que pelear más.

A pesar de que debería haber sido un momento de celebración para los gremios restantes, Bershat volvió a su ciudadela con la cabeza baja. No se congregaron en la taberna, no hablaron más que un puñado de palabras y cuando la noche llegó, Chi se escondió en los brazos de Kilyan y se preguntó una vez más...

¿Por qué?

Chi observó el zumo de naranja que Ebony acababa de posar frente a ella. Pequeñas plumas de pulpa comenzaron a hundirse poco a poco, flotando hasta asentarse en el fondo del vaso. Zarandeó las piernas, suspendidas en el aire por la altura del taburete en el que se encontraba sentada.

Era una mañana muy callada; el único día de la semana que tenían para descansar, y la mayoría se lo pasaban durmiendo o esperando en la taberna a que el guardia de turno llegase con el correo.

Chi se crujió el cuello antes de volver a reposar la cabeza sobre sus brazos, extendidos encima de la barra. No terminaba de entender por qué estaba tan cansada, prácticamente se había quedado sin aliento mientras caminaba hasta la taberna.

—¿Estás bien? —Ebony apoyó los codos frente a ella, mirándola igual que lo haría una madre preocupada—. No hemos tenido mucho tiempo para hablar tú y yo, ¿cómo lo estás llevando todo?

—Mejor —respondió ella, encogiéndose de hombros. Se incorporó con un suspiro y rodeó el vaso de zumo con los dedos—. Solo he tenido dos combates y bueno, no me gusta pelear, pero puede que no sea tan terrible como... como nuestra...

—Lo entiendo —dijo Ebony con rapidez. Alargó una mano hasta la de Chi y le dio un apretón—. No fue una pelea muy agradable la nuestra y de verdad siento mucho que esa fuese tu primera experiencia. Nitocris es... —Negó con la cabeza, haciendo que varios mechones de su pelo castaño se deslizasen por sus hombros descubiertos. Vestía una camisa celeste de mangas ligeramente abombadas que se ceñían a la parte alta de su brazo, dejando al descubierto la piel bronceada de sus hombros y sus clavículas—. Estoy segura de que tienes tus propias opiniones, pero la mayoría de los miembros de Millien son igual de mezquinos que la Araña. Creo que dice mucho de tu carácter el hecho de que no te guste herir a otros. Sin embargo, con gente como ellos, es mejor actuar primero y pedir perdón después.

—Supongo que tienes razón —murmuró. El rostro mutilado de Nitocris parpadeó en su mente. Subió el vaso de zumo hasta sus labios y dio dos tragos rápidos.

La puerta de la taberna se abrió de par en par y por ella entró un guardia sujetando una pequeña caja de madera.

—Traigo correspondencia —dijo en voz alta, a través de su casco plateado. Sin bajar los escalones de la entrada, abrió la caja y comenzó a recitar nombres—. Ethan, Nahuel, Leon, Mael y Naeko.

Los nombrados que se encontraban presentes caminaron hasta el guardia y recogieron sus cartas.

—Yo me encargo de entregar el resto —se ofreció Leon.

El guardia inclinó la cabeza y se marchó igual de rápido que había aparecido. Chi devolvió su atención a su compañera, la cual observaba las cartas con la expresión en blanco.

—¿Ebony? —preguntó. La joven parpadeó un par de veces, como si se estuviese obligando a volver a la realidad—. ¿Estabas esperando una?

Ella sonrió, pero el gesto no le llegó a los ojos.

—No, a mí no me llegan muchas cartas.

—Pero tienes padres, ¿verdad? —En cuanto la sonrisa de Ebony se torció, Chi deseó no haber pronunciado esas palabras—. Lo siento, no es asunto mío.

101

—No pasa nada, supongo que nadie te ha contado mi historia. —Sus ojos recorrieron la sala y por fin parecieron ganar algo de brillo—. Mi familia tiene un local muy parecido a este. Más pequeño y peor iluminado pero, por lo demás, igual. Está justo en la frontera entre Sulbade y Yamagora, en una ruta popular de comercio, así que la clientela es siempre nómada. Es una zona preciosa de campos que se expanden a lo largo de millas y montañas que perfilan la frontera desde lo lejos. —Una sonrisa tímida tiró de sus labios y Chi supo que su compañera ya no estaba al otro lado de la barra, sino en un lugar que ella jamás había visto—. Veíamos las mismas caras poco más de una vez al año, normalmente durante el verano cuando el clima es más ameno. Me crie en ese edificio, lejos de pueblos y ciudades. Los únicos niños de mi edad que veía eran los que viajaban con sus familias entre las fronteras. Fue así como conocí a Sam.

—¿Era hijo de mercaderes?

—Sí, sus padres viajaban con un gran grupo de comerciantes. Vendían todo tipo de telas y pieles exóticas. Paraban por la taberna varias veces al año y nuestros padres terminaron haciéndose buenos amigos. Siempre me traían montones de capas y vestidos. —Le dio un sorbo a su taza de café, escondiendo una sonrisa—. A veces los padres de Sam le dejaban con nosotros antes de entrar a Yamagora durante el invierno para que no tuviese que viajar con el frío, eran muy buena gente.

Chi bajó la mirada a su vaso y se preguntó cómo su compañera conseguía aparentar semejante normalidad. Había sido la primera en acudir en su ayuda cuando llegó a la ciudadela, la primera en regalarle sonrisas y tranquilidad, todo mientras sufría la muerte de un amigo de la infancia.

—Bueno, eso son historias para otro momento —dijo, zarandeando una mano en el aire. Sus ojos rodaron hasta su taza y su expresión se ensombreció—. Creo que tenía... seis o siete años. Era una tarde de otoño, cuando ya empezaba a oscurecer temprano. En esas fechas no solíamos tener muchos clientes, así que al verlos volar hacia la taberna, sin mercancía ni carros ni caballos, supe que no eran viajeros. Mi padre había salido a buscar provisiones al otro lado de la frontera... Mi madre murió aquel día y mi padre no volvió a ser el mismo. Pocos meses después me trajo a hacer las pruebas de acceso. Las aprobé sin problema y él se marchó sin decir nada. —Alzó una mano para rascarse las pestañas con una uña, sin parpadear—. Intenté volver durante las vacaciones de los solsticios, pero nunca hizo caso de mi presencia. La única vez que me habló fue para decirme que no soportaba mirarme, que le recordaba demasiado a mi madre, así que no le volví a visitar y bueno, si esperase recibir cartas suyas estaría siendo una necia.

—Lo siento mucho, no tenía ni idea... ¿Hace cuánto que no le ves?

—Diez años.

Chi dejó escapar un suspiro. Se había hecho muchas preguntas sobre sus padres biológicos a lo largo de los años. ¿Quiénes eran? ¿La habían abandonado porque no tenía magia? ¿Estaban vivos? Eran dudas con las que había aprendido a convivir. Sabía a ciencia cierta que el hecho de no poder recordar nada antes de la Academia era la única razón por la que podía apartar las dudas a un lado y levantarse de la cama todas las mañanas. Si supiese quiénes eran, si recordase sus rostros y sus nombres... sería imposible no saber por qué la habían abandonado. Siempre escogería la ignorancia a la alternativa de saber que sus padres estaban viviendo unas vidas felices, sin ser acosados por su presencia.

Al menos ella tenía un «quizás», pero Ebony no tenía ninguno.

—Kenra. —La voz de Leon la sobresaltó cuando tomó asiento a su lado. Ebony retrocedió, alzando los codos de la barra, y su expresión se serenó, como si la conversación que acababan de tener nunca hubiese ocurrido—. Mira lo que me ha llegado, es para ti.

Leon deslizó un sobre rechoncho por la barra, tan lleno que parecía estar a punto de reventar. El chico tenía la cabeza inclinada hacia abajo, cerrando el espacio que los separaba, y la sonrisa traviesa de alguien con un secreto que contar. Chi deslizó los dedos por el sobre y levantó la solapa, ojeando el contenido.

Su corazón dio un vuelco.

Ebony dejó escapar una exclamación ahogada. La sonrisa de Leon se ensanchó. Chi, cuya boca se secó por completo, levantó el sobre y sacó un montón de billetes tan grande que apenas podía sujetarlos en una mano. Se quedó allí pasmada, dinero en mano, como si la sorpresa la hubiese petrificado.

—¿Alguna vez has sujetado tanto dinero? —preguntó Leon, cuya voz era una octava demasiado aguda.

—¿Cuánto es? —preguntó Ebony. El joven se giró para mirarla y se sacó un segundo sobre del chaleco color nogal que vestía. Era mucho más fino que el de Chi, pero aun así no reposaba llano sobre la barra—. Por los espíritus.

—Medio millón de soles para Kenra; y setenta y nueve mil para ti, mi querida camarera.

—¿Medio millón? —preguntó Chi por fin. Miró los billetes con detenimiento. Jamás había visto la moneda de Sulbade en persona y era cierto lo que decían los rumores: cada billete tenía una insignia que brillaba con luz propia, semejando reflejar la luz del sol a pesar de estar bajo techo. El papel era grueso y de un dorado imposible, como si estuviesen bañados en oro—. ¿De dónde ha salido todo este dinero?

—De tus dos peleas, por supuesto. Naeko te dijo que la mitad de las ganancias serían tuyas, ¿verdad?

—¿La mitad? —inquirió ella, sin aliento.

—Sí, el resto lo he repartido entre todos los que apostamos por ti. —Sus dedos tamborilearon sobre la madera con emoción—. El millón de soles más fácil que he hecho en toda mi vida.

—Felicidades, Kenra. —Ebony dejó su sobre en la barra y volvió a inclinarse hacia delante, compartiendo la sonrisa de Leon—. Ahora no solo eres una de las alumnas más prestigiosas de la Academia; también eres rica.

Capítulo 8

Para la mayoría de los estudiantes, el día de asueto terminó tan rápido como un suspiro; añoraban aquel mes de descanso que el Consejo les había otorgado después de lo de Sam, aunque ese no era el caso para Chi. Ella ya había reposado lo suficiente durante los días que siguieron su pelea con Draco. No deseaba tener que participar en combates, pero desde luego tampoco quería estar atrapada en la ciudadela consigo misma. Por lo menos el Torneo la mantenía distraída, por mucho que lo odiase.

Aquella mañana tuvieron que atravesar unas nubes densas y grisáceas de camino al estadio. El sol había decidido no asomar la cabeza, dejando que una neblina se asentase sobre las gradas; los asientos estaban húmedos, por lo que los miembros del público vestían con sus telas más impermeables.

Los palcos se encontraban iluminados por unas antorchas que Chi jamás había visto. Las llamas luchaban por reducir las sombras creadas por el cielo encapotado, dándole un brillo fantasmagórico a un estadio que normalmente estaba bañado por tonos dorados.

Wilson habló durante unos largos minutos, explicando cómo, ahora que el número de gremios era impar, cada día de la semana un gremio tendría la oportunidad de participar en dos peleas diferentes.

El anuncio de la primera batalla del día hizo perder el interés a muchos, tanto alumnos como público, pero no a Chi. Cuando el nombre de Isis fue llamado, la joven se fijó en su excompañera con intensidad. ¿Estaría igual de asustada que ella durante su primera pelea individual? ¿Sentía el mismo peso abrumador de la vergüenza? ¿Le costaba respirar?

Chi supuso que sí, ya que segundos después de que la llamaran, la chica seguía paralizada detrás de su hermana. Nitocris se dio la vuelta con brusquedad y le dio un empujón hacia delante. No había compasión en sus ojos, solo unos labios fruncidos y una nariz arrugada. Isis bajó hasta la arena y se detuvo frente a su adversario, Quentin, un miembro de Ziyoú.

Los compañeros del joven rugieron desde su palco, con los puños alzados y silbidos en los labios. Incluso Marina, siempre tan elegante y con un rostro tan tranquilo como la superficie de un lago en primavera, tenía la boca abierta y los dientes al descubierto en un bramido salvaje. En cambio, los miembros de Millien se mantuvieron en sus asientos. Incluso Kilyan, que solía observar cada pelea con detenimiento, se había dado la vuelta para escuchar las conversaciones de sus compañeros.

Los tambores dieron comienzo al encuentro y los alumnos se transformaron de inmediato. Ambos dragones alzaron el vuelo, rondándose el uno al otro hasta que por fin se embistieron. El cuerpo escamado de Quentin doblaba en tamaño a la Araña y su fuerza bruta no tardó en abrumarla.

El dragón hizo una rápida voltereta en el aire, doblándose sobre sí mismo. Utilizó todo el ímpetu de la gravedad y la pesadez de su cuerpo gigantesco para golpear a Isis con su cola. De un latigazo, la Araña se precipitó contra el suelo. El sonido que hizo al chocar contra la arena congeló la sangre de Chi.

Antes de que la nube de polvo causada por el impacto se disipase, el estadio entero empezó a temblar. Comenzó como la más leve de las vibraciones, pero pronto se convirtió en un cosquilleo incómodo bajo los pies de los presentes y después, en unas sacudidas que hicieron que Chi se agarrara a los reposabrazos de su asiento con tanta fuerza que sus uñas se hincaron en la madera.

—¿Qué está pasando? —preguntó con voz aguda.

—Es solo Quentin —dijo Melibea, a un par de asientos de distancia. Su escayola había desaparecido gracias a un par de visitas de los sanadores durante el día anterior, aunque todavía reposaba el brazo sobre su pierna como si le doliese—. Hace terremotos, esa es su magia.

—Pero estamos en una roca flotante.

—No te preocupes. —Chi miró a Naeko, de pie frente a la barandilla, y sonrió—. No va a pasar nada.

Con el corazón todavía galopándole en el pecho, la joven devolvió su atención a la arena, donde Isis había vuelto a su forma Volkai. Estaba despatarrada sobre el suelo, incapaz de ponerse de pie entre las sacudidas. Tenía una brecha en la frente que sangraba a borbotones y le apelmazaba el pelo contra la sien.

A pesar de la distancia y de la neblina de arena que se había formado, Chi vio riachuelos blancos en el rostro de Isis, allí donde unas lágrimas habían limpiado la roña que le cubría la piel.

—¡Me rindo! —gritó, haciéndose oír por encima del terremoto. Los tambores sonaron y los temblores cesaron. Lo único que quedó fue Isis, encogida sobre el suelo entre sollozos.

Quentin aterrizó, regresando a su forma Volkai, y por un momento miró a la chica sin saber qué hacer o qué decir, antes de volver a su palco.

—Pobrecita —murmuró Ebony—. Es una pena que la reclutasen, porque obviamente no está preparada.

—Pasarán años antes de que deje de ser el hazmerreír del mundo entero. —Nahuel dejó escapar un suspiro—. Y si Millien no gana el Torneo, lo más seguro es que la obliguen a terminar sus estudios. No me puedo ni imaginar lo que la estará esperando.

«Lo que me esperaba a mí todos los días», susurró la voz de Chi desde las profundidades de su mente.

En cuanto la pequeña oleada de aplausos terminó, Wilson anunció el siguiente combate: Arvel, el Titán de Hielo, contra Alaric, el Águila. A Chi se le puso la piel de gallina cuando Arvel pasó a su lado, dejando un leve rastro de escarcha sobre la piedra tallada del suelo. Se encogió en su asiento y se frotó los brazos, intentando ahuyentar el recuerdo de aquel frío afilado que a poco estuvo de cobrarse su vida hacía apenas un par de semanas.

Tanto con el Anacreón como con el Raisaar, el público había esperado aquel momento con la misma paciencia con la que un niño esperaba por el postre. Para muchos era cuestión de disputa quién era el hombre más poderoso de la Zona Central, de la Academia entera, pero para otros era un hecho irrefutable.

Arvel era, sin duda alguna, uno de los Volkai más poderosos que habían pisado aquel estadio en generaciones. Aquello solo hacía que su pasado, sumido en unas espesas tinieblas de misterio, fuese incluso más apetecible para las masas. ¿Quién era exactamente? ¿De dónde venía? ¿Y qué escondía debajo de esa túnica negra que siempre vestía? Esas eran solo algunas de las muchas preguntas que el mundo se hacía a diario, pero por mucho esfuerzo y dinero que algunos gastasen intentando averiguar detalles sobre el joven, su existencia seguía siendo un misterio escondido tras unos ojos gélidos.

Ambos alumnos se miraron en silencio, esperando hasta que por fin sonó el tamborileo.

La arena bajo los pies de Arvel comenzó a congelarse tan rápido que Alaric apenas tuvo tiempo de transformarse y alzar el vuelo antes de que el hielo le trepase por las patas. El Águila, le había llamado Wilson, tenía cuerpo de dragón, aunque en vez de escamas estaba cubierto por unas plumas jaspeadas de diferentes tonos marrones. Su cabeza, alas y garras eran iguales que las del ave de la que provenía su título.

Comenzó a trazar círculos en el cielo y durante unos instantes, no ocurrió nada. Nada a excepción de que la bruma que llevaba todo el día sobre el estadio pareció hacerse aún más densa y fría.

Alaric cayó en picado, directo hacia Arvel, pero antes de que el filo de sus garras pudiese arrancar al joven del suelo, una cúpula de hielo macizo se alzó sobre su cabeza, separándole de la bestia. El dragón soltó un chillido estridente mientras sus patas arremetían contra el hielo, rompiéndolo poco a poco. Sus alas se batieron en el aire mientras se alzaba y volvía a caer con todo su peso, agrietando la barrera.

Y entonces, durante la conmoción de un águila intentando atrapar a un gusano, el cielo empezó a llorar granizo. Alaric no notó las canicas de hielo hasta que el público soltó una exclamación y estas se convirtieron en pequeñas tachuelas de filo gordo.

La misma barrera estática que se había alzado el día de la pelea de Kilyan volvió a encenderse, cubriendo los palcos y las gradas de aquella lluvia de agujas.

El Águila soltó un alarido en cuanto sintió docenas de punzadas por todo su cuerpo. Alzó el vuelo, sacudiendo las alas en un intento desesperado por evitar el granizo, pero no había dónde esconderse. Arvel observó el espectáculo de brazos cruzados, desde la protección de su refugio.

En menos de un minuto el dragón cayó abatido al suelo, con cientos de heridas cubriéndole el cuerpo entero. Se retorció, decorando la arena con largos brochazos carmesí, antes de volver a su forma Volkai.

En cuanto el granizo cesó, Arvel se acercó a su adversario con paso lento y se detuvo a una distancia prudente. No dijo nada, simplemente se limitó a esperar a que la mirada rencorosa de Alaric se diese por vencida.

Dejó caer la frente sobre el suelo y gruñó:

—Me rindo.

Arvel no esperó a que los tambores dejasen de sonar ni a que Wilson llegase hasta ellos antes de marcharse. Sus alas, advirtió Chi, parecían hechas de diamantes de hielo y agua dulce, que brillaban del celeste más claro. No pudo evitar preguntarse cuán hermosa era su forma de dragón, cubierto de joyas y escarcha.

—Buen trabajo —le dijo Rhonda a su compañero cuando sus pies se posaron sobre el palco. Él no respondió, ni siquiera dio un asentimiento, pero a la joven no le importó, pues sus ojos estaban fijos en Alaric mientras los sanadores lo evacuaban.

Chi supo exactamente lo que estaba pensando su compañera detrás de esa sutil sonrisa y ojos imperturbables: «Un trabajo bien hecho; rápido, eficaz y sin una pizca de piedad».

Una ola de aire frío le pasó por encima al abrir la puerta del baño, dejando escapar toda la calidez del vapor al pasillo. Caminó hacia su habitación descalza, con el frescor de la noche en un edificio vacío rozándole las piernas. Vestía una camisa tan grande que la tela le rozaba las rodillas y las mangas le cubrían los dedos.

Empujó la puerta con cuidado, sin poder evitar un pequeño chirrido. Kilyan se encontraba tumbado sobre la cama, con las piernas cruzadas y las manos detrás de la cabeza. Al verla, una gran sonrisa le iluminó el rostro.

—Pensé que te habías desmayado en la sauna esa que llamas baño.

—No sabía que ya habías llegado. —Chi cruzó la habitación a paso rápido y se derrumbó sobre la cama, abrazando el costado de Kilyan con fuerza.

El joven dejó escapar una carcajada ahogada mientras intentaba devolverle la fuerza del abrazo. Hundió la cara en su pelo, todavía mojado, y respiró su aroma. Se quedaron encajados el uno al otro durante unos minutos, disfrutando de cada instante de proximidad, hasta que por fin, Chi consiguió reunir suficiente fuerza de voluntad para apartarse.

—¿Cómo está Isis? —preguntó. Los ojos violetas de Kilyan la observaron desconcertados. Ella se sentía igual de confusa. ¿Acaso le importaba? ¿O se estaba obligando a sí misma a preguntar?

—¿De verdad quieres saberlo? —Chi se limitó a encogerse de hombros—. Sus heridas no son demasiado graves, pero no lo está pasando muy bien. Nitocris prefiere culparla a ella en vez de asumir la responsabilidad por reclutarla sin permiso; y el resto del gremio, bueno, digamos que no son una panda muy benevolente.

—Quiero que me dé pena verla así, aunque estaría mintiendo si dijese que su sufrimiento no me da algo de placer. —Dijo la última palabra en un susurro, avergonzada por admitir lo que no había aceptado ella misma. Cuando reunió el valor para mirar a Kilyan, no vio ni el más mínimo atisbo de disgusto en sus facciones.

—Es normal, ¿no crees? —El joven le acarició la melena con los dedos—. Ver fracasar a alguien que te ha hecho la vida un infierno tiene que ser satisfactorio. Estoy seguro de que en el momento en el que su hermana terminó en la Zona Central, ella pensó que era intocable. Puede que esto sea demasiado castigo, pero decir que no se lo merece... puede que no sea del todo cierto.

—Entonces, ¿no crees que pensar eso me hace una mala persona?

—Chi, a veces no termino de entender cómo tienes la energía de preocuparte por gente como ella. —Kilyan dejó escapar un suspiro. No podía evitar preguntarse, si ella se veía como una mala persona por pensamientos tan naturales, ¿cómo podía mirarle a él con los mismos ojos y darle su corazón?—. Regocijarse por su dolor es igual de normal que no querer compartir tu último pedazo de pastel con el resto de la mesa. Puede que algunos lo vean como egoísmo, pero a fin de cuentas es algo natural.

—Es solo que... no estoy acostumbrada a sentirme así. A lo largo de los años, por mucho que mis compañeros me hiciesen, jamás conseguí tenerles ningún tipo de rencor, porque de una forma u otra, siempre pensé que tenía sentido que pensasen como lo hacían. Supongo que en algún momento empecé a creerles, y ahora...

—Ahora es imposible negar que no tenían razón. Al fin y al cabo, mira dónde has llegado. —Kilyan esbozó la más pequeña de las sonrisas y apartó un par de mechones del rostro de la joven—. Estás en la cima del mundo.

—Contigo —añadió ella, volviendo a pegar la mejilla contra su pecho. El corazón de Kilyan palpitó con fuerza contra su oreja, ligeramente acelerado—. Me pregunto qué pensarían si supiesen con quién paso las noches.

—¿Con el alumno más guapo y más temido de la Zona Central? —Su sonrisa se ensanchó con picardía—. Lo más seguro es que sintiesen todo tipo de celos. *Sentirán* —corrigió.

Chi dejó escapar un par de carcajadas.

—¿Siempre has sido tan humilde?

—Sí, desde que aprendí a atarme los cordones. —Ambos se rieron al unísono—. ¿Qué vas a hacer con todo ese dinero que te dio Leon?

Chi hizo un sonido meditabundo mientras reposaba los brazos sobre el pecho de Kilyan para poder mirarle frente a frente.

—No lo sé, ¿viajar? —Se llevó un dedo a la barbilla con ademán pensativo.

—No es un mal plan teniendo en cuenta que has pasado toda tu vida en la Academia. Hay tantísimos lugares que visitar; el bosque Jade, la cordillera Rosada, la capital de Hielo...

—¿Vendrías conmigo? —preguntó ella. Cualquier rastro de sonrisa se había evaporado de su rostro.

—Claro que sí, Chi. No hay ningún lugar al que puedas ir al que yo no te siguiera.

—¿Incluso si tu gremio gana y te ofrecen todas las riquezas y el poder del mundo? ¿Entonces seguirías queriendo estar conmigo?

Kilyan se incorporó sobre un codo y se acercó a Chi hasta que sus frentes se tocaron. La miró a los ojos y vio todos sus años de soledad afilando sus pupilas. Él sabía muy bien de dónde provenían esas preguntas; si apareciese alguien mejor, ¿todavía le elegirían a él? Si no fuese poderoso, ¿le respetarían? Si tuviese padres, ¿le querrían?

—No hay nada que ellos puedan darme que sea mejor que lo que tú me has dado. Felicidad, tranquilidad, alguien en quien confiar... Y esto —añadió, rozándole la mejilla con los dedos— es una bendición con más valor que todas las riquezas del mundo juntas.

Arvel fue el último de su gremio en entrar por el túnel del estadio. Se había despertado aquella mañana como si su cuerpo fuese brasas y, a pesar de que habían pasado horas, el nacimiento de su pelo todavía estaba cubierto de pequeñas perlas de sudor bajo su túnica.

Como siempre, se detuvo antes de salir del túnel y reposó un hombro contra la pared de basalto. Observó a sus compañeros con detenimiento. Ethan y Nahuel se sentaron juntos en una esquina del palco. Normalmente, hablaban entre ellos o con los demás, pero desde hacía unos días lo único que hacían era mantener el silencio hasta que estaban de vuelta en la ciudadela, lejos de oídos ajenos.

Arvel no podía evitar preguntarse si su líder de gremio había aceptado su consejo de acudir a la magistrada, aunque el hecho de que no hubiera sido convocado al palacio le obligaba a pensar lo contrario. Esas palabras habían sido producto del momento, de su estupidez, y a pesar de ello, deseaba que Ethan tirase de ese hilo suelto en el tapiz.

La primera pelea del día fue entre Leon y Ambrose, de Ikory. Su compañero era uno de los pocos alumnos de la Zona Central que preferían utilizar armas en vez de depender de su forma de dragón. Pocas veces se había visto obligado a transformarse y esta no fue una de ellas.

Leon, por mucho que aparentase lo contrario, se había criado en el Sector de la Lucha. Le encantaban las armas y había conseguido entretejer su magia y su estilo de pelea a la perfección, tanto que no le costaba demasiado derribar a dragones como si fuesen poco más que ovejas aterradas.

El encuentro terminó en menos de diez minutos, cuando Ambrose se rindió, con la espada de Leon hundida en el hombro. Sacó la hoja y dejó caer el metal sobre la arena, agarrando a su adversario para que no se derrumbase. Se agachó hasta que uno de los brazos de Ambrose reposó alrededor de su cuello y con una mano hizo presión en la herida hasta que los sanadores llegaron, extendiendo una camilla sobre el suelo.

El aire frente a la barandilla del palco se agrietó y Leon apareció entre la negrura, mirando con ceño fruncido la camisa y la armadura ligera de cuero que vestía, ahora empapadas de sangre. Se recostó en el asiento al lado del de Mael, y con cuidado de no mancharle, reposó la cabeza sobre su hombro y cerró los ojos, reprimiendo una sonrisa mientras su compañero lo recorría de arriba abajo en busca de heridas que curar.

La siguiente pelea fue entre Pacífica de Ziyoú y Lee de Chestána.

A Arvel no le pareció una pelea memorable, por lo que su atención se centró en una cabeza roja. Todavía no había dicho ni una palabra y a pesar del mucho rencor que sentía hacia ella, el joven no pudo evitar notar que al igual que Ethan y Nahuel, Kenra también había sufrido un cambio de actitud violento. La farsa amigable y bondadosa que lucía desde que puso los pies en la Zona Central había empezado a agrietarse bajo la presión del Torneo.

Cuando la última pelea del día fue anunciada, Kenra salió de su trance.

Melibea contra Nitocris.

Irguió la espalda y su rostro se tensó. Se giró a su derecha y, cuando Arvel siguió su mirada hasta el palco de Millien, se encontró a Nitocris clavando los ojos en su compañera. Melibea se levantó de su asiento, sonriente, y flexionó los músculos del brazo que hasta hacía poco había estado roto. Después de Rhonda, era sin duda la mujer más fuerte del gremio, puede que incluso de toda la Zona Central.

—Hora de brillar.

—Ten un poco más de cuidado esta vez, no vaya a ser que termines con la cabeza escayolada. —Leon rio sus propias palabras y Mael suspiró a su lado.

—Melibea. —Kenra alargó una mano hasta la muñeca de su compañera. Arvel notó la fuerza con la que la agarró, la aspereza en su voz, el sudor en su labio superior. Una vez más, el joven miró a su derecha, pero Nitocris ya había bajado a la arena—. Ten cuidado.

—No te preocupes, la Araña y yo ya nos hemos encontrado en varias ocasiones. Estaré bien.

Y así, sin más, Melibea se dio la vuelta y saltó la barandilla. Sin alas, cayó hasta que sus piernas de metal agrietaron el suelo. Sin vacilación, sin torpeza, avanzó hacia el centro de la arena. Siempre se le había dado bien vestir esa máscara frente al público, la máscara de una mujer joven, poderosa, que vivía cada día para domar el Torneo y disfrutar de su grandeza.

Melibea se detuvo frente a la Araña, que la observó con rostro inexpresivo. No intercambiaron ninguna palabra, nada más que miradas. Ambas separaron los pies y flexionaron las rodillas. Wilson dejó caer su mano, dando comienzo al encuentro.

Sin perder un instante, se transformaron y chocaron la una contra la otra, sacudiendo el estadio entero. El cuerpo de Melibea relució bajo el sol mientras se revolcaban, pues cada una de sus escamas plateadas parecía la punta de una espada, metálica y afilada, alargándose más allá de su cuerpo con la promesa de que un solo roce provocaría una docena de cortes.

Por esa misma razón, Nitocris fue la primera en intentar alzar el vuelo y separarse de las garras de su adversaria, que ya le habían causado varias tajaduras. Pero antes de que la Araña pudiese escabullirse del todo, Melibea abrió sus fauces para revelar varias ristras de dagas en vez de dientes. La dragona se levantó sobre sus patas traseras y su mandíbula se cerró alrededor de una de las ocho patas de la Araña.

Nitocris soltó un alarido y cayó sobre la arena. Escupió unas telarañas e inmovilizó las patas de Melibea contra el suelo. Fue entonces cuando la Araña atacó. Puso dos de sus patas, cubiertas de telarañas, sobre la mandíbula de Melibea y entre gruñidos guturales y forcejeos, le abrió las fauces.

Para el horror del público y los estudiantes, Nitocris mordió la lengua de Melibea, una de las únicas partes de su cuerpo que no estaban revestidas de metal. Arvel frunció el ceño ante la escena. Jamás había visto a la joven hacer algo parecido. Kenra se levantó y se acercó a la barandilla, cerrando las manos alrededor del pasamanos.

Melibea rugió, haciendo que el público se encogiese, y su cuerpo se convirtió en miles de dagas, como las púas de un puercoespín. Las alas membranosas de la Araña se agitaron a tiempo de alzarla y de esquivar la explosión de hierro, no sin añadir unos cuantos cortes a su colección. Las espadas rotaron y se movieron por todo el cuerpo de la dragona, liberándola de las telarañas, y aun así, cuando los filos se replegaron, la joven no entró en acción, sino todo lo contrario.

Después de trastabillar hacia atrás, a punto de derrumbarse, Melibea volvió a su forma Volkai. Sus labios se movieron, pero ninguna palabra llegó a oírse. Se llevó una mano al cuello antes de caer de rodillas y abrió la boca. Antes de que cualquier sonido pudiese escapar de sus labios, Nitocris, ahora sobre ella, le escupió una telaraña en la cara.

Mientras la joven se arañaba el rostro, intentando liberarse con movimientos más y más lentos, Nitocris la agarró con varias de sus patas y como lo haría una araña de verdad, empezó a envolverla en su seda. Melibea intentó resistirse, pero rápidamente sus sacudidas se volvieron temblores, hasta que dejó de moverse.

Al lado de Arvel, todavía sentada, Naeko soltó un sollozo repentino, estridente, rompiendo el silencio del palco.

—¿Qué está pasando? —Leon se levantó como un resorte, se asomó a la arena, seguido por Kobu, y luego se giró hacia Naeko. La joven se inclinó hacia delante sobre su asiento, hasta que la frente le tocó las rodillas. Se abrazó el cuerpo y gimió como si alguien le estuviese aplastando los pulmones—. Naeko, por favor, ¿qué está pasando?

Arvel, que había dejado de reposar contra la pared, devolvió su atención a la arena, donde Melibea había desaparecido por completo en un capullo de telarañas. Nitocris dejó caer el cuerpo al suelo y volvió a su forma Volkai, cubierta de cortes y heridas, pero con la misma expresión que había tenido al empezar el combate.

—Nunca antes... Ella siempre... No pensé que estuviese en peligro —susurró Naeko entre sollozos.

—No me jodas —siseó Leon entre dientes, y por primera vez desde que había vuelto a la Zona Central, su sonrisa se dobló en una mueca.

Fue el primero en desaparecer por el túnel, alejándose de lo que sabía que iba a ocurrir.

—¡Nitocris! —bramó Kobu, dejando al descubierto sus dientes, mucho más afilados de lo normal—. ¡Suéltala!

Ethan se levantó de su asiento, seguido por varios de sus compañeros, y allí, observando desde las alturas, esperaron durante seis largos minutos hasta que los tambores sonaron. Durante cada instante de esos trescientos sesenta segundos, Nitocris se mantuvo de pie sobre el cuerpo de Melibea, con los ojos fijos en el palco de Bershat. En Kenra.

Capítulo 9

El *tiempo se detuvo y por* unos instantes, nadie respiró, nadie parpadeó.

Kobu fue el primero en estallar. Le dio una patada a la barandilla, haciendo que el metal vibrase, y luego se dio la vuelta hasta la primera fila de asientos, que poco pudieron hacer para defenderse de su ira. Después de romper múltiples reposabrazos y respaldos, el joven se derrumbó sobre el destrozo y dejó caer la cabeza en sus manos, quedando completamente inmóvil. Vacío.

Naeko no dejó de llorar en silencio, abrumada por una culpa tan pesada que cada pocos segundos tenía que dar unas grandes bocanadas, pues el aire se negaba a llenarle los pulmones.

Poco a poco, sus compañeros le pasaron de largo, desapareciendo por el túnel, pero Arvel no consiguió reaccionar. Se quedó allí de pie, observando cómo sus amigos se desmoronaban frente a sus ojos... hasta que Kenra se movió por fin.

Había estado allí de pie todo el tiempo, con los brazos flácidos a sus costados, sin hacer o decir nada. En cuanto se dio la vuelta y comenzó a caminar hacia la salida, Arvel vio sus ojos, colmados por las lágrimas. Caminó a su lado, a paso lento, y él tuvo que cerrar los puños para no detenerla.

¿No había muerto Melibea como represalia? No era... ¿su culpa?

El joven la siguió un minuto después, consumido por un calor que había sentido varias veces desde que Kenra había vuelto. Los recuerdos le cegaban cada vez que su mente le obligaba a revivirlos, cada vez que su melena roja le quemaba, tanto por dentro como por fuera.

Era culpa suya. Todo.

Sus pasos rebotaron en las paredes de piedra y con cada uno de ellos, con cada eco, su enfado crecía. Su gremio había sufrido suficiente; no iba a dejar que ella terminase de romperles.

Salió a la plataforma de entrada, entrecerrando los ojos bajo el sol cegador, y se detuvo a un par de pasos de Kenra. Estaba a cuatro patas, en el bordillo, vomitando sobre el vacío. Mael era uno de los pocos que todavía no se habían marchado y, a pesar de los riachuelos de lágrimas que bajaban por sus mejillas en silencio, se encontraba al lado de Kenra, sujetándole el pelo y frotándole la espalda. La chica temblaba de pies a cabeza, con tanta violencia que Mael se encontraba tenso, aterrado de que cayese.

Chi sollozó entre arcadas, y su llanto hizo que la determinación de Arvel vacilase. La última vez, recordó, no había llorado.

Sus puños, ahora agarrotados, amenazaron con abrirse. ¿Qué era lo que había hecho exactamente para causar la muerte de Melibea?

«Nada», pensó él. «Nada, más que existir». Pero eso no era del todo cierto: Nitocris lo había hecho para herirla a *ella*, no a ningún otro.

Fue entonces cuando la joven se giró para mirarle, limpiándose la boca con el brazo. Sus ojos, hinchados e inyectados en sangre, se clavaron en los de él y para su sorpresa, en ellos no había pena alguna. Arvel se dio cuenta de que no temblaba por una tristeza abrumadora, sino por una ira tan intensa que la sacudía de arriba abajo, escapando por sus poros. Su expresión no era la de alguien que acababa de perder a una amiga, sino la de alguien listo para reclamar venganza.

Arvel sintió un escalofrío de miedo atenazándole la espalda mientras sostenía esos ojos llenos de un odio agudo. Miedo porque, la última vez, ella no se había enfadado.

La mano de Kenra cayó, revelando una mueca que dejaba sus colmillos al descubierto. ¿Iba a atacarle?

—Deberíamos irnos... Voy a ir a buscar a Naeko y cuando vuelva te bajaré a la ciudadela —dijo Mael, notando por primera vez la presencia de su compañero. A pesar de las lágrimas en sus ojos, la expresión del joven se endureció. Una advertencia, supuso Arvel—. Espérame aquí, Kenra.

Ella asintió. Su rostro pareció serenarse, pero los temblores no desaparecieron. Se levantó, alejándose del bordillo, y poco después de que Mael desapareciese por el túnel, para sorpresa de Arvel, Kenra habló.

—Sé que fuiste tú el que me atacó aquella noche —dijo con voz ronca, sin hacer el más mínimo esfuerzo por sonar amigable o apaciguante como había hecho cada vez que le había dirigido la palabra en el pasado. Arvel no contestó; se limitó a observarla con todo el desprecio que sentía. Ella frunció los labios como si estuviese reprimiendo una llantina... o tal vez el ansia de atacarle—. Eres un cobarde, ¿lo sabías? Al menos Zafrina tiene los cojones de mirarme a la cara y decirme lo mucho que le gustaría verme muerta, ¿pero tú? No. Tú esperas a que esté durmiendo para hacerme lo que sea que estuvieses haciendo. ¿Por qué? ¿Qué es lo que te he hecho? ¿Qué es lo que quieres?

—No sé dé qué me estás hablando.

—Sé que fuiste tú, tienes un olor muy distintivo, y al parecer no eres lo suficientemente inteligente como para quitarte lo que sea que hace ese tintineo al andar. Lo escuché cuando agrieté la pared de mi habitación con tu espalda.

—Ten cuidado con cómo me hablas...

—No, ten tú cuidado —siseó ella, dando un paso hacia delante. El corazón de Arvel se aceleró—. He callado lo que hiciste porque no quiero que el gremio pierda a su miembro más preciado, pero desde ese día no paro de sentir estas... estas... oleadas de rabia —susurró, mirándose las manos, todavía temblorosas. Las cerró en puños y le miró una vez más—. ¿Qué me has hecho?

El corazón de Arvel se aceleró con algo que había intentado reprimir desde hacía más de un mes.

Remordimiento.

El repiqueteo de unos pasos rompió la tensión que se había solidificado en el aire. Mael y Naeko salieron del túnel y ambos observaron a sus compañeros con ceños fruncidos. Arvel no esperó a que ninguno de ellos hablara antes de dejarse caer de la plataforma, alejándose de esa chica que plagaba su mente de pesadillas y, ahora, de vergüenza.

Kilyan se quedó de pie en el tejado, frente al ventanuco del ático, durante mucho más tiempo del que había planeado. Al principio solo necesitaba calmarse, relajar su respiración y el latir de su corazón, pero luego tuvo que domar un miedo que había estado escondiéndose detrás de una pared de preocupación.

¿Cómo iba a transcurrir la noche? ¿Qué iba a decirle a Chi cuando la viese? ¿En qué estado la encontraría? ¿Cómo podía dar la cara después de lo que su compañera había hecho?

Dejó escapar el aire que llenaba sus pulmones poco a poco, deseando poder volver atrás en el tiempo, a la noche anterior, cuando su única preocupación era despertarse antes del amanecer y tener que separarse de ella.

Se pasó una mano por el pelo, mucho más revuelto de lo normal, y por fin, entró por la ventana. Las velas que normalmente le daban la bienvenida, iluminando las escaleras, no estaban encendidas, y cuando bajó al segundo piso, su habitación también estaba a oscuras.

La noche había dejado el dormitorio entero en blanco y negro. El único color que Kilyan percibió en la negrura fue el destello carmesí de la melena de Chi, que se esparcía revuelta sobre las almohadas allí donde la joven se encontraba acurrucada. Tenía las piernas contra el pecho, rodeadas con los brazos, y el rostro escondido en las rodillas.

—¿Chi? —La joven no respondió, ni siquiera se movió. Kilyan se subió a la cama y el colchón se quejó bajo su peso. Se tumbó sobre las almohadas y la abrazó—. Lo siento mucho —susurró contra su pelo, sintiendo un ligero temblor bajo su agarre. La sostuvo con más fuerza—. Lo siento —repitió, su voz teñida de dolor, y poco a poco la respiración acelerada de Chi se convirtió en el más leve de las llantinas.

Lloró durante horas, hasta que el agotamiento por fin pudo con ella. Kilyan, por otra parte, se mantuvo despierto toda la noche, abrazándola, pues su mente no se detuvo en ningún momento. Pensó en el dolor que su gremio le había causado a la persona más importante de su vida y cómo, incluso más que antes, no sabía cómo podría mirarla otra vez a los ojos.

Se ahogó en su propio dolor, en la pérdida de una sola vida muchos años atrás, y cómo aquello había moldeado su existencia, su personalidad, su futuro, y deseó con todas sus fuerzas que no le pasase lo mismo a Chi. Quiso decirle que no tenía sentido culparse, que no tenía sentido agarrarse a esos recuerdos y revivirlos cada día, que no tenía sentido pensar en todas las cosas que podría haber hecho de manera diferente, porque esa era una forma miserable de vivir.

La abrazó con más fuerza y no la soltó hasta que la noche amenazó con aclararse. En el silencio del amanecer, la dejó sola en la cama y maldijo tener que abandonarla una vez más en un mar de dolor e incertidumbre que él no tenía el derecho a ayudarla a navegar.

Horas después, Chi se despertó y durante unos cortos segundos pensó que todo había sido un sueño. Mantuvo los ojos cerrados, el aire atascado en sus pulmones y los eventos del día anterior atrapados en su mente como poco más que una pesadilla, pero entonces exhaló y abrió los ojos.

A los pies de su cama vio el parpadeo de una figura. Melibea la observó con unos ojos sin brillo alguno y una piel tan pálida que parecía relucir en la oscuridad. Se incorporó con un jadeo, aunque su figura desapareció antes de que la espalda de Chi terminase de chocar contra el cabecero de la cama. Con el corazón desbocado, se vistió y se marchó sin despegar los ojos del suelo.

Fue la primera en llegar a las puertas del muro norte, donde los dos mismos centinelas de siempre aguardaban a que los alumnos se congregasen. El resto de los miembros del gremio no tardaron en aparecer, pues la mayoría habían sufrido una noche de insomnio y pesadillas. Nadie se atrevió a romper el silencio que pesaba sobre el grupo.

Antes de guiarlos hasta el estadio como todas las mañanas, uno de los guardias anunció que la familia de Melibea había optado por un funeral público patrocinado por la Academia y que el evento se llevaría a cabo en la tarde del día de descanso. Chi notó el descontento de sus compañeros ante la noticia, pero nadie dijo nada mientras las puertas se abrían y ella no se atrevió a preguntar. Los guardias emprendieron el camino. Se dio cuenta de la ausencia de Arvel en cuanto cruzaron los límites de la ciudadela, aunque fue la única a la que aquello pareció importarle.

Aquel día, las gradas estaban teñidas de negro, como si alguien hubiese pintado un cuadro con tinta de calamar. Chi notó el cambio nada más poner los pies en el palco. Se le hizo difícil encontrar a más de un par de personas entre todo el público que no estuviesen vistiendo sus ropas más oscuras en honor a la difunta, y no pudo evitar sentir rencor ante la frivolidad del gesto.

Vestían de luto y aun así allí estaban, aplaudiendo y sujetando pancartas como cada día. Chi sabía que si de verdad les importase la pérdida de vidas, no estarían allí sentados y Nitocris no seguiría con su gremio, impune.

Bajó la mirada al suelo, abriendo y cerrando los puños en un intento por calmar el repentino temblor de sus manos. Le había costado mucho cerrar la puerta que se había entreabierto el día anterior y cuyo contenido la había dejado sin aliento. No había podido respirar, pero no porque su tristeza la estuviese ahogando. No. Su dolor no era apenado; su dolor era furioso, tan intenso como una tempestad que la estaba privando de aire, como un terremoto que la había sacudido por dentro, revolviéndole el estómago y asustándola tanto que, una vez en casa, había tenido que dedicar horas a calmarse.

En cuanto los combates comenzaron, el público pareció olvidarse de la tragedia que pretendían honrar. Aplausos y gritos sacudieron el estadio a medida que las peleas del día concluían. Kobu fue llamado a la arena y, para sorpresa de muchos, perdió contra Ikory después de una ardua y larga pelea. Masculló su rendición entre dientes, ignoró a los sanadores y, cuando volvió al palco, caminó directo hasta el túnel, alejándose de sus compañeros.

El día terminó tan rápido como había empezado y, una vez de vuelta en la ciudadela, Chi se quedó de pie en medio de la calle, sintiendo una repentina descarga de pánico ante la idea de pasar el resto del día sola. Por eso, decidió aventurarse hasta la taberna y cuando entró, la atmósfera amenazó con peores cosas que la soledad.

Por primera vez desde que se había unido al gremio, Ebony no estaba detrás de la barra ni en la cocina. Los pocos presentes estaban esparcidos por las mesas en silencio y con la cabeza gacha. Un único par de ojos se alzó cuando bajó los escalones; los de Zafrina.

La miró como lo hacía siempre, con una mezcla de asco y desdén que le arrugaba el ceño, pero poco a poco, mientras se observaban la una a la otra, la expresión de Zafrina se volvió agria. Sus labios se curvaron hacia abajo en una mueca que hizo que Chi fijase su atención en el suelo mientras caminaba hasta la barra, donde siempre se sentaba.

El taburete gimió bajo el constante zarandeo de sus piernas. Intentó centrarse en ese sonido en vez de en el lugar en su espalda que quemaba bajo la mirada de Zafrina. Se inclinó sobre la barra y cogió un par de manzanas de un bol de fruta que reposaba allí.

Durante las siguientes horas se dedicó a juguetear con la fruta, esperando con ansiedad a que algo ocurriese; alguna conversación, alguna visita de algún otro compañero... Cualquier cosa. Pero lo único que tuvo lugar fue el sonido de las sillas arrastrándose por el suelo mientras, poco a poco, todos se marchaban, dando por terminado el día.

En el momento en el que la puerta de la taberna se cerró a la espalda de Rhonda, dejando a las dos jóvenes solas, Chi se levantó y comenzó a caminar hacia la salida, con los ojos pegados a sus propios pies. Escuchó a Zafrina acercándose y su pulso se aceleró.

Chi se detuvo de golpe cuando el suelo de madera desapareció bajo sus pies. Se vio de vuelta en aquel vacío negro que la había visitado una vez en el pasado, el día en que Zafrina la había atacado en la calle. Dejó escapar un suspiro tembloroso y cerró los ojos.

Todavía podía escuchar su corazón galopante, su respiración entrecortada.

—Felicidades —dijo su compañera desde la oscuridad. Sus palabras resonaron como si docenas de voces las hubiesen pronunciado al mismo tiempo, comiéndose las unas a las otras en una melodía deforme—. ¿Cómo te sientes al saber que es culpa tuya que Melibea esté durmiendo en un ataúd?

Chi negó con la cabeza, haciendo todo lo posible por mantener la calma mientras la voz de Zafrina se le acercaba.

—Te dije que desaparecieras —siseó, con el más leve tinte de dolor filtrándose en su voz—. Sabía que no ibas a traer más que problemas, pero aquí sigues, burlándote de la Academia con tu presencia. ¿Sabes por qué Nitocris hizo lo que hizo? Porque la humillaste a ella y a su familia; porque tuviste la insolencia de poner un pie en la arena como si fueses nuestra igual. —Las manos de Chi comenzaron a temblar—. Cada día lamento que Arvel no fuese capaz de terminar el trabajo aquel día en el bosque, y ahora estoy segura de que la necia de Melibea se siente igual que yo desde la...

Antes de que pudiese terminar de hablar, Chi se giró a su derecha y alzó un brazo en la oscuridad. Sus uñas se hundieron en las mejillas de Zafrina cuando le rodeó la barbilla con la mano. La negrura se disipó como si nunca hubiese estado allí, devolviéndola al centro de la taberna.

Zafrina, que le sacaba varias cabezas de altura, tuvo que doblar las rodillas cuando la joven tiró de su rostro hasta que estuvieron cara a cara. En la mente de Chi, esa puerta que había cerrado el día anterior se estremecía y peleaba por ser abierta. Sus bisagras crujieron y el pomo se sacudió con violencia, como si al otro lado hubiese un monstruo gigantesco arremetiendo contra la madera.

Sus uñas se clavaron aún más en la carne de su compañera, rompiendo las primeras capas de piel. Las cejas de Zafrina se arquearon con miedo y sus labios, aplastados en un puchero forzado, temblaron ante la fuerza del agarre.

—No vuelvas a hablarme, no te me acerques —dijo Chi en un susurro, pues estaba haciendo tal esfuerzo por mantener la calma, por no continuar apretando la mano, que apenas podía hacer salir su propia voz—. Si utilizas tu magia conmigo una vez más, te haré daño y no me importa cuáles sean las consecuencias.

Ambas se quedaron quietas durante unos largos segundos en los cuales el palpitar del corazón de Zafrina, tanto como el suyo, le retumbaba en los oídos. Por fin, Chi abrió la mano, y de allí donde sus uñas habían descansado brotaron perlas de sangre.

Su compañera trastabilló y Chi no quiso esperar a que se recuperase del *shock*. Salió de la taberna y una vez en la plaza, respiró el aire frío de la noche y escondió las manos en sus bolsillos, antes de emprender el camino de vuelta a casa

Capítulo 10

Cuando *el nombre de* Judas salió de los labios del presentador, el público explotó en un fervor fanático. Kilyan no encontraba sus peleas especialmente emocionantes; eran rápidas y, al igual que las suyas, desequilibradas. Y aun así, en esos pocos minutos que Judas pasaba en la arena, atormentando al desdichado de su oponente, el público sentía una subida de adrenalina que solo podía ser disfrutada desde lejos.

La adrenalina del peligro.

¿Cuánta paciencia tendría Judas? ¿Atacaría órganos vitales? ¿Extremidades? Con una magia capaz de crear explosiones del aire, sin chispa ni pólvora, las posibilidades eran infinitas, al igual que el dinero que se podía hacer apostando por el tipo de daño que iba a causar, ya que muy pocos apostaban por su derrota.

Kilyan observó cómo su compañero se pavoneaba por la arena, con hombros anchos y la barbilla alta, y deseó poder terminar el día allí mismo. Le enfermaba tener que compartir gremio con gente como él, gente que realmente disfrutaba torturando a otros, y que lo hacían con una sonrisa en el rostro.

Con un suspiro, se dio la vuelta y se sentó al lado de Lorelei, que se inspeccionaba las uñas con aburrimiento.

—Esto no va a ir bien —masculló ella, sin levantar la mirada para asegurarse de que su líder de gremio la estaba escuchando—. Lleva demasiado tiempo esperando su turno.

—¿Has hablado con él? —inquirió Kilyan. Sus ojos se detuvieron en Isis, sentada en el extremo opuesto del palco. No había dicho una sola palabra desde la pelea de su hermana, y de vez en cuando la veía lanzar miradas furtivas hacia el palco de Bershat, hacia Chi.

—Lo he intentado —dijo ella, con un suspiro. En la arena, Judas y un pobre miembro de Ikory se medían el uno al otro. Los tambores sonaron y Lorelei esperó a que el ruido cesase antes de volver a hablar—. Le dije que después del desastre de Nitocris no podemos permitirnos perder más puntos, pero dijo que ese no es su problema.

Kilyan frunció los labios en respuesta.

Judas había demostrado en multitud de ocasiones que el bienestar y la imagen del gremio no eran tan importantes para él como divertirse. A veces se preguntaba cómo semejantes monstruos, que ni siquiera se molestaban en ocultar su naturaleza, se permitían en el Torneo, donde podían causar todo el daño que quisiesen sin miedo a las repercusiones. ¿Quién se beneficiaría de alguien así haciéndose con todo el poder que el Torneo ofrecía? ¿Les daban entrada solamente porque sabían la cantidad de dinero que harían gracias a sus trastornos?

La pelea duró un par de largos minutos hasta que la paciencia de Judas se marchitó como el cuerpo de una cerilla. Una explosión en el pecho de su contrincante le lanzó por los aires. Su torso entero quedó expuesto allí donde su ropa se había carbonizado, dejando a la vista una piel enrojecida por unas quemaduras severas.

Con el poco aliento que pudo reunir, el miembro de Ikory se rindió.

—Buen trabajo no matándole —dijo Bastien, riendo entre dientes cuando Judas volvió al palco.

—Ha sido difícil, ¿has visto el terror en su cara? Patético. —Judas se desplomó, estirando las piernas hasta acaparar los asientos a cada lado del suyo—. Ahora que Bershat ha empezado a venirse abajo solo tenemos que preocuparnos de Draco y sus perros. Estoy listo para ganar este puto torneo de una vez.

Lorelei fue la siguiente en ser llamada a la arena. Al lado de Kilyan, la joven se levantó con un suspiro tan cansado como molesto. A diferencia de Judas, ella sentía muy poca gratificación durante sus peleas y lo mismo podía decirse del público.

Su magia era muy distinta a la del resto de los Volkai; todas las mujeres de su ascendencia poseían el mismo don, sin variación ni mutaciones, y se decía que provenía de una maldición impuesta por los salvajes durante la Guerra Continental. La que hubiera sido su magia siglos atrás se había perdido para dar paso a la habilidad de matar al tacto.

En aquellos tiempos era algo que las mujeres malditas no podían controlar, al igual que Kilyan con su magia, pero con las décadas la maldición se había convertido en una magia y ahora, Lorelei tenía un arma que, a diferencia de su compañero, ella podía controlar a voluntad. Sus peleas solían ser mucho menos vistosas que las de Judas o Kilyan, y además de eso, compartía la misma indolencia de su líder de gremio hacia el Torneo. No estaba allí para dar un buen espectáculo, no lo añoraba ni lo disfrutaba. Ella solo quería llegar a la meta, a cualquier precio necesario.

La joven se detuvo frente a su adversario, Milo de Chestána, el cual le sacaba varias cabezas de altura y, aun así, era quien estaba sudando. Lorelei se preparó para atacar, abriendo las manos a sus costados y doblando las rodillas. Milo se preparó para defenderse, alzando los brazos frente a su rostro y ladeando el cuerpo hacia atrás.

El combate terminó tan rápido que los miembros del público que se habían levantado a estirar las piernas y conseguir comida durante una pelea previsible no tuvieron tiempo de volver a sus asientos antes de que los tambores sonasen. El forcejeo por parte de Milo llegó a su fin en cuanto uno de los golpes de Lorelei acabó con ella agarrándolo por la muñeca, allí donde su manga terminaba. Durante el segundo de pánico que paralizó al joven, Lorelei le rodeó el cuello con los dedos, atenazándole la tráquea.

—Para. —Su adversario se quedó de piedra—. Ríndete ahora o mi gremio ganará con un punto menos —dijo, pronunciando las mismas palabras de siempre.

Milo contuvo la respiración. Un par de gotas de sudor bajaban por su frente, mojándole las cejas. Lo más aburrido de los combates de Lorelei era que todos terminaban igual; con un agarre de hierro y un alumno que no estaba dispuesto a perder su vida tan fácilmente. Su técnica había sido constante desde sus primeras peleas y en una única ocasión, al principio del Torneo, un alumno decidió hacer caso omiso de su advertencia, creyéndolo poco más que un farol. Tan rápido como se negó a rendirse, su cuerpo cayó inerte al suelo.

Desde aquel día, ningún otro alumno se había atrevido a dudar de sus palabras.

—Me rindo —dijo, su voz ronca por el agarre.

Lorelei abrió la mano, dejando a Milo tosiendo de rodillas, y se alejó, frotando la palma contra sus pantalones.

El día terminó como debía, con Millien en la cima. Cuando volvieron a su ciudadela, los alumnos menos antipáticos se reunieron en su taberna para celebrar sus victorias del día. Kilyan se unió a ellos más por aburrimiento que por cualquier otra cosa y se encontró sentado solo en un rincón del establecimiento, observando cómo sus compañeros bebían y comían con sonrisas en las caras.

No pudo evitar pensar en Chi y en su aspecto vencido durante el Torneo.

Sus ojos violetas se clavaron en Nitocris, que bebía con su hermana pegada al costado. La muerte de Melibea no la había afectado en absoluto —lo cual no era de extrañar, dado que la había asesinado por despecho— y, aun así, no terminaba de entender cómo podía alguien terminar una vida y destruir otra sin pestañear.

La única persona del gremio que parecía no haber olvidado los sucesos del día anterior era Isis, cuyos ojos no se habían despegado del suelo en ningún momento. Tenía unas ojeras oscuras y la piel de un pálido ceniciento, casi enfermizo. Fue la primera en marcharse. Se levantó de su silla y cruzó el establecimiento sin que nadie lo notase, ni siquiera Nitocris.

Por un instante, Kilyan casi se compadeció de ella. Casi.

Durante las peleas del día siguiente, Zafrina ganó los primeros dos puntos para Bershat de los últimos días. Chi notó que su compañera volvía a tener ese aire de suficiencia que siempre vestía, pero no le dedicó ni una sola mirada, ni una sola sonrisa, desde su encuentro en la taberna hacía dos noches.

Wilson apareció, aplaudiendo la última victoria de Millien, y sobre la arena se reflejó el recuento de puntos del día.

$$\text{Millien} - 17$$
$$\text{Ziyoú} - 14 \qquad \text{Bershat} - 14$$
$$\text{Ikory} - 8$$
$$\text{Chestána} - 6$$

—¡Un final emocionante para un día emocionante! —exclamó el hombre, levantando un brazo hacia el palco de Millien—. ¡Enhorabuena a Azura! Siempre sabes dar un buen espectáculo. —La joven en cuestión se giró hacia el público y saludó con ambas manos. Tenía el pelo de un azul vibrante y una sonrisa que le iluminaba el rostro, pero que no terminaba de llegarle a los ojos—. Bien, ahora me gustaría anunciar nuestros planes para el evento de mañana: ¡los cuartos de final! —El público se levantó, estallando en ovaciones y aplausos. Incluso en el palco presidencial, todos se alzaron con sonrisas—. Enviaremos a nuestros alumnos a casa con instrucciones sobre lo que pueden esperar. Lo único que revelaremos ahora para nuestros queridos espectadores es que el evento se realizará en grupos de cinco miembros por gremio y que serán ustedes los que tengan el placer de escoger quiénes serán esos alumnos afortunados.

Chi escuchó el más mínimo de los suspiros escapar los labios de Arvel y, a un par de asientos de distancia, Ethan se masajeó el puente de la nariz con un par de dedos.

Los alumnos volvieron a sus ciudadelas, donde los guardias entregaron sobres gruesos a los líderes de gremio. Bershat entero, sin excepción alguna, se reunió en la taberna. Juntaron varias mesas de madera para que todos pudiesen sentarse y Ethan le dio el sobre a Nahuel, que lo abrió sin partir el sello de cera roja que relucía con la insignia de la Academia. Desdobló el papel crema que había dentro y durante unos largos segundos todos los presentes aguantaron la respiración.

—Es un juego de capturar la bandera —dijo el erudito por fin, rompiendo el silencio—. Cada equipo tiene una «bandera» —hizo las comillas con los dedos—, que vale puntos. Los otros equipos tienen que proteger su propia bandera y robar las demás para conseguir puntos.

—¿Eso es todo? —preguntó Ebony. Su voz salió ronca, por lo que carraspeó un par de veces. Tenía la nariz roja y los brazos cruzados con fuerza sobre el pecho—. Estos eventos siempre son muy enrevesados, estaba esperando algo... más.

—Estoy de acuerdo, parece demasiado simple —dijo Ethan.

—La bandera propia vale treinta puntos, pero si la roban y la recuperas, su valor baja a cinco. Las banderas enemigas son diez puntos por un total de cincuenta. —Nahuel le dio la vuelta al papel, asegurándose de que no había nada escrito en la parte de atrás. Dejó caer la carta y se reclinó contra la silla—. Aparte de eso, lo único que mencionan es la existencia de una bandera dorada que vale cien puntos.

—Pues menudas instrucciones —masculló Kobu.

La mesa se quedó en silencio. Chi escuchó los corazones acelerados; era la primera vez que se reunían todos desde el incidente. A su derecha, Naeko se estaba frotando los dedos con nerviosismo.

—Bien, parece que es un evento que se explica por sí solo. —Zafrina se levantó, arrastrando su silla. Chi se encogió ante el chirrido—. Me voy a dormir.

—Yo también —dijo Rhonda, sin perder un segundo en seguir a su compañera.

El erudito asintió.

—Me habría gustado recibir más información. Por ahora lo único que hay que tener en cuenta es que la primera prioridad es defender nuestra propia bandera.

—Sí, sí. —Zafrina sacudió una mano en el aire—. Proteger la bandera y robar las demás. Fácil.

Kobu dejó escapar un bufido gutural, pero no dijo nada mientras las dos chicas salían de la taberna, dando un portazo a su espalda.

—Me imagino que se están callando unos detalles importantes. —Ethan se levantó—. No podemos permitirnos confiarnos en que será fácil, sobre todo porque no somos nosotros los que vamos a decidir el equipo, sino el público.

—Arvel, Leon, Rhonda, Zafrina y Kenra —susurró Naeko, rompiendo su silencio. Hasta donde Chi sabía, era la primera vez que había hablado en días—. Ese es el equipo más probable.

Al otro lado de la mesa, Leon se irguió al escuchar su nombre.

—¿Puedes ver algo más? ¿Es realmente un juego de capturar la bandera?

—No estoy segura, deben de estar utilizando algún tipo de magia o hechizo que no me está permitiendo ver más allá de los alumnos llegando a la arena.

—Entonces podemos suponer que no nos lo están contando todo —dijo Alessia desde la otra punta de la mesa. Su piel rojiza se había tornado del color del vino bajo sus ojos cansados—. Dudo que se estén tomando la molestia de ocultar el evento hasta a los clarividentes si no estuviesen preparando un gran espectáculo.

—Sea o lo que sea, tendremos un buen equipo —añadió Ethan, pero más que alentadoras, sus palabras sonaron amenazantes. Chi vio que tenía la mirada fija en Arvel—. Será mejor que descanséis para mañana.

Los presentes comenzaron a dispersarse. Chi salió de la taberna y, antes de que pudiese desaparecer calle abajo, alguien gritó su nombre.

—Kenra, espera. —Ethan se apresuró hacia ella, su silueta iluminada por la luz dorada que desprendía la puerta abierta de la taberna. Algunos de sus compañeros los observaron mientras caminaban hacia el hotel—. Solo quería hablar contigo sobre... Melibea. Puedo pedir que envíen a un sanador con el que puedas hablar.

—No estoy herida —dijo ella, negando con la cabeza.

—No físicamente. —El líder de gremio se pasó una mano por el pelo—. Como alumnos de la Zona Central a veces... se nos olvida que no estamos acostumbrados a sufrir este tipo de pérdidas, sobre todo tú, Chi. Eres demasiado joven para esto. Y sé que... sé que vosotras dos ya no estabais juntas...

—Gracias —interrumpió Chi, dando un paso hacia atrás. De repente, sintió el corazón desbocado. Por el rabillo del ojo vio un movimiento leve y cuando se fijó en la fuente, vio un destello de Melibea. Estaba tumbada sobre el bordillo, con una mano en el agua y el rostro caído a un lado, inexpresivo—. Pero estoy bien, no necesito un sanador. —Su voz salió atropellada mientras se obligaba a sí misma a centrar su vista en Ethan.

Antes de que su compañero pudiese decir nada más, Alessia apareció a su lado y entrelazó su brazo con el de él.

—Kenra, buenas noches y buena suerte con la prueba de mañana —dijo la salvaje con tono cordial. Chi podía escuchar el ágil palpitar de su corazón y el olor a sudor que le cubría la piel.

—¿Qué...?

—Ven conmigo —le siseó a Ethan, y antes de que este pudiese decir nada más, le arrastró lejos de Chi.

Ella observó cómo ambos se alejaban, en silencio, preguntándose si le había hecho algo a Alessia sin darse cuenta, pero no tenía tiempo para preocuparse de ello. Le dedicó una mirada fugaz a la taberna y se encontró con unos ojos gélidos.

Frunció los labios, se dio media vuelta y volvió a casa.

Pocos alumnos de la Zona Central consiguieron descansar aquella noche. Después de que el sol comenzase a alzarse, miles de personas ya se habían congregado frente al estadio, haciendo cola para llenar sus gradas. La entrada era un gran corredor que salía de los portones principales como una larga lengua de piedra caliza. A cada lado de la pasarela había docenas de puestos, el doble de lo normal, que vendían desde castañas asadas y rollitos de barbas de dragón hasta globos de mil colores y cañones de confeti.

Varios edificios en el Sector de Sabiduría, el único de la Academia en el que se alojaba la entrada para visitantes, se habían abierto al público para los que no consiguiesen asegurar un sitio en el estadio antes de que este llegase a su máxima capacidad. Incluso allí, la música sonaba con fuerza y la comida era abundante.

Desde el continente, las familias se preparaban con dulces y bebidas calientes. En las calles, los locales abrían sus puertas horas antes de lo normal para que la gente tuviese tiempo de sentarse y prepararse para el espectáculo.

Los alumnos se reunieron en sus palcos; el consejo, el director, y la magistrada tomaron asiento. El tamaño del público parecía haberse duplicado en las gradas. Había niños sentados sobre hombros y rodillas, grupos apiñados en las entradas, escaleras y barandillas. Fuera, muchos se sentaron en la pasarela, donde un gran espejo se materializó sobre la fachada del estadio, retransmitiendo imágenes del palco ejecutivo y los gremios.

Chi inspiró la energía del lugar. El aire parecía vibrar con emoción. Recordó los años en su sector y cómo durante cada sexto día de las últimas tres semanas de torneo, todos los alumnos veían el evento en directo desde sus aulas. Se acercó a la barandilla, flanqueada por Mael y Leon, y quedó atónita ante lo que les esperaba en la arena.

Wilson ya estaba de pie en el centro, con plumas rojas decorándole el pelo engominado. Detrás de él había cinco arcos dorados del tamaño de un dragón pequeño y, aun así, tres veces más grandes que el hombre.

—¡Bienvenidos, bienvenidos todos a los cuartos de final, donde incluso los gremios más rezagados tienen oportunidad de alcanzar la cima! —Tenía una sonrisa de oreja a oreja que sus mejillas apenas podían contener—. Antes de empezar, queridos espectadores, es hora de votar para decidir los equipos. Frente a ustedes aparecerá un holograma con todos los alumnos de la Zona Central, y podéis escoger un máximo de cinco por gremio. —Una exclamación sobresaltó al público y Chi notó que todas las cabezas bajaban para observar la información que se había materializado en el aire frente a ellos. Incluso los niños tuvieron el honor de participar—. ¡Adelante, voten por sus favoritos!

Los espejos que flotaban sobre la arena vibraron antes de empezar a reflejar los rostros más prominentes de cada gremio y, bajo ellos, números que se movían demasiado deprisa como para contarlos. Rápidamente, los líderes del Torneo acumularon ridículas cantidades de votos. Chi se centró en el espejo que enseñaba los rostros de Bershat.

Arvel iba en cabeza de todos los demás. En menos de un minuto, sus votos ya habían llegado a las cinco cifras. En segundo lugar, apareció Rhonda y en tercero, Leon. Varios nombres aparecieron en cuarto lugar: Zafrina, Ebony, Kobu... Chi perdió el aliento cuando, de repente, su rostro comenzó a trepar desde el fondo de su gremio. Pasó el décimo lugar, luego el octavo, el séptimo, sexto... quinto...

Sabía que iba a tener que participar en el evento, pero aun así, ver el número de votos que estaba recibiendo, sobrepasando los de muchos de sus compañeros, le aceleró el corazón.

—¡Y... tiempo! —exclamó el hombre, alzando una mano al cielo. Los votos dejaron de entrar y las cifras se congelaron. Los líderes de cada gremio tenían más de once mil votos cada uno—. De Millien, que encabeza la competición con diecisiete puntos: Kilyan, Judas, Azura, Michael y Bastien. —El público aplaudió con fervor—. De Ziyoú: Draco, Marina, Huck, Oscar y Pacífica. —Los alumnos comenzaron a bajar de sus palcos mientras Wilson continuaba hablando. Las manos de Chi comenzaron a temblar—. De Bershat: Arvel, Rhonda, Leon, Kenra y Zafrina.

En cuanto sus nombres fueron pronunciados, Leon abrió un gran portal para sus compañeros. Chi fue la última en atravesar la fisura. Cada grupo se detuvo frente a una de las puertas. A su izquierda, los miembros de Ziyoú reían entre ellos. La mirada de Draco, que se encontraba charlando alegremente con Marina y Pacífica, se encontró con la de Chi y el joven le sonrió, haciendo la misma reverencia con la que se había despedido de ella el día de su combate. A su derecha aparecieron los miembros de Ikory, cuyo silencio nervioso reflejaba el de Bershat.

Leon dejó escapar un suspiro tembloroso antes de darse la vuelta hasta sus compañeros. Los estaba encabezando, igual que lo habría hecho Ethan.

—Lo más importante es mantenernos juntos —dijo. Una pequeña gota de sudor resbaló por su sien. El sol brillaba sin piedad sobre sus cabezas, pero Chi sabía que no era por eso por lo que estaba sudando. Durante el evento se ponía en juego una gran cantidad de puntos, tantos que no importaba cuánta ventaja le llevase un gremio a los demás, ya que todavía podían terminar expulsados; y ellos ni siquiera estaban en cabeza—. Rhonda, si la bandera es algo que podamos cargar con nosotros, deberías ser tú quien la lleve. Tienes la defensa más impenetrable de todos.

Rhonda asintió. Era de los pocos alumnos de la Zona Central que no vestía trajes llamativos o armaduras pesadas, sino unos pantalones oscuros, abombados y ligeros, y una camiseta sin mangas que dejaba al descubierto unos brazos poderosos.

Hoy, sus músculos parecían incluso más cincelados de lo normal.

—Estas puertas os llevarán a un nuevo terreno de juego diseñado por nuestros mejores ingenieros de Sabiduría —dijo Wilson en cuanto los últimos alumnos se detuvieron a su alrededor. Chi notó la más leve de las vibraciones en el aire y entonces, desde el centro de los arcos, una luz nítida como la del sol reflejada en un lago cristalino se expandió hasta alcanzar los bordes dorados, creando portales. El presentador hizo un gesto hacia las gradas—. Debajo de sus asientos encontrarán un pequeño panfleto que explica las reglas y mecánicas básicas del juego, pero para nuestros queridos alumnos, lo único que tendréis que tener en cuenta es que no conseguiréis ningún punto por dejar a alguien K.O.; la única forma de conseguir puntos es capturando banderas. El gremio responsable de cualquier muerte recibirá una penalización de cincuenta puntos. Este no es un evento que se pueda ganar con simple fuerza bruta.

Los alumnos observaron, con asombro atascado en sus gargantas, cómo el aire ondulaba y se distorsionaba, brillando con todos los colores de un arcoíris iridiscente frente a ellos. Si el brillo de una perla de agua dulce fuese líquido, Chi imaginó que se vería igual que aquellos portales.

—¡Y ahora, sin más dilación, que dé comienzo el día!

Miles de globos flotaron por el cielo, acompañados de fuegos de todos los colores y sus explosiones vistosas.

Kilyan fue el primero de todos los alumnos en cruzar el portal. Su figura se hundió en aquella superficie de agua perlina y por un instante, la negrura de sus ropas ondeó por el portal entero antes de desaparecer. Chi se limpió el sudor de la frente cuando el resto de los alumnos le siguieron, incluyendo sus compañeros. Ella fue la última de su gremio en cruzar el portal, dejando atrás el estruendo de las masas, las explosiones, la música y los tambores.

El portal le erizó el cuerpo entero y durante un breve instante, fue como si estuviese bañada en electricidad estática. Cuando abrió los ojos, se encontró en medio de un amplio pasillo gris. Alzó los ojos y vio un cielo celeste, sin una sola nube... ni sol.

Fue entonces, mientras se esforzaba por absorber sus alrededores de gigantescas paredes grises y corredores vacíos, cuando se dio cuenta de que estaba sola. Se dio la vuelta, aguzando el oído para poder escuchar más allá del silencio y su corazón desbocado, pero no había ningún sonido.

—¡¿Leon?! —gritó, y su voz hizo eco por las paredes durante mucho más tiempo del que debería. Las manos de Chi comenzaron a temblar—. ¿Rhonda?

La voz de Wilson interrumpió su confusión. En el cielo, sobre su cabeza, apareció el rostro del presentador multiplicado por tres, apuntando en diferentes direcciones.

—¡Los cuartos de final se llevarán a cabo en un laberinto y, como puede que algunos ya hayáis notado, las banderas no son objetos, sino un miembro de cada grupo! —Su rostro fue reemplazado por cinco, y uno de ellos era el de Chi—. Bastien, Marina, Kenra, Taj y Savia actuarán como las banderas de sus respectivos grupos.

»Puede que os estéis preguntando quién es la bandera dorada. De momento eso es un secreto, pero hasta entonces, podrá ser encontrada a través de estas puertas. —Su rostro desapareció, dejando paso a la imagen de una puerta de madera robusta, con pomos de zafiro rojo y siluetas de dragones soldadas con oro—. Aunque tengo que avisaros: la bandera dorada deberá ser vuestro último recurso, una solución desesperada, porque detrás de esas puertas se encuentran retos diseñados para no ser superados, y la muerte es un precio muy alto que pagar. —El rostro del hombre volvió a aparecer en el cielo—. Y una cosa más: el laberinto cambiará de forma cada media hora, así que intentad no perder demasiado tiempo memorizándolo. ¡Buena suerte!

La retransmisión se apagó, dejando el reflejo de su propio rostro grabado a fuego en la parte trasera de sus ojos.

Capítulo 11

Las rodillas de Leon amenazaron con dejarle caer en cuanto el rostro de Wilson desapareció del cielo. Se llevó una mano a la frente y retrocedió hasta que su espalda chocó contra una de las altas paredes de piedra que se cernían sobre sus cabezas.

—Esto es lo peor que podría haber pasado —dijo, apenas consiguiendo sacar las palabras por el nudo en su garganta—. ¿Por qué ella? Por los espíritus...

—Leon, haznos un favor a todos y cálmate —dijo Zafrina.

—De todos nosotros, Kenra es la que menos posibilidades tiene de poder defenderse contra cualquiera de los otros gremios, ¿cómo quieres que me calme? —contraatacó. Ella se limitó a mirarle con las cejas alzadas y los labios fruncidos. Un burbujeo de rabia comenzó a bullir en el océano de su ansiedad—. Zafrina, *Zaf*, si algún otro gremio la encuentra antes que nosotros, necesitaremos capturar a tres banderas solo para recuperar esos treinta puntos... y solo hay cinco malditas banderas en total.

—Entonces será mejor que la encontremos —dijo Arvel, rompiendo su silencio.

—¿No sería mejor idea capturar a los demás para que ellos no consigan treinta puntos fáciles? —preguntó Rhonda—. Además, ¿cómo proponéis encontrarla? Ni siquiera tenemos al perro para rastrearla.

—Estoy segura de que yo podría oler su miedo desde la otra punta del estadio —murmuró Zafrina.

—Deberíamos separarnos. —Todos los presentes se fijaron en Arvel, con diferentes niveles de confusión—. Yo iré a buscarla.

—¿Tú? —Zafrina prácticamente bufó su pregunta. Una sonrisa se dibujó en su rostro, pero desapareció en cuanto su compañero la miró—. ¿En serio?

—Arvel, entenderás que no confíe mucho en tus capacidades... en lo que a Kenra se refiere.

—No le voy a hacer nada —dijo él, sosteniéndole la mirada a Leon—. Solo quiero ayudar.

—Entonces iré contigo. —Leon separó la espalda de la pared y dio un par de pasos hacia su compañero—. Entre los dos será fácil recuperarla incluso si la ha capturado algún otro gremio.

—Bien, nosotras intentaremos dar con las otras banderas.

—¿Qué? —preguntó Zafrina, su voz prácticamente un chillido—. No podemos separarnos así, ¿qué pasa si nos encontramos con un grupo entero?

—Simple, les romperemos los huesos.

—No, Rhonda, no. —Leon luchó contra las náuseas que le subían por la garganta. No era una persona supersticiosa, pero tenía la sensación de que algo terrible iba a pasar. Deseó que Ethan estuviese allí en vez de él—. Si os encontráis con un grupo, dad media vuelta y marchaos. Zafrina puede apagar las luces, y antes de que consigan reaccionar ya estaréis lejos.

Arvel asintió y comenzó a caminar, dando por finalizada la conversación. Rhonda hizo lo mismo, en dirección contraria, y en medio, Zafrina y Leon se miraron el uno al otro.

—Esta es una muy mala idea —siseó ella, observando cómo su compañera se alejaba a paso vivo—. Si terminamos siendo eliminados, será por tu culpa.

Leon frunció los labios, pero no respondió. Se limpió el sudor de la frente antes de seguir a Arvel por el laberinto.

Chi no tardó en asimilar la precariedad de su situación. No tenía dónde esconderse entre esas grandes paredes de piedra, tan altas que su presencia se tornó insignificante, como si fuese un ratoncito atrapado en una enorme caja de zapatos.

Durante los primeros diez minutos de su estancia en el laberinto, se mantuvo quieta en su sitio. El suave murmullo de su primer recuerdo le acarició la mente, aquel día en uno de los parques de entrada a Sabiduría. Entonces, también había tenido miedo de moverse, pues sabía que cuando uno se perdía, lo mejor que podía hacer era quedarse donde estaba y esperar..., pero ese ya no era el caso.

Comenzó a deambular por los pasillos, desorientada bajo aquel cielo sin sol. No había nada en aquel laberinto que pudiese utilizar como guía, ningún objeto, ningún sonido o brisa, ni siquiera pájaros en el cielo. Continuó caminando hasta torcer una esquina, con la mano pegada a la pared, fría y demasiado lisa como para ser natural. Lo único que sabía era que tenía que seguir una misma superficie, pero supuso que aquella regla no servía en un laberinto capaz de cambiar de forma.

Bajo la palma de su mano sintió el más leve murmullo de movimiento. Se detuvo de inmediato, aguantando la respiración para poder escuchar con más claridad. Uno, dos, tres segundos pasaron y, de pronto, el suelo comenzó a sacudirse. Se quedó quieta, notando cómo la pared que había estado tocando se alejaba de su roce.

Y entonces, las escuchó. Varias voces hablaban detrás de ella, al otro lado de la esquina que acababa de torcer. Su respiración se volvió errática y sin darse un instante para pensar, comenzó a correr, aprovechando los estruendosos crujidos del laberinto para ocultar el eco de sus pisadas.

Para su horror, las paredes frente a ella continuaron moviéndose, alargando el pasillo en el que se encontraba sin abrir ninguna otra salida o escondite. Escuchó al grupo a su espalda comenzando a caminar y supo con certeza que no llegaría al final del pasadizo antes de que ellos doblasen la esquina.

Corrió tan deprisa que sus músculos se agarrotaron y sus pies se quejaron cada vez que golpeaban el suelo, enviando ondas de dolor por sus piernas. Ladeó la cabeza hacia atrás y los ojos de Kilyan se clavaron en los suyos. Acababa de girar la esquina. Él se detuvo en seco al verla. Supo que tenía que decir algo o perseguirla para no levantar sospecha, pero su mente se quedó completamente en blanco.

El resto de sus compañeros llegaron a su altura un instante después. Judas fue el primero en posar sus ojos sobre Chi y, cuando una sonrisa se alargó por su rostro, el cuerpo entero de la joven se erizó con miedo.

Azura saltó hacia delante. Hizo crecer sus alas, cuyas escamas reflejaban la luz del azul más oscuro, y comenzó a cerrar la distancia entre ellas a una velocidad alarmante. Chi dejó escapar un sonido agudo, como si alguien acabase de pisarle el pecho. Llegó al final del pasillo y sin tiempo de bajar el ritmo, se estampó contra la pared. Sus manos amortiguaron el golpe y de inmediato, volvía a estar corriendo, ignorando la quemazón en las palmas. Azura giró la esquina con mucha más gracia, su ala derecha apenas rozó la piedra, y pronto se encontró a apenas un par de metros de su presa.

Levantó los brazos y extendió los dedos hasta que, por fin, consiguió agarrar un puñado de pelo carmesí. Se detuvo de inmediato en el aire, sacudiendo sus alas en dirección contraria. Chi trastabilló al sentir que le arrancaba varios mechones.

Con un siseo de dolor, agarró la mano de Azura y plantó los pies en el suelo. Tiró de ella hacia delante con todas sus fuerzas y ni siquiera las poderosas alas de la Volkai fueron capaces de evitar que volase sobre la cabeza de Chi hasta golpear el suelo frente a ella.

Todo el aire escapó de sus pulmones con el impacto y lo único que pudo hacer fue toser y retorcerse. Chi echó a correr una vez más y a punto estuvo de doblar la siguiente esquina cuando, de pronto, sintió una fuerza abrumadora sobre sus hombros. Los pulmones se le apretaron en el pecho y sus rodillas temblaron ante el repentino peso de su propio cuerpo. Una montaña invisible se había sentado sobre ella.

Giró la cabeza y observó al resto de los alumnos de Millien deteniéndose a un par de pasos de distancia. Azura, cuya mueca dejaba al descubierto sus dientes, se levantó del suelo a duras penas, sin ayuda de sus compañeros. Entre ellos había un joven alto, corpulento, con la cabeza rapada y una mano alzada en su dirección. Chi asumió que lo que fuera que le estuviese pasando era su magia.

Inspiró por la boca, forzando a sus pulmones a tomar aire, y continuó caminando, a paso lento, hacia la esquina.

—Deja de hacer el tonto —dijo Azura, observando su intento patético de escape. El joven asintió y sin decir nada, alzó su otra mano. La presión sobre Chi se hizo aún más grande, hasta que por fin, cayó de rodillas al suelo. Para la sorpresa de los presentes, la piedra se agrietó por el impacto. Chi se mantuvo a cuatro patas, con las palmas sobre el suelo—. ¿Michael?

Un par de venas se marcaron en la frente del joven y entonces, por fin, Chi se derrumbó cuando sus brazos se torcieron bajo aquella presión. Su cabeza golpeó el suelo con un sonido sordo, y en un instante quedó inconsciente.

Kilyan inspiró con fuerza. Se acercó a ella con cuidado de no caminar demasiado rápido ni con demasiada preocupación en el rostro. Tenía una brecha en la frente. Azura apareció a su lado y se agachó para comprobar su pulso.

—Está viva —se limitó a decir. El líder de gremio dejó escapar el aliento que había estado conteniendo.

—Menuda mierdecilla. —Judas se acercó y le asestó una patada al costado de Chi. Kilyan cerró los puños hasta que el cuero de sus guantes rechinó—. Mich, ¿siempre has sido así de débil o es algo nuevo que estás probando?

—No me llames débil —bramó el joven. Estiró los brazos hacia arriba, crujiéndose la espalda—. Si te aplicase a ti la misma fuerza que a ella, tus órganos habrían colapsado.

Judas bufó, pero para sorpresa de los presentes, no discutió. Se limitó a mirar a Chi con una expresión indescifrable. Michael, que le sacaba una cabeza incluso a Kilyan, la levantó del suelo y la cargó sobre su hombro sin esfuerzo; a su lado, la joven parecía poco más que una muñeca.

—No va a ser fácil moverse con ella cuando se despierte —dijo él—. Tiene una fuerza absurda.

—Volveremos a dejarla inconsciente llegado el momento. —Azura empezó a caminar una vez más—. No hay ninguna regla que nos impida provocarle un par de conmociones.

—O un par de quemaduras —añadió Judas con una sonrisa, pero Kilyan advirtió algo más en sus ojos aparte de su típico sadismo, algo que le puso todo el vello en punta. Estaba pensando, con la mirada clavada en la nuca de Chi.

¿Había notado lo mismo que él aquel día en el claro del bosque, cuando se conocieron? ¿Esa presencia que le había mantenido cautivado? ¿La atracción que tiraba de él sin piedad?

Kilyan carraspeó, intentando sin éxito soltar el nudo en su garganta. Debía caminar por delante de Michael y guiar a su gremio por el laberinto, pero no se atrevió a perder a Judas de vista. Un miedo irracional le atenazaba las entrañas.

Encontrarse a Chi había sido lo peor que podía haberle pasado. Cuando Ankoku sonreía, el mundo temblaba.

El laberinto se había desplazado cuatro veces desde el inicio de la prueba y en algún momento, en el cielo había aparecido una cuenta atrás: 17 900 segundos y ninguna forma de saber cuántos puntos poseía cada gremio.

Arvel caminaba frente a él. Incluso en aquel extraño lugar, su silueta oscura resultaba estridente, un espectro lúgubre e intangible. Por eso, Leon no consiguió reunir el coraje para romper el silencio que se cernía sobre su cabeza como una amenaza.

—¿Qué tal estás? —preguntó Arvel, como si la pared entre ellos que Leon había estado midiendo no existiese. El joven ladeó la cabeza para mirarle y sus ojos, fríos y afilados, se suavizaron como los tenues pasos de un conejo en la nieve. Fue como si jamás hubiese dejado la Academia, como si Kenra jamás se hubiese unido al gremio. Su amigo volvía a ser el mismo de siempre, alguien cuyo interior podía derretir incluso el hielo más gélido—. Melibea y tú erais como ala y escama...

—No creo que este sea el mejor momento para tener esta conversación.

—Nunca lo es.

Uno, dos, tres, cuatro pasos. Un suspiro.

—No parece real. Por las mañanas me despierto como si nada hubiese pasado. Y sé que es normal olvidarse, me pasó lo mismo con Sam. —Los labios de Leon se fruncieron en un intento desesperado por calmar la repentina acidez que burbujeaba bajo su rostro—. Pero me olvido todo el tiempo. Cada vez que mi mente se distrae, es como si Melibea estuviese a mi lado, haciendo un chiste malo, o en el palco, observándonos. —Hizo una pausa—. La pierdo cada día mil veces.

—Lo siento mucho, Leon —susurró Arvel. Él sabía bien que no había palabras que pudiesen menguar ese dolor, pero de todas formas deseó poseer la sabiduría capaz de curar cualquier herida.

—Te he echado de menos —dijo Leon, su voz una esponja de emoción.

Arvel volvió a mirarle y recibió la expresión de su compañero como un puñetazo en el estómago. Había pasado las últimas semanas atrapado en un agujero bajo tierra, sofocado por su deseo de mantener a sus amigos a salvo, o tal vez solo por el miedo irracional que le atenazaba los pulmones todos los días. Se había convencido a sí mismo de que todo su rencor y todas sus acciones estaban justificadas; pero para los demás, el Arvel que conocían y querían había desaparecido, y lo único que quedaba de él era una figura de carbón.

En un intento desesperado por alejar al monstruo, se había convertido en uno.

Caminaron en silencio hasta que las paredes volvieron a moverse, abriendo varios nuevos pasillos a su alrededor. Arvel se fijó en el suelo frente a ellos, donde la piedra se había resquebrajado. Leon se detuvo a su lado y observó la escena. Había unas pocas gotas de sangre cerca de las grietas.

Arvel se agachó y una fina capa de escarcha se formó sobre las grietas. A pesar del pequeño tamaño de aquellas perlas rojas, se resistieron al frío de Arvel y tardaron varios segundos en congelarse.

—Es de Kenra —sentenció al levantarse. Bajó la mirada y vio un rastro de sangre sobre el suelo, la única parte del laberinto que no se movía.

—¿Cómo lo sabes?

—Porque se resiste a mi magia igual de bien que ella.

—Algún gremio debe de haberla capturado.

—Probablemente. —Arvel siguió las gotas de sangre hasta una pared—. Maldito laberinto.

Leon se acercó y puso una mano sobre la pared. Un portal se abrió bajo sus dedos. Ambos lo cruzaron en silencio y una vez al otro lado del muro, Arvel vio un par de gotas más en el suelo, cada vez más esporádicas a medida que se acercaban a la siguiente pared.

—Sus heridas se curan demasiado rápido —comentó Leon—. ¿Cómo vamos a seguirles el rastro?

Poco después de separarse en parejas, Leon había intentado volar por encima de los muros, pero un campo de fuerza se lo había impedido. Si querían encontrar a alguien tendrían que hacerlo mediante las reglas del laberinto.

Arvel se agachó y puso las manos sobre el suelo. Inspiró con fuerza y envió una ráfaga de su magia por el laberinto. La escarcha cubrió el suelo, como el rocío en las mañanas de principios de primavera, y viajó por los corredores hasta que perdió fuerza, derritiéndose. A su lado, Leon se encogió cuando un frío sutil le trepó por los pies, dándole escalofríos.

—Nada —dijo Arvel con un suspiro—. Creo que nuestra mejor opción es seguir la dirección en la que iba el rastro de sangre, al menos por ahora.

Leon asintió y sin perder un momento más, se acercó al siguiente muro y abrió otro portal. Se movieron con prisa, deteniéndose únicamente para que Arvel pudiese enviar oleadas glaciales cada vez que accedían a un nuevo pasillo. Una docena de portales después, Leon empezó a sentir un cosquilleo en los dedos.

Estaba a punto de cruzar al siguiente pasillo cuando Arvel habló.

—Para —le dijo, con la cabeza ladeada hacia la izquierda. Tenía los ojos fijos en el pasillo. Su escarcha había chocado con algo cálido; seres vivos—. Hay un grupo al final de este corredor. Puede que hayan notado el frío, pero no estoy seguro.

—¿Es Kenra?

—No lo sé.

El grupo no se encontraba demasiado lejos. Arvel se asomó por una esquina y arrugó la nariz ante la escena. Kenra estaba doblada contra el hombro de Michael, como si tuviese sacos de arena atados a cada una de sus extremidades. Tenía el rostro oculto por el pelo, pero a juzgar por la rigidez de su cuerpo, estaba despierta y resistiéndose con todas sus fuerzas.

—Si no recuerdo mal —susurró Leon, que había asomado la cabeza al lado de la de Arvel—, Michael es capaz de manipular la gravedad. Deben de tenerla inmovilizada gracias a él.

Los miembros de Millien avanzaron con lentitud. Azura cojeaba y Michael arrastraba los pies, sin duda cansado por el esfuerzo de mantener a Kenra inmóvil.

—Llegará a su límite pronto —murmuró Arvel, fijándose en el sudor que empapaba su camisa—. Tendremos que esperar a que se venga abajo. Necesitamos que Kenra pueda moverse si queremos escapar.

Leon inspiró con fuerza cuando Kenra levantó un brazo tembloroso, apoyándolo contra la espalda de Michael, y levantó la cabeza poco a poco. Sus ojos se clavaron en ellos a través de la cortina de su pelo y, bajo una presión que podía resquebrajar un peñasco, dio el más leve asentimiento. Leon le devolvió el gesto.

Tenían un plan.

Cuando Michael tuvo que hincar una rodilla al suelo para mantenerse derecho, el corazón de Kilyan pareció detenerse. Todos sus compañeros se giraron, con gesto molesto.

—Puedo volarle un par de extremidades —propuso Judas—. Eso la mantendrá quieta.

Azura suspiró, irritada más que nada porque su compañero no bromeaba.

—Kilyan —llamó la joven, mirándole de reojo—. Cualquier veneno tranquilizante acabaría con este problema.

El líder de gremio sabía que en algún momento alguien iba a tener esa idea y, aun así, cuando Azura pronunció las palabras, su mente se quedó en blanco. Ningún tipo de veneno, mortal o no, afectaría a la joven.

Michael la dejó caer al suelo, viéndose superado por la fortaleza de su contrincante.

—No... puedo... más —jadeó. Su magia vaciló y Kenra amenazó con alzarse.

Sus ojos se encontraron y Kilyan le imploró que dejase de resistirse, porque por mucho que desease ayudarla a huir, no podía hacer nada más que asistir a su gremio y mantenerlos calmados; porque por mucho menos de lo que Chi estaba haciendo ahora, ellos habían matado.

Chi advirtió el pánico en los ojos de Kilyan y se quedó quieta mientras él se le acercaba poco a poco. Sabía que resistirse solamente empeoraría su situación, y a pesar de ello, su cuerpo le gritaba que se moviese, que atacase, que pelease, pero no podía ignorar la súplica que se ocultaba bajo la máscara seria de Kilyan. Si cometía algún error, él no podría ayudarla, no sin poner en peligro todo lo que había sacrificado para llegar hasta allí.

¿Iba a intentar sedarla? ¿Debería fingir quedarse dormida? Tenía demasiados ojos encima como para poder mirar atrás en busca de Leon y Arvel.

En ese momento, el suelo comenzó a ronronear como lo había hecho ya varias veces y supo que los muros estaban a punto de moverse. Pareció ser la única que lo notaba. Kilyan se acercó a ella, alzando una mano enguantada en su dirección. De la manga de su camisa empezó a emanar un humo azulado, grueso y goteante. Un par de aquellas lágrimas cayeron sobre la piedra, desvaneciéndose.

El cuerpo de la joven se erizó cuando uno de los portales de Leon se abrió bajo ella. Los siguientes segundos se tornaron eternos. Cayó como un gato al lado de Arvel y Leon, a una distancia cautelosa de Millien.

Las paredes comenzaron a rotar, pero incluso por encima del estruendo de la piedra contra la piedra, Chi escuchó el grito de Judas. Le vio correr hacia ellos, con una expresión capaz de matar a cualquiera que le mirase demasiado tiempo. Arvel dio un paso al frente y con un giro ágil, como un baile, levantó entre ellos un muro de hielo compuesto de pilares puntiagudos.

Con un rugido, Judas combatió el hielo con una ristra de explosiones. El lugar entero tembló, como si un edificio se hubiese venido abajo. El hielo apenas se mantenía en pie, cubierto de vaho y agua que chisporroteaba como un filete sobre acero ardiente.

Leon agarró a Chi del brazo y, seguidos por Arvel, se precipitaron hacia una pared que acababa de sellar el pasillo. Cruzaron la piedra a través de un portal que se cerró en cuanto estuvieron seguros al otro lado. Los tres se detuvieron y Chi se derrumbó sobre el suelo, llevándose una mano al corazón. Ella y Leon aprovecharon el repentino silencio para calmar su respiración. Detrás del muro se pudieron sentir varias sacudidas; explosiones, supuso Chi, aunque el laberinto se mantuvo inamovible.

—Gracias —jadeó, batallando para empujar las palabras.

—¿Estás bien? —quiso saber Leon, arrodillándose a su lado.

Ella asintió, pero no dijo nada. Su cuerpo entero, sus músculos, huesos, articulaciones, chillaban de dolor. Intentó respirar hondo, lo cual solo hizo que su pecho se apretase, como si sus costillas se estuviesen cerrando sobre sus pulmones.

—¿Dónde están Rhonda y Zafrina? —preguntó por fin, cuando la calma aclaró su mente.

—Nos separamos para encontrarte más rápido. —Leon se levantó y le tendió una mano a Chi, que aceptó después de unos instantes—. Queríamos encontrarte antes de que lo hiciese otro gremio.

—Lo siento, intenté escapar, pero...

—No te preocupes —interrumpió él—. Pocos habrían podido escapar en esa situación.

Chi alzó la mirada, fijándose por primera vez en la cuenta atrás en el cielo. 16 000 segundos, menos de cinco horas. El número se cernió sobre ella como un gigante.

—¿Hay alguna forma de saber cuántos puntos tenemos? —Arvel contestó su pregunta negando con la cabeza. Chi suspiró—. ¿Entonces... lo único que sabemos es que tenemos cinco puntos?

—Me temo que sí. —Leon se cubrió la boca con una mano. Ella jamás le había visto tan descompuesto. Su piel oscura, siempre perfecta, estaba brillante por el sudor, y hacía mucho que no vestía una sonrisa—. A estas alturas tenemos que asumir el hecho de que no quedan banderas sueltas.

—¿Qué vamos a hacer?

Los dos la miraron y comprendió que ellos tampoco tenían un plan. La habían encontrado y rescatado, pero eso era todo. Ahora, lo único que podían hacer era deambular, con la posibilidad de tropezarse con otros gremios pesando sobre sus hombros.

Capítulo 12

Un cansancio abrumador se asentó sobre los hombros de Chi. Le dolía la cabeza, el cuerpo e incluso las pestañas. El hambre continuaba abriendo un agujero en su estómago y el sueño la hacía tropezar de vez en cuando. Había pasado al menos una hora desde que sus compañeros la habían rescatado de las fauces de Millien.

14 000 segundos pintaban el cielo.

Leon caminaba cada vez más despacio, lo cual agradecía, pero Arvel no daba señal de detenerse. Había notado la poca hostilidad que irradiaba y se preguntó si tenía algo que ver con lo que le había dicho unos días atrás. Chi deseaba no haberle confrontado por miedo a que volviese a atacarla, aunque en aquel momento había estado demasiado cegada por la muerte de Melibea como para preocuparse por las consecuencias de sus palabras.

Y, sin embargo, allí se encontraban.

No parecía quererla muerta más de lo normal. Chi había sufrido en las manos de muchos a lo largo de los años, por lo que había aprendido a tener aprecio por la indiferencia. Desinterés siempre sería mejor que odio; no obstante, no terminaba de comprender qué había hecho para que la actitud de Arvel cambiase de semejante manera.

—Subid el ritmo —dijo él, sin molestarse en darse la vuelta para mirarlos—. No hay tiempo que perder.

—No hemos parado a descansar en ningún momento —dijo Leon, cuya voz sonó tan grave como un gruñido del cual Kobu habría estado orgulloso.

—Solo llevamos aquí tres horas.

—Más de tres horas —replicó el joven—. Y en ese tiempo he tenido que abrir docenas de portales.

—Una docena.

—Dos, como mínimo.

Arvel se giró para mirarle con ojos entrecerrados. Chi jamás le había visto discutir así con alguien, discutir sobre algo estúpido como lo haría una persona normal, en vez de ser una sombra silenciosa.

Se detuvieron solamente cuando las paredes se movieron, pero ninguno de los tres volvió a dar un paso. Se quedaron todos paralizados de pies a cabeza. Frente a sus ojos, una de las paredes reveló un par de puertas gigantescas de madera caoba y pomos rojos.

Chi observó la escena con los labios entreabiertos. Leon fue el primero en apartar los ojos para mirar a sus compañeros, como si necesitase asegurarse de que no era el único que veía lo que se alzaba frente a ellos.

Las siluetas de dragones en la puerta, fundidas en la madera con oro, temblaron un segundo antes de moverse. Chi dejó escapar una exclamación. Sus colas serpentearon, alargándose hasta formar una frase entre las dos pequeñas criaturas: «Solo las banderas podrán cruzar este umbral».

El trío se mantuvo allí de pie, observando las palabras doradas que acababan de ser forjadas.

—¿Esto es en serio? —masculló Leon entre dientes—. Wilson no dijo nada sobre quién puede y quién no puede entrar.

—No pasa nada. —Chi dio un paso hacia delante, pero Leon la agarró del brazo, hincándole los dedos—. Puedo hacerlo.

—No, no sabemos lo que hay al otro lado, y puede que Wilson no mencionase esta condición, pero lo que sí dijo fue que la bandera dorada debería ser nuestro último recurso.

—Y lo es, ¿no crees? —preguntó ella. La mano de su compañero se aflojó—. Que nosotros sepamos, solo tenemos cinco puntos. Aparte de cero, esta es la puntuación más baja y no podemos arriesgarnos a que no haya un gremio sin bandera.

—Kenra tiene razón, no me gustaría apostar nuestro futuro a la posibilidad de que haya un gremio sin puntos.

—¿Incluso cuando la alternativa es esta? —dijo Leon, apuntando hacia las puertas—. Wilson dijo que la muerte es un precio muy alto que pagar, ¿estás dispuesto a pagarlo otra vez? Porque yo... yo no puedo, Arvel, no me queda nada.

Se quedaron en silencio, una mudez densa y palpable que solo era posible en un lugar como aquel, antinatural y desolado... bajo un cielo muerto. Chi se guardó sus palabras y se sentó en el suelo, aprovechando el *impasse* para descansar sus músculos agarrotados. Arvel se recostó al lado de las puertas y Leon los observó durante un momento antes de sentarse entre ellos.

Se repitió a sí mismo que no estaba cometiendo un error con su decisión. Nada merecía la muerte de sus compañeros; ese era un hecho que por fin se había solidificado en su mente. Solo deseaba no haber tardado tanto en comprenderlo.

Dinero, fama, poder... Nada podría devolverle a Melibea.

Observaron los segundos desvaneciéndose poco a poco sobre sus cabezas. Estuvieron allí sentados durante tanto tiempo que los dedos de Leon dejaron de doler y Chi por fin consiguió estirar sus extremidades del todo.

4 000 segundos pintaban el cielo.

Un suspiro escapó de entre los dientes de Chi.

—Voy a entrar —sentenció, levantándose. Leon la miró con las comisuras de sus labios curvadas hacia abajo—. Yo tampoco quiero perder a nadie más, pero no seré la responsable de que nos expulsen. No puedo ser yo.

—Kenra, no será culpa tuya, estamos todos aquí.

—Soy la única que podría hacernos ganar. —Leon negó con la cabeza, llevándose una mano a la frente. En medio de aquellas altas paredes, con los hombros encogidos y la espalda encorvada, era la viva imagen de la derrota—. Wilson insinuó que lo que nos espera al otro lado de estas puertas es la muerte, pero también dijo que cualquier muerte iba a ser penalizada. ¿De verdad crees que se esforzarían tanto en disuadir violencia gratuita si la bandera dorada fuese a acabar con nuestra vida?

—Lo más seguro es que el público no recibiese la pérdida de Melibea demasiado bien. Quieren evitar otras muertes porque están perdiendo dinero —dijo Arvel.

—Exacto —insistió Chi—. A nadie le gustaría que un alumno perdiese la vida durante una prueba que ni siquiera es un combate. Estoy segura de que lo que Wilson dijo fue solo para asustarnos.

—¿De verdad estás dispuesta a arriesgar tu vida por una corazonada? —Leon se levantó y se acercó con dos zancadas. Cogió los hombros de Chi y se inclinó sobre ella. Sus ojos brillaban como la superficie de un lago—. Kenra, tú ni siquiera quieres estar aquí, no fue tu decisión unirte a la Zona Central.

—No hay vuelta atrás. El mundo entero me conoce. —Sintió las manos de Leon cerrándose con más fuerza sobre sus hombros—. No puedo imaginar tener que volver a mi sector y vivir esa vida, no después de todo lo que ha pasado. No puede haber sido para nada. —Se miraron a los ojos largo y tendido hasta que por fin Leon vaciló. Chi rodeó una de las manos del joven con la suya—. Estaré bien, te lo prometo.

Con un suspiro resignado, Leon dio un paso atrás. No tenía derecho alguno a detenerla y, aunque lo intentase, no es que tuviese la fuerza para hacerlo. Sus ojos se encontraron con los de Arvel y no pudo evitar un ligero pinchazo de resentimiento.

El Arvel que él conocía no habría dejado que Kenra cruzase esa puerta.

—Gracias —dijo en voz baja antes de darse la vuelta y rodear los pomos con ambas manos—. Conseguiré los cien puntos.

Las bisagras hicieron un chasquido y las puertas chirriaron al abrirse. Dentro, las mismas paredes del laberinto habían formado una gran estancia de cuatro esquinas, sin techo. Sus ojos se detuvieron de inmediato en un trono de piedra en el centro del lugar y en cuanto reconoció al hombre allí sentado, el aliento se le atascó en los pulmones. Detrás de ella, Arvel y Leon abrieron los ojos como platos.

El director dejó de admirar el cielo para contemplar a los recién llegados. Estaba vestido completamente de negro a excepción de su chaqueta larga, cuyo terciopelo rojo oscuro estaba bordado con flores de hilo dorado.

Durante un instante, Chi vaciló. Quería girarse para mirar a sus compañeros, preguntarles qué estaba pasando y qué era lo que tenía que hacer, pero los ojos de Yule la taladraban. ¿Era él la bandera dorada? ¿Tenía que capturar al director de la Academia... sola?

Su cuerpo dio un par de pasos hacia delante, cruzando el umbral. Detrás de ella, Leon y Arvel avanzaron hasta la puerta y chocaron contra una barrera que les impedía el paso.

—Bienvenidos. —La voz de Yule rebotó por las paredes y Chi sintió las vibraciones del eco en los oídos. El hombre se levantó del trono, alisando los pliegues de su chaqueta—. Tenéis mi enhorabuena por superar la prueba de Wilson. Admiro vuestro coraje.

Los alumnos guardaron silencio. El director sonrió.

—Tu nombre es Kenra, ¿verdad? —Chi dudó unos segundos antes de asentir—. Encantado de conocerte por fin, he escuchado grandes cosas sobre ti. —Yule inclinó la cabeza ligeramente—. Si tienes alguna pregunta, ahora sería un buen momento para hablar.

Chi sintió un ligero picor en las palmas de las manos, ahora temblorosas. Hacía un instante había estado dispuesta a arriesgar su vida al entrar en ese lugar a ciegas, pero ahora todo ese valor parecía haberse evaporado. Un calor abrumador la sofocaba, su armadura pesaba sobre su cuerpo, su capa parecía estar estrangulándola.

Frente a ella se alzaba uno de los hombres más poderosos y ricos del mundo entero, y sabía que no estaba allí solo para darles la enhorabuena por haber abierto unas puertas. No, estaba allí por lo mismo por lo que se había prohibido matar: por el público, para dar un espectáculo que ella no tenía ninguna posibilidad de ganar.

Una brisa sopló a su espalda, enfriándole la nuca. Su garganta se abrió, dejando que un suspiro tembloroso escapase por sus labios. Sus manos dejaron de temblar.

—¿Hemos conseguido los cien puntos solo por entrar? —preguntó, y el titubeo de su voz se vio amplificado por aquella sala vacía.

—Me temo que no —respondió el director—. Para conseguir los puntos vas a necesitar esto —dijo, señalando un collar que le colgaba sobre el pecho. El cuerpo del colgante estaba formado por cuatro pares de diferentes alas de dragón, y en el centro de todas ellas había una gran gema del mismo color que las flores de un cerezo—. Si lo quieres, tendrás que quitármelo a la fuerza.

—Kenra, vuelve, no merece la pena —dijo Leon, rompiendo su silencio—. Todavía tenemos tiempo para encontrar a los otros gremios.

El director alzó las cejas, pero no dijo nada. Sus ojos se mantuvieron fijos en los de Chi, que le sostuvo la mirada. Sabía que Leon no tenía razón; habían pasado horas y no habían encontrado a nadie, y aunque consiguiesen toparse con otro grupo, no había ninguna garantía de que ellos tuviesen una bandera o de que fuesen a poder robarla.

No, la única posibilidad que tenían de ganar estaba en aquella sala, evaluándola.

—¿Cuáles son las reglas? —preguntó, y esta vez su voz no vaciló.

El director la miró con una expresión indescifrable.

—No puedes utilizar armas, eso es todo —dijo por fin—. Lo único que tienes que hacer es quitarme este colgante.

Ella asintió e inspiró hondo, relajando su corazón. Si eso era lo único que tenía que hacer, entonces eso mismo haría. Se quitó el tahalí y el cinturón que sujetaban la mayoría de sus agujas y los dejó con cuidado sobre el suelo. Sacó la cuchilla que escondía dentro de su bota y los pequeños frascos de veneno que había en los bolsillos de las correas que le rodeaban los brazos. Se acercó hacia el director, dejando atrás la pila de armas.

Arvel puso una mano sobre el hombro de Leon a través de su túnica y le dio un apretón. No había nada que pudiesen decir para disuadir a su compañera y tampoco era algo que él quisiese conseguir. Solo podía hacer una cosa en aquel momento, por mucho que le revolviese el estómago, y era poner su fe en Kenra; esa era la única oportunidad que tenían para asegurarse una victoria.

Chi fue la primera en moverse y arremetió contra su oponente, que seguía de pie enfrente del trono, imperturbable. Era alto, y bajo las elegantes capas de ropa que vestía se escondía la figura de un hombre que jamás había dejado de entrenarse a pesar de llevar una vida de lujo y poder. De cerca, parecía mucho menos joven de lo que aparentaba. Tenía arrugas que le surcaban la frente y le enmarcaban los ojos, y las mechas claras que pintaban su pelo rubio eran más canosas que doradas.

Sin saber lo que esperar de un hombre como aquel, Kenra optó por un ataque directo. Ransa le había enseñado que frente a un contrincante de habilidades desconocidas, lo mejor que podía hacer era mantener su guardia alta y atacar en busca de una pauta, movimientos repetitivos, errores.

Alzó la mano derecha hacia el pecho del director y abrió los dedos, pero él desvió su ataque con el brazo antes de que pudiese agarrar el colgante. La redirigió hacia la izquierda, dejando su costado al descubierto. Ella retrocedió justo a tiempo de esquivar un golpe que iba directo a sus costillas.

El director sonrió y separó los pies ligeramente.

—He observado cada uno de tus combates con cuidado, aunque tengo que admitir que de cerca eres mucho más rápida de lo que esperaba.

Chi no respondió al cumplido, pero sintió el más leve cosquilleo en el fondo del estómago. Aquel no era una persona cualquiera, era Yarak Yule, el hombre que cada uno de los niños de la Academia habían crecido admirando; el Volkai perfecto que todos aspiraban a ser.

Volvió a atacar y esta vez no se preparó para retroceder, sino para bloquear y contraatacar. Cada vez que sus dedos estaban a punto de tocar el collar, el director encontraba una forma de detenerla o desviarla. Chi bloqueó sus ataques, ya que sus puños eran mucho más ligeros que los de ella.

Después de unos instantes de forcejeo, su mano no se abrió ni se acercó al collar: se mantuvo cerrada y fue directa al rostro del director.

Aquel segundo se congeló. Su puño cerrado estaba a centímetros de su objetivo, pero lo único en lo que podía concentrarse era en el sonido que hacía la chaqueta del hombre al moverse. El roce del terciopelo creaba una fricción palpable en sus oídos a pesar de ser poco más que un murmullo.

El segundo se terminó y el puño de Chi no chocó contra nada más que el aire. Y, sin embargo, el rostro de Yule no se había movido ni un milímetro, ella simplemente había fallado.

Demasiado desconcertada ante su error, Chi no consiguió bloquear el siguiente ataque y terminó perdiendo el equilibrio. Salpicó al caer al suelo, como si se encontrase en una orilla poco profunda. «¿Agua?», pensó para sí misma, pero cuando bajó la mirada lo único que vio fue piedra. Sus manos estaban secas, al igual que su ropa. No había agua en ningún sitio, nada que pudiese haber salpicado al caer. Su corazón se aceleró, sintiendo una ansiedad repentina.

¿Qué estaba pasando?

Se levantó poco a poco, aprovechando que el director no parecía interesado en atacarla, y se puso en guardia. Arremetió una vez más y sus puños se volvieron mucho más feroces que antes, más rápidos, más fuertes.

Yule dejó de bloquear ataques y ella empezó a esquivarlos, retrocediendo paso a paso en medio de aquella sala gigantesca. Avanzó cada vez más rápido hasta que sus ataques comenzaron a rozar las ropas del hombre, que a duras penas conseguía seguirle el ritmo. Un silbido escapó de los labios del director, haciendo eco por las paredes, y entonces, un grito hizo que el corazón de la joven se detuviese.

—¡KENRA!

El alarido de Leon fue tan fuerte, tan desesperado, que Chi se olvidó de a quién tenía delante y se dio la vuelta, corazón en mano, y lo que vio la desconcertó a un más. Leon la miró con un gesto confuso; a su lado, Arvel se alzaba con ojos serios, como si su compañero no acabase de aullar a su lado. Ambos parecían desconcertados ante su expresión horrorizada. Antes de que su mente pudiese absorber lo que estaba pasando, el director le dio una patada en la espalda, haciéndola caer de bruces contra el suelo.

Se quedó allí quieta durante varios segundos, intentando calmarse. Se incorporó ligeramente y se miró las manos y las puntas de su pelo sobre el suelo; escuchó su respiración entrecortada, el latir de los corazones que la rodeaban... Le había empezado a doler la cabeza como si tuviese clavos en la frente, hundiéndose más y más con cada pensamiento. ¿Por qué todo hacía tanto ruido? ¿Por qué estaba tan mareada?

«¿Cuál es su magia?», se preguntó, pero fue incapaz de concentrarse en sus recuerdos. Se llevó las manos a los oídos, taponándolos, y respiró el silencio artificial. Evocó su tiempo en el sector, todas las mañanas de entrenamiento, todas las horas sentada enfrente de un escritorio, todos los eventos que vieron retransmitidos en los espejos. Y entonces recordó algo que había leído en uno de los libros de texto sobre la historia del Torneo.

Yarak Yule y su gremio habían ganado el Torneo hacía décadas. Su poder era capaz de manipular ondas sonoras.

Sintió un frío repentino y a punto estuvo de mirar a Arvel cuando algo la distrajo. Frente a sus rodillas se formó un charco de escarcha y hielo, que creció y creció hasta florecer en nieve impoluta. Observó aquel montículo blanco, con las manos todavía sobre sus orejas, y comprendió lo que su compañero quería que hiciese.

Puede que no pudiesen cruzar la puerta, pero el director había dicho que lo único que no estaba permitido eran las armas. No mencionó que les impidiese ayudarla. Bajó las manos y el eco de sonidos ínfimos la atacó de nuevo, mareándola.

Inspiró con fuerza, agarró un puñado de nieve y se taponó con ella un oído. Estaba tan fría que le quemó la piel; aun así, no se retorció y cogió un segundo puñado para cubrirse la otra oreja. Esperó varios segundos, escuchando cómo el latir de su corazón retumbaba en sus tímpanos bloqueados, pero la nieve no se derritió y los sonidos de la tela al rozar su piel, la sangre al fluir, el aire escapando de sus labios entreabiertos, habían desaparecido.

Se levantó con una energía renovada y Yule, que había estado esperando pacientemente, la miró con la insinuación de una sonrisa en los labios y un brillo cómplice en los ojos.

Chi arremetió de nuevo.

Esta vez, sus puños no fallaron. Aunque Yule bloqueó cada uno de los golpes, no consiguió esquivar ninguno. Pronto, el hombre tuvo que retroceder hasta que estuvo a punto de chocar contra el trono de piedra. Ahora que le tenía acorralado, Chi bajó los puños y levantó una pierna. Una sola patada y le dejaría retorciéndose en el suelo..., pero el director consiguió escabullirse. Esquivó el ataque y su pierna golpeó el trono, que se hizo añicos.

El director alzó una mano y un simple chasquido de sus dedos hizo que la joven perdiese el equilibrio. Toda la nieve del mundo no habría conseguido bloquear ese sonido tan estridente, que le arañó los oídos, la mente.

Se llevó las manos a la cabeza, soltando un gruñido que hizo vibrar sus dientes.

—Perder no sería tan malo. —La voz del director se coló en sus oídos, como si estuviese hablando sobre su hombro a pesar de hallarse a varios metros de distancia—. A estas alturas, has demostrado estar por encima de la mayoría de los alumnos de mi academia, deberías estar orgullosa. —Chi nunca soñó que escucharía esas palabras de alguien como él, alguien cuya opinión realmente importaba. El director de la Academia pensaba que merecía estar ahí, que se había ganado su lugar—. Y si perdéis, deberías sentirte aliviada por no tener que seguir arriesgando tu vida, ni la de tus compañeros, ¿no crees?

—Sí, me sentiría aliviada, es cierto —susurró Chi, y su voz sonó ahogada, lejana—. Pero no es una decisión que pueda tomar yo sola. No puedo darme por vencida cuando hay otras personas que dependen de mí.

Yule la observó largo y tendido, hasta que por fin una sonrisa levantó la comisura de sus labios.

—Esas son palabras muy sabias para una niña de tu edad.

—Gracias —dijo, apenas escuchándose a sí misma. Fuera de la sala del trono, las paredes se movieron una vez más. Alzó la mirada al cielo y su corazón se aceleró.

1 800 segundos. Media hora.

Con un suspiro tembloroso, Chi comenzó a quitarse las rodilleras, el peto, las hombreras y su capa. Dejó caer las pesadas piezas de metal sobre el suelo, vistiendo únicamente la camisa y pantalones cortos que siempre llevaba debajo de su armadura. Se recogió el pelo en una coleta alta, se puso en guardia y calmó su respiración.

Conseguiría aquel collar aunque le costase la vida misma.

Atacó, pero esta vez, Yule no dudó en hacer uso de su magia. En el momento en el que los puños de Chi chocaban, sus oídos pitaban. Pese a que tropezó y falló varios ataques, no se detuvo en ningún momento. Podía ver el sudor que empezaba a cubrir el rostro del director; sabía que estaba empezando a hacer mella.

Continuaron enzarzados en aquella pelea hasta que los minutos comenzaron a alargarse y los dos alumnos que esperaban pacientemente al otro lado de las puertas comenzaron a ponerse nerviosos.

Chi apenas podía mantenerse en pie. La cabeza le daba vueltas, la boca le sabía a bilis y casi no podía sentir la nieve en sus oídos a través de la calidez metálica de su propia sangre. Cada vez que dejaba de entrecerrar los ojos, la figura del director se convertía en dos, pero no se detuvo. Siguió atacando aunque la mayoría de sus puñetazos no acertasen el blanco. No dejó de moverse hasta que alzó una mano hacia el pecho de Yule.

No estaba segura de si su mano llegaría al collar, no sabía si estaba demasiado cerca o demasiado lejos, aunque lo que sí vio fue cómo Yule pareció olvidarse de dar un paso atrás. ¿Había estado a punto de perder el equilibrio? ¿Estaba demasiado cansado? ¿Había pensado que los dedos de Chi se desviarían de su blanco? ¿Le había... vencido?

Chi no supo cómo, pero sus dedos se cerraron alrededor de aquellas alas metálicas, cuyos bordes afilados se incrustaron en la palma de su mano. Se detuvo en seco, sus pies deslizándose sobre el suelo de piedra, y tiró con tanta fuerza que, cuando la cadena que rodeaba el cuello del director se rompió, ella se precipitó hacia atrás, terminando sentada en el suelo.

177

El corazón le galopaba en el pecho.

Se quedó mirando el rostro de Yule durante unos largos instantes antes de abrir la mano para comprobar que no estaba soñando. «Lo he hecho», pensó en cuanto sus ojos se fijaron en la preciosa joya rosada que descansaba en el centro del collar. «Lo he hecho».

De inmediato, Chi se giró sobre su costado y vomitó lo poco que había en su estómago después de casi seis horas en aquel laberinto. Tosió hasta que le dolió la garganta y le tembló el cuerpo. El director se acercó y se arrodilló a su lado, poniendo una mano sobre su espalda.

—¿Estás bien? ¿Necesitas un sanador? —preguntó, con el ceño fruncido y un atisbo de preocupación en la voz.

—No, solo necesito un momento —dijo con la voz áspera. Se llevó una mano a la cabeza y se apretó la frente, intentando aplacar las punzadas de dolor.

Cuando intentó levantarse, Yule la rodeó con los brazos y la llevó hasta las puertas, donde Leon esperaba con manos temblorosas.

—Tenéis mi enhorabuena —les dijo el director, que ni siquiera intentó esconder la sonrisa que le iluminaba el rostro. Mantuvo su atención fija en Chi y en Leon, que recogió a su compañera de los brazos del hombre. Arvel se mantuvo a un par de pasos de distancia—. Habéis conseguido los cien puntos, y con solo unos minutos de sobra.

—Gracias, director, ha sido un gran honor —dijo Leon, inclinando la cabeza.

—Gracias a vosotros. Habéis hecho un gran trabajo, sobre todo tú, Kenra. —Yule se alejó para recoger las cosas de Chi del suelo y se las tendió a Arvel.

Ella esbozó una sonrisa tímida. Qué extraña se sentía al recibir elogios tan abiertamente.

Quedaban menos de treinta segundos para que el evento llegase a su fin. Chi no podía terminar de creer que hubiese conseguido no solo los cien puntos, sino derrotar al mismísimo director de la Academia.

Se alejaron de las puertas un par de pasos, con Yule pisándoles los talones. Chi enredó la cadena del collar alrededor de uno de sus dedos y lo dejó colgar para admirarlo más de cerca.

A su derecha escuchó un leve zumbido, un chisporroteo de electricidad, y se preguntó si la prueba estaba llegando a su fin. Alzó la mirada al cielo y vio que quedaban diez segundos, pero no recordó que los portales que los habían llevado hasta aquel lugar hiciesen aquel ruido.

Hizo ademán de ladear la cabeza cuando un destello le pasó por delante, como un fogonazo de luz blanquecina y estática, tan rápido y violento que no consiguió distinguir de qué se trataba hasta que fue demasiado tarde.

Dejó escapar un grito; el colgante había desaparecido de su mano. Al final del pasillo, el destello se detuvo y, entonces, le vio.

Draco.

Había electricidad manando de su cuerpo, humo saliendo de entre sus labios. Sus ojos centelleaban como si tuviesen luz propia, con pequeños relámpagos cruzándole las pupilas. Toda su piel brillaba como si estuviese conteniendo una tormenta eléctrica dentro de su cuerpo.

Y en su mano derecha, colgando, se encontraba el collar.

Capítulo 13

Dos portales aparecieron en mitad del pasillo, uno al lado de los tres alumnos y el director, y el otro al lado del recién llegado. Nadie se movió. Todos los presentes, incluso Yule, cuya boca había quedado entreabierta, mantuvieron los ojos pegados a Draco, que jadeaba a varios metros de distancia. Se aferró al collar con fuerza, mientras la electricidad que había fundido con su cuerpo se disipaba, dejándole débil y demacrado, como el espectro de un soldado caído en batalla.

Le temblaban las rodillas, tenía la ropa hecha jirones y varias heridas sangrantes, aunque Chi no se fijó en ninguna de esas cosas, porque ella misma parecía un espectro. Había dado todo lo que tenía por esos puntos y él se los había arrebatado como un cobarde, sin darle tiempo a luchar. Se le llenaron los ojos de lágrimas y se preparó para la ola de tristeza que iba a derribar sus finos muros, pero en vez de una ola, llegaron llamas. Un incendio que la consumió por completo.

—Draco... —susurró, tan bajo que apenas se podía atisbar la rabia gutural en su voz.

Arvel notó que el cuerpo de la joven temblaba igual que lo había hecho el día de la muerte de Melibea. Ladeó la cabeza hacia el director y sus miradas se encontraron.

Antes de que pudiese hacer o decir nada más, Draco desapareció por el portal que se había abierto a su lado. Chi inspiró con fuerza y fijó los ojos en el suelo. Hizo acopio de todas sus fuerzas, toda su concentración, para mantener la puerta en su mente cerrada, pero las bisagras habían empezado a soltarse de la pared.

—Deberíais marcharos —dijo el director, rompiendo el silencio—. Todavía queda hacer el recuento de puntos antes de que podáis volver a casa.

—Gracias —dijo Leon, haciendo todo lo posible para tragar el nudo que se había formado en su garganta. Inclinó la cabeza una vez más y juntos caminaron hacia el portal, con Chi colgada de su hombro, y Arvel guiándolos.

Ninguno de ellos había echado de menos el estruendo del público, que después del silencio sobrenatural al que habían estado sometidos durante horas, se tornaba mucho más ensordecedor de lo normal.

El atardecer había empezado a teñir el cielo de colores nocturnos, pero la atmósfera del estadio parecía igual de animada que por la mañana. Las gradas continuaban abarrotadas y los alumnos que no habían participado en la prueba seguían en sus palcos.

—Bienvenidos de vuelta y enhorabuena a todos por vuestros grandes esfuerzos —comenzó Wilson. Algunos de los grupos cruzaron los portales juntos, aunque muchos otros lo hicieron por separado.

Ziyoú, al igual que Bershat, fue uno cuyos miembros habían terminado esparcidos por todo el laberinto. Uno por uno aparecieron en la arena y se apresuraron hasta Draco. Marina y Pacífica corrieron hasta su líder de gremio, que prácticamente se derrumbó sobre ellas. Intercambiaron un par de palabras y Pacífica se echó a llorar como si los ojos del mundo entero no estuviesen sobre ellos. Marina, en cambio, dejó caer los hombros y abrazó a su líder de gremio con una sonrisa que le arrugó la piel alrededor de los ojos.

Chi se llevó una mano al pecho mientras presenciaba el encuentro y apretó, intentando calmar el dolor que bombeaba su corazón. Deseó acercarse a ellos y hacer trizas su felicidad, sus sonrisas, porque no se merecían el alivio que estaban disfrutando.

Draco se encontró con los ojos de Chi, cuyas pupilas se habían convertido en poco más que rendijas. El joven desvió la mirada al suelo con rapidez.

Kenra estaba tan ensimismada que no notó a Zafrina y Ebony acercándose.

—Conseguisteis encontrarla —dijo Rhonda, pero su voz se apagó en cuanto vio las expresiones de sus compañeros—. ¿Qué ha pasado?

Antes de que pudiesen decir nada más, Wilson volvió a hablar.

—Bien, es hora de comenzar el recuento de puntos y averiguar cuál será el gremio del que tendremos que despedirnos. —Chi se encogió ante las palabras del hombre—. ¡En primer lugar, tenemos a Ziyoú con un total de... cien puntos gracias a la bandera dorada!

—¿Cien? —susurró Leon—. ¿No tenían ni un solo punto antes de robar el collar?

Chi inspiró con fuerza y volvió a observar al grupo, pero esta vez, notó todas las heridas, el cansancio, las sonrisas melancólicas y las lágrimas de alivio.

—En segundo lugar, Millien con un total de cuarenta puntos, treinta de su propia bandera y diez de la bandera de Ziyoú. En tercer lugar, Chestána, con treinta puntos de su propia bandera. En cuarto lugar... —los miembros de Bershat contuvieron la respiración—, Bershat, con quince puntos, diez de la bandera de Ikory y cinco de la suya propia.

Las piernas de Chi flaquearon, y Leon, que no la había soltado en ningún momento, tuvo que sujetarla. Cruzaron una mirada llena de emoción y entonces, Leon miró a sus otras dos compañeras.

—¡Y en último lugar, con cero puntos, Ikory!

Hubo muchas lágrimas mientras los gremios volvían a sus palcos, algunas de felicidad y muchas otras, de dolor. Aquel sería el último día en el que los miembros de Ikory pisarían el estadio como miembros de la Zona Central.

Leon abrió un último portal antes de desplomarse. En el palco, sus compañeros los esperaban con sonrisas y felicitaciones. Wilson continuó hablando y se despidió del público y de los miembros de Ikory, recitando sus nombres y parloteando sobre lo orgullosos que debían de estar por haber llegado tan lejos, a pesar de que todos sabían que la vergüenza de aquella derrota sobrepasaba cualquier orgullo.

Rhonda y Zafrina contaron que habían estado acechando a Ikory durante casi una hora entera antes de, con solo unos segundos de prueba restantes, robarles su bandera, sus únicos treinta puntos. Igual que Draco les había hecho a ellos.

Chi se sintió impotente, como si apenas pudiese sujetar el peso de la revelación. Si ellas no hubiesen conseguido esos puntos instantes antes de que la prueba llegase a su fin, habrían sido eliminados... y todo porque no había podido aferrarse al collar por el bien de su gremio.

Y aun así, a pesar de todo, sus compañeros la felicitaron.

—Venciste al director —había dicho Kobu, todavía en el palco, y sus ojos relucieron con la ilusión de un niño que acababa de aprender a volar—. Conseguiste los cien puntos.

Pero no consiguió sentir su entusiasmo, porque si hubiesen dependido de ella y solo de ella, no sería Ikory el gremio que estaba abandonando la competición.

Pasaron la tarde entera en la taberna, comiendo y celebrando. Nadie quiso pensar en lo cerca que habían estado del abismo; en vez de eso, se centraron en lo mucho que se habían esforzado, en todo lo que habían conseguido..., y sonrieron como no lo habían hecho en muchos días.

Por la noche, los ojos de Chi se perdieron en las pinceladas azules que decoraban las baldosas de su baño. Estuvo de pie bajo la ducha hasta que dejó de sentir el agua diluviando sobre su cabeza, tan cansada que ni siquiera encontró las fuerzas para moverse. Mantuvo sus pensamientos centrados en los acontecimientos del día, en sus sentimientos de impotencia e ineptitud, porque por mucho que le doliese lo que había pasado, había algo mucho más oscuro acechándola.

Dio el más ligero respingo, volviendo a enfocar la mirada, y cerró la llave del agua.

Salió del baño con el pelo todavía empapado y huyó hasta su habitación, goteando por el pasillo. Para su desdicha, Kilyan no había llegado todavía. Se puso el pijama y se recostó contra el cabecero de la cama. Revivió su pelea con el director y cuando su mente comenzó a desviarse, revivió su encuentro con Millien.

Pensó en lo alterado que había estado Kilyan, en cómo sus ojos se movían de un lado a otro con nerviosismo, pero una vez más, empezó a distraerse con la sombra que se cernía sobre sus hombros, inclinándose más y más hasta que Chi apenas pudo ignorarla. Y entonces recordó a Judas y su sonrisa, la cual le había provocado los mismos escalofríos que habría sentido al descubrir a alguien acechándola en la noche. Había algo siniestro en esos ojos y Chi deseó que jamás se hubiesen encontrado.

Su piel se puso de gallina.

Estaba tan perdida en su cabeza que saltó al escuchar la ventana del ático al abrirse. Se llevó una mano al pecho, allí donde su corazón galopaba, y se esforzó por calmarse mientras Kilyan bajaba por las escaleras. El joven se asomó a la habitación y una pequeña sonrisa se dibujó en sus labios.

—¿Cómo te encuentras?

—Bien. —Chi forzó una sonrisa. Se hizo a un lado de la cama, dejando suficiente espacio para que Kilyan pudiese recostarse—. Mael insistió en que le sujetase la mano durante un rato para que me encontrase mejor.

—Me alegro —respondió él, rodeándola con un brazo. Reposó su barbilla sobre la cabeza de Chi y dejó escapar un diminuto suspiro de alivio—. Estaba preocupado.

—¿Y tú cómo te encuentras?

—¿Yo? —Kilyan frunció el ceño—. Perfectamente.

—Kilyan, de verdad, ¿estás bien? —insistió. Se apartó de él para poder mirarle a la cara y taladró sus preciosos ojos violeta.

El joven dudó. Había cosas que le quitaban el sueño, que le preocupaban y le carcomían por dentro, pero sabía que estaba todo en su cabeza, que no eran cosas tan importantes —reales— como para decirlas en voz alta y agobiar a otra persona con sus angustias, sobre todo a Chi. Ella ya tenía suficiente de lo que preocuparse y no quería convertirse en una carga más.

Estaba a punto de abrir la boca y asegurarle que se encontraba bien cuando Chi acunó su mejilla con una mano. Jamás se acostumbraría a aquella sensación, sus pieles tocándose, su calidez fundiéndose con él... Jamás se habría imaginado que no era solo una sensación física lo que llevaba añorando de otras personas durante años. Su tacto le apaciguaba el corazón. Cualquier nerviosismo, cualquier miedo o inseguridad se derretía y desaparecía por completo, como si jamás le hubiese invadido.

Cerró los ojos, deshaciéndose bajo esos dedos tan finos, tan suaves, y soltó el más profundo de los suspiros.

—Gracias —susurró, y cuando volvió a mirarla, se dejó caer en el mar rojo que eran sus iris—. Hoy ha sido un día muy largo —admitió por fin—. Durante el laberinto sentí un miedo que no había experimentado nunca. Mis... mis compañeros son personas horribles, todos ellos, de una forma u otra. El simple hecho de que estés cerca de ellos me revuelve el estómago y lo peor de todo es que no puedo hacer nada al respecto.

—No tienes que preocuparte tanto por mí, Kilyan. Puedo cuidar de mí misma.

—Lo sé, lo sé, pero les han hecho daño a muchos otros que también son capaces de cuidar de sí mismos, como Draco. —Se estremeció al recordar el encuentro de su gremio y Ziyoú. No eran los gritos ni las heridas lo que le molestaba, sino la mirada de Draco, tan horrorizada como traicionada—. No fue bastante con robarles la bandera. Tenían que hacerles el daño suficiente como para que no pudiesen conseguir otra. Estuvieron a segundos de ser eliminados.

—Lo siento mucho —dijo Chi, volviendo a abrazarle. Evocó la imagen de Draco, collar en mano, y se obligó a sí misma a tragarse la acidez que le arropaba la lengua—. No fueron eliminados, no tienes por qué sentirte culpable.

Kilyan le devolvió el abrazo y suspiró. Tenía mucho por lo que sentirse culpable.

—¿Estás... preparada para mañana? —preguntó después de unos minutos de silencio. Chi se tensó bajo los brazos de Kilyan y de pronto, la sombra regresó y, esta vez, la envolvió en un abrazo terrible—. Lo siento, no debería haber preguntado —dijo, en voz baja.

—No sé qué es lo que esperan de mí —admitió ella—. ¿Por qué estamos obligados a ir? ¿Tendré que hablar con su familia? ¿Darles mi pésame? —Su voz creció más y más temblorosa con cada pregunta—. ¿Cómo voy a mirarles a la cara cuando es culpa mía que estén asistiendo al funeral de su hija?

—Es culpa de muchos; de Nitocris, del Torneo, de la Academia…, pero desde luego no es culpa tuya.

—Los dos sabemos por qué Nitocris hizo lo que hizo.

—¿Y qué más da cuáles fueran sus razones, Chi? Si decide matar a un montón de críos de nuestro sector porque se siente inferior a ti, ¿será eso también culpa tuya? —Antes de que Chi pudiese decir nada, Kilyan volvió a hablar—. Eres responsable única y exclusivamente de lo que haces tú con tus propias manos, no de lo que hacen otros con las suyas.

Chi supo que tenía razón, y aun así, no consiguió cambiar cómo se sentía.

Podía contar con los dedos de una mano cuántas veces había visitado el Palacio del Cielo y cada vez que lo veía, parecía mucho más grande de lo que recordaba. El director, Hikami, el consejo y el resto de la administración superior vivían en aquel lugar y, aun así, la gran construcción de cristal podría haber alojado a cientos más.

Chi y su gremio fueron de los primeros en llegar. La recepción tuvo lugar en un gran salón cerca del vestíbulo principal del palacio. Era una sala gigantesca, de altos techos decorados con pinturas de cielos abiertos y enmarcados por cornisas florales, paredes de cristal y suelos de madera. Al final de la sala había una puerta, todavía cerrada cuando el gremio llegó, y al otro lado se encontraba un ataúd solitario rodeado de velas y racimos de flores.

Había mesas repletas de comida a cada lado del salón y un grupo de músicos que tocaban una melodía lenta, con un piano melancólico y unos violines llorones. Camareros y sirvientes entraban y salían del gran salón y del vestíbulo haciendo los últimos arreglos antes de que se les permitiese el paso dentro del palacio a los invitados.

La puerta de la habitación en la que se encontraba el ataúd se abrió. El director apareció por ella y se hizo a un lado, dejando pasar a los que, Chi supuso, eran los padres de Melibea. El rostro de la mujer estaba escondido tras un velo negro a juego con su vestido y el traje de su marido, que sujetaba a su esposa como si temiese que fuese a desplomarse en cualquier momento.

Chi ralentizó el paso, dejando que la mayoría de sus compañeros caminasen delante de ella. El director escoltó a la pareja hasta que se encontraron con los miembros de Bershat en el centro del salón. De uno en uno, los alumnos le dieron su pésame a los padres de su compañera caída y poco a poco, la pareja se encogió, conteniendo las lágrimas a duras penas. Cuando llegó el turno de Chi, le escocía la nariz y apenas podía respirar. Tenía miedo de que si abría la boca, sus lágrimas terminarían por desbordarse. La joven inclinó la cabeza, con la mirada pegada a sus pies, y susurró una disculpa ahogada.

—Estoy seguro de que estos últimos meses fueron muy duros para Bea —dijo el padre de Melibea, con voz ronca. Se acercó a Leon y Mael y posó sus manos sobre los hombros de cada chico—. Gracias por cuidar de nuestra niña.

Mael inclinó la cabeza, con el rostro serio, pero Leon no consiguió contener las lágrimas. La madre de Melibea se acercó y le dio un abrazo.

Chi tuvo que aguantar la respiración, sintiendo que el pecho le dolía cada vez más. Se encontró con la mirada del director, llena de pena y entendimiento. En su día, él también había perdido compañeros, amigos que transcendían las

189

amistades comunes. Yule le dedicó un pequeño asentimiento antes de acompañar a los padres de Melibea hacia el vestíbulo, donde el resto de los gremios habían comenzado a hacer su entrada, seguidos por la mayoría de los invitados.

En cuanto se alejaron, Chi sintió que podía respirar por fin. Su gremio se dividió en grupos a medida que el salón comenzaba a llenarse de gente, perdiéndose en el bullicio. Kobu, Naeko y Ebony se acercaron.

—Kenra —dijo el lobo, deteniéndose a su lado. Sus dos compañeras se detuvieron, formando un círculo pequeño—. Intenta no hablar con nadie que no seamos nosotros.

—Aparte de los alumnos, la administración y los padres, a eventos abiertos al público solo vienen buitres —añadió Naeko. La joven, que solía mostrarse cordial y amistosa en cualquier situación, tenía una expresión agria en el rostro. Sus ojos viajaron hasta las puertas del gran salón y su nariz se arrugó aún más—. Es increíble el poco respeto que tienen, solo quieren reclutar o enzarzarte en sus estúpidas apuestas. No tiene ningún tipo de respeto por la familia o los alumnos.

Chi supuso que su compañera había sufrido algunas malas experiencias en funerales pasados. Para los que hacían sus fortunas apostando en el Torneo, alguien capaz de ver el futuro era una amistad muy valiosa; especialmente para los que no conocían los muchos puntos débiles de una magia como la de Naeko.

Un pequeño alboroto agitó la entrada y Chi tuvo que inclinarse a un lado de Kobu para poder ver lo que estaba ocurriendo. Los miembros de Ziyoú y Millien acababan de llegar como una marea negra, esparciéndose por el repentino gentío. Buscó una cabeza de pelo negro y ojos violetas entre la multitud hasta que por fin se topó con él, de pie frente a Draco.

Chi aguzó el oído, pero no consiguió escucharlos por encima del ruido de docenas de conversaciones. Parecían estar hablando de algo serio. El rostro de Kobu se detuvo a centímetros del suyo, erizándole el cuerpo entero.

—¿Qué estás mirando?

—Nada —contestó Chi, girando la cabeza en dirección contraria. Hacía solo unos minutos que habían llegado, y ya podía sentir el cansancio pesando sobre sus hombros. Sus ojos se detuvieron en las puertas cerradas al final del salón—. ¿Cuánto tiempo tenemos que quedarnos?

—Solo un par de horas —aseguró Ebony—. Tenemos Torneo mañana, así que dejarán que los alumnos nos vayamos temprano.

Chi asintió y se cruzó de brazos, observando cómo el sol comenzaba a menguar en el cielo.

Al otro lado del salón, Ethan agarró a Nahuel del brazo y le guio hasta una esquina.

—Hikami acaba de llegar —dijo el líder de gremio, ojeando a su espalda—. ¿Conseguiste lo que necesitabas de Chi ayer?

—Sí, tengo la fecha exacta del día en que apareció en la Academia. —Nahuel miró a su alrededor, bajando la voz cada vez que alguien pasaba a su lado—. ¿Estás seguro de que no hay alguna otra forma de hacer esto? Si pudiese tocar a la magistrada o sujetarle la mano el tiempo suficiente, podría copiar todos sus recuerdos.

—Si a ti se te ocurre alguna excusa para mantener el contacto con ella, soy todo oídos, pero a menos que quieras intentar seducirla, vas a tener que trabajar con un simple roce.

Nahuel asintió un par de veces, intentando calmar el violento palpitar de su corazón. Se llevó una mano al cuello y se aflojó la corbata un poco.

—Siempre podríamos hablar con Alessia sobre algún tipo de hechizo para desbloquear la mente —dijo el erudito—. Cuando estaba peinando la mente de Chi me di cuenta de que aunque ella lo haya olvidado todo, tiene recuerdos que preceden al primero, aunque están todos sellados y fuera de mi alcance.

—No quiero involucrarla más. —Ethan se llevó una mano a la cabeza, pero se detuvo antes de pasarse los dedos por el pelo, sin querer despeinarse—. Está muy afectada por el ritual que hicimos. Ha intentado convencerme de abandonar nuestra investigación varias veces.

—¿Y no crees que tiene algo de razón?

—¿Qué?

Nahuel suspiró.

—Mira lo que estamos planeando, Ethan. ¿No crees que espiar en la cabeza de una magistrada, hacer rituales que probablemente no sean legales e ir a espaldas de nuestro gremio y nuestra compañera es... demasiado?

—Pero ¿no está justificado? —preguntó Ethan—. Merecemos saber la verdad, tanto nosotros como Chi.

—Tal vez deberíamos dejar que ella decida si debemos investigar o no.

Ethan titubeó. Sus ojos recorrieron la sala y no tardaron en tropezarse con una melena carmesí. El líder de gremio tenía muchas razones para querer encontrar las respuestas a los misterios que rodeaban a Chi: destapar los secretos que Hikami estaba ocultando, saber qué podía convertir a uno de sus mejores amigos en alguien tan consumido por el odio, asegurarse de que Chi no era un peligro para el gremio, como Arvel había insinuado..., pero, sobre todo, quería encontrar respuestas para ella.

Y aun así, a pesar de que sabía que Nahuel tenía razón y que él mismo hacía solo unas semanas habría opinado lo mismo, intuía que no era buena idea involucrar a Chi. Había notado unos cambios sutiles en su compañera, cambios que le preocupaban. Antes, habría querido ayudarla a descubrir su pasado y su identidad. Ahora, temía que esos secretos la empujasen más y más hacia la inestabilidad que había emergido en ella desde el inicio del Torneo.

—Primero tenemos que averiguar exactamente lo que está ocurriendo. Entonces se lo contaremos a Chi.

Nahuel frunció los labios, sabiendo que no tenía sentido discutir con su amigo. Estaba seguro de que, aunque se negase a ayudar, eso no detendría a Ethan, y en el fondo él también quería averiguar la verdad.

Limpió el sudor que le cubría las palmas de las manos sobre sus pantalones negros y, juntos, atravesaron el gentío. Esquivaron apretones de manos y saludos por parte de los visitantes continentales y por fin encontraron a Hikami. Uno de los dos guardias que siempre la acompañaban, Jack, le estaba sirviendo un vaso de vino, mientras el otro, Rax, observaba la multitud con aspecto distraído. Ambos vestían las armaduras doradas propias de los guardias del palacio.

La magistrada dio un sorbo al vino y Ethan siguió la trayectoria de sus ojos almendrados hasta un grupo que se había formado alrededor de su pupila. El líder de gremio frunció el ceño al ver al Raisaar y el Anacreón charlando con

193

sus compañeros, pero negó con la cabeza y devolvió su atención a Hikami.

—Magistrada —dijo él, deteniéndose frente a ella. Hizo una reverencia y alzó una mano, que Hikami se limitó a mirar con ojos entrecerrados, sin ofrecer la suya. Nahuel se percató del gesto e inspiró con fuerza.

—Narrell —respondió la mujer. El joven se tensó al escuchar su apellido pronunciado con semejante desdén. Sus ojos dejaron al estudiante para volver a escanear la sala. Le dio un sorbo a su vino—. ¿Necesitáis algo?

—Sí, esperábamos poder hablar con usted sobre algo extraño que ha estado ocurriendo en el muro este de nuestra ciudadela. —Nahuel observó a su compañero de reojo, con el corazón latiéndole en los oídos. Ethan no le había explicado cómo pretendía engatusar a la magistrada, pero desde luego no había pensado en aquello. Miró a su izquierda durante un instante y vio el lugar donde Kilyan se alzaba al lado de Chi—. Hemos notado que desde hace unas semanas no parece haber ningún guardia patrullando la muralla por las noches. Nos estábamos preguntando si usted sabe la razón o si es algún tipo de error.

Hikami frunció el ceño y detrás de ella, los dos guardias intercambiaron una mirada furtiva.

—Niño, ¿acaso no sabes cuál es mi ocupación? Soy la mediadora entre el consejo y el director. Mi trabajo es supervisar las reglas y el funcionamiento de la administración, no asegurar que todos los guardias cubran sus puestos.

—Por supuesto, lo siento mucho, es solo que ese es el muro al lado de donde Kenra vive y es el que Rahn...

—La próxima vez habla con el capitán de la guardia. —La magistrada dio un paso hacia delante, seguida por los guardias—. Si eso es todo...

—No, no es todo —interrumpió Nahuel—. También queríamos hablar con usted sobre Kenra. —De pronto, el erudito se vio abrumado por la atención atenazante de la mujer, que esperaba sus siguientes palabras con seriedad—. Como estamos seguros de que habrá notado, Kenra ha estado haciendo un gran trabajo en el Torneo. De hecho, su rendimiento es mucho mejor de lo que habíamos previsto, pero estamos un poco preocupados por ella.

—¿Y a qué se debe vuestra preocupación?

—Ella y Melibea... eran muy buenas amigas, y creemos que se culpa de lo sucedido.

—Hemos intentado hablar con ella y ofrecerle ayuda de un sanador. Se ha negado —dijo Ethan y, entonces, Nahuel dio un paso hacia la magistrada.

—Puede que piense que es capaz de soportar la carga de lo ocurrido sola. Sin embargo, eso es algo que nosotros apenas podemos hacer —le dijo—. Tal vez usted pueda hablar con ella y convencerla de aceptar ayuda profesional; es demasiado joven para afrontar este tipo de pérdida.

Con esas palabras, el erudito alzó una mano y tocó el brazo de la magistrada. Mantuvo sus ojos suplicantes, su rostro sereno... e invadió la mente de la mujer. Cruzó sus recuerdos tan rápido como pudo, retrocediendo en el tiempo, sin pararse a observar ninguno de ellos.

En menos de un instante, uno de los guardias, Rax, agarró la muñeca de Nahuel y apartó su mano de la magistrada. El joven se quedó allí de pie, con los labios entreabiertos, hasta que Ethan carraspeó. Nahuel adoptó una expresión abochornada y bajó la cabeza a modo de disculpa.

—Guarda las manos para ti mismo —dijo el guardia, soltándole.

—Mis disculpas.

Hikami le observó con el ceño fruncido, como si pudiese entrever la intención detrás de sus acciones.

—Hablaré con ella —dijo por fin, rompiendo el silencio que se había asentado entre ellos—. Y ahora, si me disculpáis, tengo otros asuntos que atender.

—Por supuesto.

Ambos jóvenes hicieron una rápida reverencia mientras la mujer y los guardias se alejaban, desapareciendo entre la multitud.

Nahuel se llevó una mano a la cabeza y revivió lo que había visto en la mente de la magistrada. El contacto había sido tan breve que ni siquiera tuvo la oportunidad de escoger un recuerdo. Se detuvo por instinto al encontrar uno mucho más fresco que los demás, como si acabase de ocurrir a pesar de tener más de diez años de antigüedad.

El joven parpadeó y, de pronto, se encontró en el umbral de una habitación enmarcada por cristaleras y cortinas vaporosas. Más allá del cristal se expandía un celeste infinito, únicamente interrumpido por nubes tranquilas y esponjosas. Había geranios violáceos y hiedras colgando del techo, higueras descansando en macetas de porcelana y una mesa de fresno repleta de comida, pero todos esos detalles estaban borrosos en la memoria de Hikami, porque estaba centrada en una sola cosa: una niña pequeña sentada en el suelo, sobre un charco del mismo rojo carmesí que su pelo. Frente a ella yacía una mujer sin expresión, con lágrimas de sangre trazando gordas pinceladas por su rostro, tan pálido y descolorido que competía con el suelo de mármol.

Nahuel se llevó una mano a la boca, reprimiendo la bilis que amenazaba con treparle por la garganta.

—¿Estás bien? —preguntó Ethan, que guio a su amigo hacia una de las esquinas del gran salón, lejos de miradas curiosas—. ¿Qué has visto?

Nahuel negó con la cabeza, sin encontrar las palabras para describir lo que sentía ante la escena.

Al otro lado del salón, Chi cambió su peso de un pie a otro. Nadie le había mencionado que podían socializar con otros gremios, y por mucho que disfrutase de la compañía de Kilyan, no consiguió distraerse de los ojos que la observaban y del dolor que le estrujaba el estómago. De pie al lado del joven, se sintió vulnerable, como si todos pudiesen ver dentro de su mente y averiguar el secreto que guardaba.

Miró a su alrededor con disimulo y se encontró con docenas de ojos que la estudiaban con descaro. De alguna forma, se sintió igual de expuesta que en la arena. Los techos no le parecían tan altos ni el salón tan amplio; de pronto, no fue más que un pez atrapado en un charco cuya agua se evaporaba poco a poco.

Una mano le rodeó el brazo, sobresaltándola. Se giró y dio un paso hacia atrás, chocando contra Kilyan.

—Perdona la intrusión —dijo el hombre que la sujetaba del brazo, taladrándola con la mirada. Su sonrisa era demasiado afable—. Quería presentarme, soy...

Kilyan pasó uno de sus brazos sobre el hombro de Chi, envolviéndola. Kobu, que había estado al lado de Chi antes de que el extraño se deslizase entre ellos, agarró al hombre del codo hasta que sus nudillos blanquecieron.

—Suéltala —siseó el lobo, su voz poco más que un gruñido. Se cernió sobre el desconocido, un par de cabezas más bajo que el estudiante—, y desaparece.

—Lo siento, solo quería... —Pero el hombre calló al ver que las expresiones de los presentes no se suavizaban. Con un suspiro resignado, soltó el brazo de Chi y desapareció entre la multitud.

Los alumnos se quedaron en silencio durante un par de segundos hasta que, por fin, Kilyan se apartó de Chi.

—Tengo que alabar su descaro —comentó Draco con una media sonrisa—. Jamás encontraremos personas con más persistencia y falta de vergüenza que los que asisten a estos funerales; es realmente impresionante.

—Esa es una forma interesante de verlo —dijo Naeko—. Necesito algo de beber —añadió, y con un suspiro, se marchó.

—¿Estás bien? —preguntó Kilyan en voz baja.

—Sí —le aseguró Chi, pero no consiguió calmar su corazón ni sacudirse la sensación de aquella mano aferrándose a su brazo—. Nunca he estado cerca de gente que no fuesen estudiantes, profesores o miembros de la administración.

—Fuera de la Academia el mundo es muy diferente —dijo Kilyan, aprovechando que Draco estaba parloteando con Ebony y Kobu—. Habiéndote criado en un ambiente tan limitado como este, puede ser difícil imaginar que fuera no todo se limita a clases y peleas. Dependiendo de la nación, hay muchas restricciones sobre el uso de magia y sobre dónde se puede o no volar y transformarse.

»Por eso la gente adora el Torneo, por eso nos tratan como si fuésemos una novedad, porque nos ven como la forma más elemental de nuestra especie. Viven sus fantasías más salvajes a través de nosotros.

Kilyan tenía razón, pero lo único en lo que Chi podía pensar era en lo mucho que le gustaría vivir en alguna ciudad continental, rodeada de otros Volkai que, a pesar de poseer magia, no tenían permitido utilizarla. Un lugar donde no tuviera que preocuparse por demostrar su valía o temer por la vida de sus amigos.

Las puertas al final del salón captaron su atención mientras un grupo entraba a visitar el ataúd. El estómago de Chi se revolvió aún más. Escaneó la sala, buscando cualquier cosa con la que distraerse, y no demasiado lejos de su grupo, vio a Zafrina hablando con una mujer cuya melena lucía el mismo rosa intenso. Al fijarse en ellas, su conversación se hizo más nítida entre el resto de las voces.

—La última semana ha sido espantosa —dijo la madre de Zafrina. Tenía el pelo recogido en un moño perfecto contra la nuca, revestido por una tela de rejilla negra y perlas azuladas. Su vestido negro se adhería perfectamente a sus curvas y su espalda se alzaba tan recta que por un momento pareció la más elegante de las estatuas. Incluso su expresión reflejaba la de una escultura de piedra—. Hemos dejado de recibir dinero de la mayoría de nuestros patrocinadores y apenas han llegado ofertas de trabajo estos últimos días.

—*Mis* patrocinadores —replicó Zafrina, y antes de que su madre pudiese protestar, volvió a hablar—. Todavía quedan dos semanas de Torneo, deja de preocuparte. Y no quiero aceptar ninguna oferta de trabajo hasta que ganemos.

—¿Hasta qué ganéis? —bufó su madre, y su expresión de piedra se resquebrajó—. Cariño, vuestras posibilidades de ganar fueron pisoteadas cuando mataron al paladín. Y desde luego, eso que habéis reclutado no es que vaya a ayudar mucho.

—Me da igual —dijo Zafrina, entre dientes—. El resto no somos inútiles, todavía podemos ganar. Y si aceptases patrocinadores fuera de la iglesia no tendrías ningún problema de dinero.

La mujer chasqueó la lengua, silenciándola.

—Aceptaré una oferta la semana que viene —continuó su madre, sin escucharla—. Con suerte alguien te ofrecerá un trabajo aunque sea mínimamente respetable. Hemos decidido centrarnos en preparar a tu hermano. Él tendrá más probabilidades de ganar un puesto distinguido en Ratheira cuando llegue la hora de unirse a la Zona Central.

—¡¿Qué?! —El chillido de Zafrina se ahogó tan pronto como un hombre apareció a su lado, agarrándola del brazo. «Su padre», supuso Chi. La joven susurró sus siguientes palabras—. Todavía quedan dos semanas, solo necesito tiempo...

—No, Zafrina, tus oportunidades de honrar a la familia terminaron en cuanto reanudaron el Torneo. No tienes ni idea de lo que están diciendo en la iglesia sobre vuestro nuevo miembro. El simple hecho de compartir gremio con esa abominación está arrastrando tu nombre por el suelo. No podemos permitir que perjudiques más a la familia.

Chi apartó la mirada, pero no consiguió ahogar sus voces.

—¿Yo? ¿Perjudicar a la familia? ¡No he hecho nada!

—Has hecho lo suficiente. —El hombre se apartó de su hija y entrelazó un brazo con el de su mujer—. No tienes ni idea del revuelo que hay en la iglesia ahora mismo. Tenemos que distanciarnos de esta situación tanto como podamos, incluso si eso significa distanciarnos de ti.

Zafrina los observó boquiabierta. Abrió y cerró la boca un par de veces, forcejeando en busca de las palabras correctas.

—Zef no tiene lo que hace falta para participar en el Torneo, estáis tirando a la basura vuestra única...

—La decisión está hecha, cariño. Cuanto antes te hagas a la idea, mejor. —La mujer dio una palmada contra el pecho de su esposo y él asintió, dando un paso atrás—. Zefirus tendrá éxito donde tú has fallado.

Ambos se alejaron de su hija, que observó con hombros hundidos cómo se marchaban, en silencio. Chi jamás la había visto tan derrotada. El personaje que vestía todos los días, el que había cuidado y perfeccionado como una segunda piel, había desaparecido por completo.

Capítulo 14

Al otro lado de las cristaleras solo quedaban unas finas pinceladas violetas en un cielo ahora oscuro.

Chi se retiró, deseando respirar algo de aire fresco y descansar sus sentidos, saturados después de horas de ruido. Minutos después, Kilyan se despidió de los compañeros de la joven e hizo sus propias rondas por el salón. La mayoría de los miembros de Millien se habían mantenido al margen de las masas, e incluso Judas había conseguido no hacer ningún espectáculo.

Las únicas dos cabezas que no vio fueron las de Nitocris e Isis, pues la familia de Melibea había pedido que las arañas se abstuviesen de asistir al funeral, una decisión que él y muchos otros agradecieron.

Empezó a caminar hacia la entrada del salón, preguntándose por qué Chi estaba tardando tanto en volver, cuando alguien le cortó el paso; la única persona que había asistido al funeral sin vestir de negro.

—Kilyan, hijo mío, ¿cómo has estado?

Kilyan se detuvo en seco, sin entender cómo el hombre había conseguido sorprenderle de semejante manera. Vestía el atuendo oficial de todos los obispos de la iglesia de Ratheira: una túnica granate, una casulla negra y dorada y un sombrero compuesto por un par de alas que arropaban su frente con las puntas alzadas hacia el cielo. Sobre su pecho descansaba la misma cruz que se escondía bajo la chaqueta de Kilyan.

—Ilustrísimo Abraham —respondió el joven, haciendo la más profunda de las reverencias. La última vez que había visto al obispo fue cuando él le ordenó que se presentase a las pruebas de entrada para la Zona Central, meses antes—. No sabía que iba usted a asistir al funeral.

—Quería mostrar mis condolencias a la familia. Son amigos de la alcaldesa de Prodigia y su empresa de metales ha traído grandes riquezas a la ciudad, y, por lo tanto, nuestros caminos se han cruzado en varias ocasiones. —Abraham se llevó una mano a la barba, mucho más canosa de lo que Kilyan recordaba—. Perdona mi descaro, hijo mío, pero ¿qué estabas haciendo con la nueva alumna de Bershat? No he podido evitar ver que estabas hablando bastante con ella hace un rato. ¿Os conocéis?

Kilyan tragó saliva, anonadado por la pregunta. ¿Cuánto tiempo llevaba en el salón, observándole?

—Es una amiga, fuimos alumnos del mismo sector —respondió, escondiendo la verdad tras una media mentira, pues sus caminos jamás se habían cruzado en todos sus años en Sigilo.

Abraham asintió, sin dejar de acariciarse la barba en ningún momento. Kilyan supo entonces que su explicación no había satisfecho al hombre. Bajó la mirada al suelo, incómodo ante el repentino silencio. A su alrededor, escuchó murmullos por parte de la gente que los rodeaba.

—No vuelvas a hablar con ella —sentenció, y sus palabras cayeron sobre Kilyan como un balde de agua fría—. No tiene sentido que te mezcles con una de las abominaciones de Ankoku.

—¿Perdone? —dijo, y se mordió la lengua.

El obispo entrecerró los ojos.

—La iglesia ha decretado que es una semilla del señor del caos, un intento de diluir nuestra especie con su sangre sin magia.

—Ilustrísimo, no creo que eso sea... —Kilyan se detuvo e inspiró hondo. Cuando volvió a hablar, cualquier rastro de preocupación se había desvanecido de su voz—. Con todo el respeto, es solo una niña; decir que es una enviada de Ankoku suena poco probable.

—Es una niña ahora, pero pronto será una mujer, y cuando tenga hijos, ¿serán Volkai o lo que sea que es ella? ¿Y sus nietos? ¿Bisnietos? —El hombre negó con la cabeza, asqueado ante la visión de sus propias especulaciones—. No es un riesgo que la iglesia esté dispuesta a asumir. Su ausencia nos beneficiaría a todos.

—¿Qué quiere decir con eso?

No hubo tiempo para que el obispo respondiese.

Una mujer gritó desde el lado opuesto del salón, sobresaltando a Kilyan, que miró a su alrededor sin ver lo que estaba causando el revuelo. A su lado, Abraham se limitó a juntar las manos como si estuviese perdido en reflexiones internas.

Un miedo afilado le llenó por dentro, cubriendo su espalda de un sudor frío. Sin despedirse del hombre, Kilyan se alejó. Buscó un destello rojo con la mirada, sin éxito. A pesar del repentino caos, la gente aún se hacía a un lado cuando le veían venir.

—¡Están atacando a la niña de Bershat! —dijo alguien, cuya voz se alzó por encima de todas las demás.

Kilyan perdió el aliento, como si las palabras le hubiesen apuñalado los pulmones. Corrió hasta las puertas de entrada al salón, saliendo de las masas, y cruzó el vestíbulo. Un par de guardias bloqueaban la salida del palacio para los observadores más curiosos. Intentaron detenerle, pero cuando vieron que el joven no iba a parar, se hicieron a un lado, con muecas bajo sus cascos.

—¡Suéltame! —La voz de Chi se alzó en un grito y Kilyan se giró de inmediato, apresurándose hacia la izquierda.

Un grupo de guardias y miembros de Bershat se habían congregado alrededor de la escena, en el jardín que separaba el palacio del abismo. Kobu tenía a Chi rodeada por la cintura y Rhonda y Ethan la aferraban de los brazos, aunque era evidente que apenas podían mantenerla a raya.

—Cálmate, respira —jadeó el lobo, hincando los talones en la tierra, levantando pedazos de hierba.

Alrededor de la joven había varias personas inconscientes sobre el suelo y otras cuantas retenidas por los guardias del palacio.

—¡No! —gritó Chi, sacudiendo el cuerpo como un animal rabioso. Sus ojos tenían un brillo salvaje, completamente

205

dominado por la ira. Varios mechones le cubrieron el rostro mientras forcejeaba, mucho más cortos que el resto de su melena, y fue entonces cuando Kilyan se fijó en un cuchillo en el suelo, rodeado de pelo carmesí.

Observó la escena con el corazón desbocado. ¿Qué había ocurrido?

—¡No nos daremos por vencidos! —gritó entonces uno de los hombres apresados por los guardias—. ¡No dejaremos que la enviada de Ankoku viva en paz! ¡La cazaremos vaya a donde vaya y purificaremos al mundo y nuestra especie de su...!

Chi no dejó que terminara la frase. Golpeó a Ethan con el codo y el joven tropezó hacia atrás, soltándola. Con un grito, Chi alcanzó la daga que escondía en su bota y la lanzó. Antes de que el filo diese en su blanco, el guardia que sujetaba al fanático se giró, bloqueando el acero con su armadura.

—¡Monstruo! —exclamó el hombre—. No esperaba nada mejor de algo como tú.

Antes de que Chi pudiese arremeter, Ethan volvió a agarrarla y Leon salió del grupo para ayudarle.

—Si soy una abominación, ¿de verdad creíais que podíais atacarme sin que yo os hiciera nada? —La joven jadeó, sin aliento, pero no dejó de pelear—. ¡Os enseñaré lo que es un monstruo de verdad! —gritó, y un escalofrío recorrió a Kilyan de pies a cabeza.

Jamás la había oído hablar de semejante manera y por un segundo, no sonó como ella misma, sino como algo diferente. Kilyan sintió miedo y no supo si era miedo por Chi... o de ella.

Entonces, el director pasó a su lado, con el rostro crispado, y con Hikami pisándole los talones.

—¡Te encontraré y desearás que ese cuchillo...!

Yule chasqueó los dedos y tanto Chi como los atacantes cayeron en un sueño profundo. Los alumnos que habían estado sujetando a la joven se derrumbaron por la repentina falta de resistencia. Un par de sanadores se abrieron paso hasta la escena y, después de comprobar que nadie estaba en condición crítica, dejaron que los guardias cargasen con los atacantes de vuelta al palacio.

Hubo murmullos entre los presentes. Dentro del gran salón se había formado una multitud que había presenciado la escena con una atención mórbida a través de las paredes de cristal. Entre ellos, se percató Kilyan, se hallaba el obispo. Sus miradas se encontraron y el joven supo que aquel incidente no había sido una casualidad.

Devolvió su atención a Chi, sintiendo cómo su mundo entero se encogía bajo el peso de la cruz que descansaba sobre su pecho. Su gente, el grupo al que le había jurado su vida, quería a Chi muerta; la chica que amaba, su única esperanza de ser feliz.

—Llevaos a la niña de vuelta a vuestra ciudadela —dijo el director, alzando la voz por encima de los murmullos—. No quiero verla en el Torneo hasta próximo aviso.

Los ojos de los presentes se abrieron de par en par y algunos de los miembros de Bershat soltaron exclamaciones.

—Con todo el respeto, no puede expulsarla. Nada de esto ha sido culpa suya —dijo Ethan, levantándose del suelo. Carraspeó un par de veces, preparándose para defender a su compañera, pero Yule alzó una mano, deteniéndole.

—No la estoy expulsando, la estoy forzando a descansar. —El hombre escaneó a los presentes. Kobu ya se había levantado, cargando a Chi en volandas—. Podéis marcharos. —Sus ojos se detuvieron sobre Kilyan—. Todos vosotros.

A pesar de los esfuerzos de la administración, la noticia del ataque contra Kenra surcó el continente de punta a punta en una sola noche. Por la mañana, mientras la joven todavía descansaba, el estadio entero vistió de rojo en su honor e infinidad de pancartas se alzaron en su ausencia. Con solo cuatro gremios en el Torneo, los alumnos comenzaron a sentir el peso de cada encuentro, pues no quedaba lugar para los errores, por pequeños que fuesen.

Por la tarde, Ethan y Nahuel se escabulleron hasta la biblioteca, ansiosos por hablar sobre lo que habían descubierto la noche anterior. Nahuel había compartido el recuerdo robado de la magistrada con su líder de gremio, aunque ambos habían estado demasiado cansados y perturbados por la escena como para hablar de ello.

Los dos habían presenciado muertes en sus meses en la Zona Central y, aunque jamás se acostumbrarían del todo, era algo que podían soportar, pero lo que se escondía en la mente de la magistrada era diferente. Había algo fundamental e irrevocablemente mal con que una niña tan pequeña estuviese en medio de una escena tan enfermiza.

Los dos se sentaron en una de las mesas al fondo de la biblioteca y durante unos largos segundos, ninguno dijo nada.

Nahuel carraspeó.

—Creo que deberíamos empezar por lo que sabemos —dijo el erudito, sin alzar demasiado la voz—. Sabemos que la niña es Chi, porque su pelo y sus ojos son los mismos. Y sabemos que estaban en el Palacio del Cielo porque lo único que se ve a través de las ventanas es cielo.

El joven calló, pues no estaba seguro de poseer mucha más información.

—¿Hay alguna forma de averiguar quién es la mujer? —preguntó Ethan, alzando la mirada por primera vez.

Nahuel revivió el recuerdo y se centró en el rostro de la mujer, mucho más nítido que cualquier otro detalle de la habitación.

—Me resulta algo familiar... —murmuró, todavía con los ojos cerrados—. Voy a necesitar un minuto.

Ethan asintió, aunque su amigo no abrió los ojos, y se recostó contra el respaldo de la silla. Nahuel juntó las manos, formando un puño, y viajó por su mente en busca del lugar en el que había visto aquel rostro de ojos oscuros y facciones agradables, tan suaves como si hubiesen sido perfiladas por una brisa veraniega.

Se detuvo en un recuerdo antiguo, durante su época de formación. Acababa de cumplir ocho años, y cuando entró en el edificio en el que los niños de su promoción estudiaban, al final del pasillo vio una mesa cubierta de velas, algunas encendidas y otras apagadas, y flores, algunas frescas y otras muertas. En el centro se alzaba la foto de una mujer y bajo ella, una frase titilaba en el aire, formada por el humo de las velas:

«En honor a Arethe Yule. Que Shomei te arrope en el más allá».

Nahuel abrió los ojos y al levantarse, su silla chirrió contra el suelo. Sin decir nada, desapareció entre las estanterías.

—¿Qué? —Los pasos de su compañero, amortiguados por los libros, recorrieron la biblioteca—. ¿Sabes quién es?

—¡Creo que sí!

Nahuel reapareció y dejó caer una gran hoja de papel sobre la mesa. Era la página de un periódico antiguo, de tinta descolorida y bordes raídos. La foto de una pareja se comía la mayoría de la página y Ethan reconoció al hombre de inmediato.

El director vestía con una túnica blanca y su sonrisa era tan grande, tan joven, que por un segundo, las comisuras de los labios de Ethan amenazaron con imitarle. A su lado se encontraba la misma mujer que había visto en un charco de su propia sangre. Al igual que en el recuerdo, llevaba un vestido blanco, por lo que a pesar de parecer mucho más joven, resultaba inconfundible.

—Es Arethe Yule —dijo Nahuel. Ethan se tapó la boca con una mano—. Esta foto es de cuando ella y Yarak se casaron, hace más de tres décadas.

—No puede ser ella. ¿Qué estaba haciendo Chi al lado del cadáver de la mujer del director? —Hizo una pausa—. Ni siquiera me acuerdo de que estuviese casado. ¿Qué dicen los periódicos de su muerte?

Pasaron las siguientes horas buscando en los archivos de la biblioteca cualquier libro o periódico que ofreciese algún tipo de explicación sobre lo que le había ocurrido a la esposa del director, pero lo único que encontraron fueron un par de artículos sobre su funeral, un evento al que acudieron miles de personas de todos los rincones del mundo.

Sin terminar de creerse la falta de información, ambos jóvenes continuaron investigando hasta que apenas consiguieron mantener los ojos abiertos.

—Es imposible que no haya nada sobre cómo murió —dijo Ethan por fin—. No tiene ningún sentido. ¿A nadie se le ocurrió preguntar *cómo* pasó?

—Tienes razón... —Nahuel se inclinó hacia delante, reposando la frente sobre una mano—. La Academia es una entidad propia, no responden a las leyes de ninguna de las otras naciones, por lo que en casos como este, lo más seguro es que se llevase a cabo una investigación interna.

—En algún sitio tuvieron que dar respuestas. Aunque Arethe muriese aquí, era ciudadana de Yamagora. ¿Ellos no tenían ninguna pregunta? ¿Y qué hay de su familia?

Nahuel negó con la cabeza, sin saber qué decir. Había tan poca información sobre la mujer que nadie se hubiese creído que estaba casada con el director de la Academia, lo cual la hacía prácticamente una reina. Y, aun así, pocos todavía la recordaban.

—Tendremos que encontrar información fuera de la Academia, periódicos que no fuesen aprobados por la administración —dijo Nahuel, soltando los artículos que había estado leyendo—. Enviaré una carta a casa y con suerte mi madre conseguirá la información que necesitamos, aunque lo más seguro es que tarden un par de días.

Ethan asintió y empezó a amontonar los papeles, pensativo. Cada vez que conseguían averiguar algo, docenas de nuevas preguntas florecían como malas hierbas bajo sus pies.

—¿Qué crees que estaba haciendo Chi en el palacio?

El erudito negó con la cabeza.

—Podemos suponer muchas cosas, pero... no tenemos forma de saber la verdad.

—¿Crees que ella mató a Arethe? —susurró Ethan, y a pesar de lo bajo que había hablado, Nahuel pareció sobresaltarse.

—No, por supuesto que no —respondió, mirando a su amigo a los ojos. ¿Cómo podía hacer semejante pregunta?—. No parecía tener más de cuatro o cinco años, lo más seguro es que apenas pudiese leer. ¿De verdad piensas que una niña, poco más que un bebé, podría matar a alguien? —Nahuel negó con la cabeza—. Arethe ganó el Torneo con Yule de la mano, era una mujer poderosa... Solo alguien que la igualase en poder podría haberla matado de semejante manera. —Pronunció las palabras despacio, mientras una corazonada se formaba en su interior—. Hikami.

—¿Qué?

—Piénsalo. ¿Quién era la única otra persona presente en el recuerdo? ¿Quién adoptó a la única testigo de su crimen, la cual convenientemente perdió la memoria? Hikami. —Con cada pregunta, su presentimiento se solidificó en una teoría que unía muchos de los hilos sueltos. Nahuel revolvió los papeles hasta encontrar el artículo que estaba buscando—. Esta foto es del día en el que Hikami fue nombrada magistrada, *después* de la muerte de Arethe. ¿No te parece una coincidencia demasiado grande?

Ethan se fijó en la foto. Hikami sostenía la mano del director y ambos miraban hacia delante con rostros serios, casi sombríos. Detrás de ellos, los miembros del consejo aplaudían y sonreían. Por mucho que quisiese coincidir con Nahuel, lo único en lo que el líder de gremio podía pensar era en los horrores que él y Alessia habían presenciado, horrores que dormían en alguna parte de Chi.

—La mayoría empieza a manifestar sus poderes entre los tres y cuatro años de edad —dijo Ethan, y a pesar de que pronunció las palabras con lentitud, no titubeó—. Podemos suponer que Chi ya poseía sus habilidades durante el recuerdo. ¿Y si...? ¿Y si Hikami está involucrada, pero no fue ella la que mató a Arethe? Puede que ocultase el hecho de que Chi había asesinado a la mujer del director. Le borró los recuerdos y la hizo desaparecer bajo la identidad de una huérfana cualquiera para que no fuese castigada por sus crímenes.

—¿Y por qué haría todo eso? ¿Por qué arriesgarse a encubrir un homicidio que ni siquiera cometió?

Ethan se quedó en silencio durante un par de segundos, hasta que la respuesta apareció clara en su mente.

—Porque Chi es su hija... Por eso decidió «adoptarla», porque se sentía demasiado culpable como para abandonarla.

—Ethan, los dos conocemos a Chi, ¿a ti te parece que es capaz de matar a alguien?

—Hace un par de semanas te habría dicho que no —dijo Ethan—. Pero tú viste lo mismo que yo ayer. La Chi de anoche no es la misma que se unió a nuestro gremio hace un mes...

—La asaltó un grupo de fanáticos religiosos y perdió a Melibea porque Nitocris quería hacerla sufrir; por mucho menos, otros han hecho cosas peores que perder los nervios, Ethan. Acusarla de asesinato cuando era solo una niña porque no está sobrellevando bien el estrés psicológico del Torneo no me parece justo.

—No viste lo que Alessia y yo vimos, no entiendes lo que tiene dentro.

—Ni siquiera sabemos si tiene magia. Alessia misma lo dijo, nada de lo que ocurrió durante el ritual fue normal; algo salió mal y visteis cosas terribles, cosas que no podemos explicar. —Nahuel inspiró y volvió a hablar antes de que Ethan pudiese interrumpirle—. No vi lo que vosotros visteis, pero a lo mejor por eso soy yo el que ve las cosas con más claridad.

Se sostuvieron la mirada el uno al otro durante unos segundos. Ethan suspiró, levantándose.

—Los dos estamos especulando, no tenemos forma de probar ninguna de nuestras teorías.

Nahuel siguió a su amigo mientras devolvían todos los artículos y periódicos a su sitio.

—En eso tienes razón. Mañana le enviaré una carta a mi familia.

—Bien, cuando tengamos algo más de información decidiremos qué hacer.

Chi se despertó con los labios de Kilyan sobre su coronilla. Mantuvo los ojos cerrados, con la respiración lenta, y esperó a que el joven le diese una última caricia y se marchase para levantarse. Se incorporó contra la pared, con las piernas todavía bajo las sábanas, y se rodeó el torso con los brazos. Dejó escapar un suspiro tembloroso mientras intentaba recordar el sueño que acababa de tener, el que la había despertado con miedo y desesperación. Se limpió el sudor que le cubría la frente con el dorso de la mano y aguardó, quieta y en silencio, a que el sol se alzase en el cielo.

Se pasó los dedos por el pelo, aferrándose a aquellos mechones demasiado cortos que colgaban de forma errática alrededor de su rostro. Tiró de los mechones, una y otra vez, respirando entre dientes, hasta que empezó a dolerle la cabeza.

Cuando llegó la hora, tomó su armadura y se apresuró al encuentro de su gremio. Sus compañeros la observaron y varios se acercaron a preguntarle cómo se encontraba. Les aseguró que estaba bien y vistió su mejor sonrisa a pesar de las turbulencias que la sacudían por dentro. Y, aun así, los guardias le impidieron el paso mientras las puertas se abrían y sus compañeros se marchaban.

—No tienes permiso para volver —dijo uno de ellos antes de seguir al resto de los alumnos.

Chi se quedó sola en la calle, frente a las puertas cerradas, y durante unos minutos no consiguió moverse. Cuando el vacío en su estómago comenzó a doler, caminó hasta la taberna, donde Ebony le había dejado un plato de fruta y avena con canela.

Comió en silencio, con la mirada fija en las vetas de la madera, y después lavó el plato en la cocina antes de dirigirse de vuelta a su casa. El día anterior, después del Torneo, Nahuel le había traído algunos de sus libros favoritos para mantenerla entretenida durante el periodo de descanso forzado.

Pasó las primeras horas del día releyendo los mismos párrafos, sin demasiado éxito, hasta que escuchó a alguien llamando a la puerta de su casa. Tres corazones palpitaron desde la calle.

Toda la calma que había conseguido acumular durante la mañana se desvaneció en un instante. Se levantó de la cama, dejando su libro a un lado, y cogió uno de los puñales que descansaban sobre su escritorio. Bajó las escaleras poco a poco, sin hacer ruido, pero no se oyó a nadie hablar. Chi se detuvo frente a la entrada y una vez más, llamaron a la puerta.

Mil pensamientos volaron por su mente. ¿Eran más fanáticos intentando purificar el mundo de su presencia? ¿El director había enviado guardias para expulsarla de la Zona Central y mandarla de vuelta a su sector? ¿O tal vez venían a arrestarla por lo que había intentado hacerle a aquel hombre la noche del funeral?

Apretó la empuñadura de la daga hasta que sus dedos empezaron a hormiguear.

No era la primera vez que el peligro llamaba a la puerta de su casa; había pasado muy a menudo mientras todavía vivía en los dormitorios del sector e incluso cuando Hikami le proporcionó una vivienda al margen del resto de sus compañeros. Aun así, aquella era la primera vez que abría arma en mano.

Giró el pomo con cuidado y entreabrió la puerta lo suficiente para ver a Hikami al otro lado, acompañada por Jack y Rax. Chi frunció el ceño, abriendo la puerta del todo.

—Eh… —Bajó la mano con la que había estado sujetando la daga, sin molestarse en intentar ocultar el filo—. ¿Qué estáis haciendo aquí?

—Queríamos saber cómo estabas —dijo Hikami, que observó el arma con una ceja alzada.

—¿Estás bien? —dijo Jack—. ¿Pasa algo?

—No pasa nada, solo no estaba esperando una visita —murmuró Chi en respuesta.

Retrocedió un par de pasos, dejando la puerta abierta, y empezó a subir las escaleras, sin esperar a que sus invitados la siguiesen.

Los guardias intercambiaron ceños fruncidos.

—Dejad que hable con ella a solas —dijo Hikami en voz baja.

Ambos asintieron y mientras la mujer subía las escaleras, Jack cerró la puerta y Rax se dirigió hasta el salón. El hombre se detuvo en el umbral de la habitación.

—¿Qué estás mirando? —empezó a decir Jack, pero calló en cuanto se asomó.

Todos los muebles estaban hechos trizas; había agujeros en las paredes, tablones del suelo arrancados y astillados, el sofá estaba partido por la mitad, la tela rasgada y el relleno de plumas esparcido por toda la sala.

Arriba, Chi dejó caer la daga sobre la mesa y caminó hasta la ventana, cruzándose de brazos. El sol aún no había llegado al punto más alto del cielo, por lo que todavía quedaban un par de horas antes de que sus compañeros estuviesen de vuelta. Era la primera vez que Hikami no asistía al Torneo, que ella supiese.

La magistrada entró en la habitación y estudió la espalda de su pupila, intentando descifrar cómo proceder.

—¿Cómo estás? —preguntó por fin.

Chi inspiró hondo y mantuvo su voz calmada.

—Bien, aunque estaría mejor si no me obligasen a quedarme aquí sola.

—Pensé que estarías feliz de no tener que participar en el Torneo, aunque fuese solo durante unos días —dijo Hikami. Se sentó sobre la cama, sin quitarle los ojos de encima a Chi.

La joven sopesó sus palabras durante unos largos momentos, consciente de que tenía razón. Hacía no demasiado tiempo, habría sentido alivio ante la orden de descansar del Torneo sin ser expulsada. Ahora, la idea de pasar horas y horas sola, consigo misma, la tenía al borde de un precipicio sin fondo. Sin dejar de cruzar los brazos, alzó una mano hasta su pelo, tirando de uno de los mechones que descansaban contra su sien.

—Quería hablar contigo sobre la posibilidad de... conseguirte ayuda profesional. Un sanador con el que puedas hablar sobre las cosas que te han pasado, sobre las emociones que estás sintiendo.

—No necesito ayuda —replicó Chi, y su voz se alzó una octava.

—Mi niña... acabas de abrir la puerta de tu casa con un cuchillo en mano.

—¿Acaso no está justificado? —Chi se dio la vuelta, con los labios fruncidos en un intento por contener la emoción que amenazaba por teñir sus palabras—. ¿Acaso no fui atacada en esta misma casa, hace solo unas semanas?

—No volverá a pasar, tienes mi palabra. —Hikami se levantó y se acercó a la joven. Cogió una de sus manos, acunándola en las suyas—. No tienes por qué volver a temer por tu seguridad, ni en esta ciudadela, ni en ninguna otra parte de la Academia. Pero ahora lo que me preocupa no es tu seguridad, sino tu bienestar. Tienes que hacerme caso y dejar que un sanador te vea, aunque sea solo por la pérdida de tu amiga.

La mandíbula de Chi se crispó ante la mención de Melibea. Tiró de su mano y se alejó de Hikami, devolviendo su atención a la ventana. Observó la calle y allí, bajo la sombra del muro, divisó la silueta de la joven, recostada contra la piedra y con la cabeza inclinada hacia delante, de forma que no pudo atisbar su rostro.

Apartó la mirada.

—¿Qué va a pasar con los que me atacaron? —preguntó, intentando distraer tanto a Hikami como a sí misma.

—No volverán a ver la luz del día —dijo la mujer, con una repentina frialdad en la voz—. Te lo prometo.

—No son los únicos —murmuró—. En dos semanas el Torneo llegará a su fin y cuando eso pase, seré libre de marcharme de esta isla y caminar por el mundo, un mundo que ahora está repleto de personas que creen que soy algún tipo de maldición a nuestra raza. —Chi calló un momento, intentando calmar su creciente enfado—. ¿No te parece gracioso? Soy la Volkai con menos poder que ha existido jamás y aun así me ven como la mayor amenaza.

—Chi...

—¿Qué puedes hacer al respecto? —interrumpió, volviendo a darse la vuelta para encarar a la magistrada. Se cruzó de brazos una vez más y descansó la espalda contra el marco de la ventana—. ¿Vas a darles caza a todos los extremistas de Ratheira? ¿Y qué hay del sanador con el que quieres que hable? ¿Cómo va a arreglar estas emociones que estoy sintiendo? ¿Cazará a todos los que me quieren muerta? Porque eso desde luego me haría sentir mejor.

—Sabes que siento muchísimo lo que ocurrió durante el funeral, de verdad que sí, pero no va a volver a pasar. Un sanador te ayudará a procesar el trauma de los eventos, te ayudará a hacer las paces con... con todo esto.

—¿Y si no quiero hacerlo?

Hikami frunció los labios. Antes de que el temblor de sus manos se hiciera evidente, la mujer entrelazó los dedos sobre su estómago.

—Te conozco, Chi. Aferrarte al odio y la ira que sientes no es sano, te comerá por dentro.

Chi negó con la cabeza. Tal vez no la conociese tan bien como decía, porque si dejase ir esos sentimientos, dejaría ir lo único que la mantenía a flote, lo único que la mantenía cuerda.

—No quiero la ayuda de un sanador —sentenció, y sus ojos, tan brillantes como afilados, se clavaron en los de Hikami—. Si esto era todo de lo que querías hablar, deberías marcharte.

La magistrada mantuvo una expresión neutra antes de asentir.

—Bien, lo he intentado —dijo, y se dio la vuelta, saliendo de la habitación—. Si cambias de opinión ya sabes cómo contactarme.

Bajó las escaleras como un huracán y salió del edificio. Los guardias se apresuraron a seguirla, lanzando miradas furtivas hacia atrás.

—¿Nos vamos tan rápido? —preguntó Jack—. Quería hablar con ella...

—No está en estado de hablar —fue su única respuesta.

Jack abrió la boca para añadir algo, pero Rax le agarró del brazo y negó con la cabeza.

—Le he dejado una nota —susurró, tan bajo que su compañero apenas pudo escucharle por encima del roce de sus armaduras al moverse.

Chi observó cómo se marchaban desde la ventana y poco a poco, su enfado se evaporó, dejándola desinflada y cansada. Descansó la frente contra el cristal de la ventana, fría en contraste con su piel, y sus ojos rodaron calle abajo, donde la figura de Melibea todavía descansaba.

Capítulo 15

Chi *se escondió en su habitación* el resto del día, hasta que el manto de la noche arropó el cielo por completo. Se levantó de la cama cuando supuso que la mayoría de sus compañeros ya se habrían retirado a descansar. Kilyan estaría a punto de llegar, pero necesitaba ir a la taberna en busca de algo que comer antes de asentarse y pasar la noche.

Salió de su habitación y bajó por las escaleras a oscuras. Algo crujió al llegar al último escalón. Se inclinó y recogió el trozo de papel que había pisado. Se le subió el corazón a la garganta.

«Hay guardias en el muro. Rax».

Dejó caer la hoja y salió corriendo del edificio, torciendo la esquina hasta la calle principal. Alzó la mirada al muro y no tardó en ver las dos figuras que patrullaban en la oscuridad.

No llevaban antorchas ni ninguna otra cosa que pudiese alertar a Kilyan de su presencia.

—No, no, no —murmuró, sintiendo cómo los últimos cimientos de su cordura se agrietaban.

¿Cómo iba a avisarle? ¿Cómo podía evitar que le viesen? Se pasó una mano por el pelo. Le arrestarían de inmediato, no solo por estar fuera de su ciudadela, sino por el rumbo de su vuelo hacia la ciudadela de otro gremio; y no un gremio cualquiera, sino el de Bershat, que meses atrás, Rahn de Millien había invadido para asesinar a uno de sus miembros... con éxito.

Si arrestaban a Kilyan, sin duda le castigarían, puede que incluso con más severidad de lo normal. Tal vez no les bastase con expulsarle de la Zona Central, tal vez terminase siendo expulsado de la Academia. Chi no podía dejar que eso ocurriese, no después de todo el esfuerzo que él había hecho para llegar hasta donde estaba, y desde luego no por ella.

Inspiró y espiró varias veces, intentando calmarse. No podía dejar que su vida entera se viniese abajo por su culpa. En aquel momento, Chi entendió que haría cualquier cosa por Kilyan. Iba a asegurarse de que los guardias no viesen nada, aunque eso terminase con ella en un agujero del que jamás conseguiría escapar.

—¡Kenra!

Se dio la vuelta al escuchar su nombre y vio a Naeko corriendo calle abajo. Estaba descalza y llevaba un camisón de seda negro, como si acabase de salir de la cama. Su rostro estaba más pálido de lo normal y las ojeras bajo sus ojos eran tan oscuras que poseían un tono violáceo.

—Espera, por favor, no puedes hacer nada. —Antes de que Naeko llegase a su altura, Chi ya había comenzado a caminar hacia su casa, a paso apresurado. Tenía que llegar hasta el tejado para poder alcanzar el muro—. Kenra, escúchame —insistió la clarividente, ahora con más autoridad en la voz, pero Chi se negó a parar—. Si intentas ayudarle, las consecuencias serán mucho peores.

—Sé que solo quieres proteger al gremio y evitar perder a otro miembro.

—Esa no es la razón por la que estoy aquí. Si intervienes pasarán cosas terribles, tienes que dejar que el futuro siga su curso, Kilyan estará bien.

—¿A qué te refieres con que estará bien? —Chi se detuvo en el descansillo de su edificio, pomo en mano, y miró a su compañera.

Encogida a su lado, tenían casi la misma altura. Naeko siempre la había tratado con respeto, como un miembro de la familia. ¿Estaría mintiendo para proteger al gremio? ¿O estaba diciendo la verdad?

—No le van a expulsar, solo le van a dar un susto, te lo prometo. —Naeko inspiró con fuerza, intentando calmar su respiración. Chi escuchó con detenimiento, pero era imposible saber si estaba diciendo la verdad, pues su corazón le galopaba en el pecho por la carrera que se había dado desde el hotel—. No estoy mintiendo.

Se sostuvieron la mirada durante varios segundos, la de Chi implacable y la de Naeko, agotada.

—Por favor.

Los hombros de Chi cayeron con resignación. Soltó el pomo de la puerta y caminó de vuelta hasta la calle principal, con Naeko pegada a los talones, y observó con angustia la lona negra que era el cielo, cubierto por un rocío de estrellas.

Luchó cada segundo que se mantuvo allí de pie, como un espectador del desastre que estaba a punto de desenvolverse, porque su cuerpo entero ardía en el fuego de la impotencia. No tardó en vislumbrar la sombra que se deslizaba por el cielo y cómo las estrellas se escondían tras su silueta a medida que avanzaba. Volaba bajo, sin sospecha alguna de que no podría escabullirse sobre los muros de la ciudadela, como lo había hecho ya mil veces.

Uno de los guardias alzó la cabeza al escuchar el tenue, casi imperceptible, silbido del viento contra las alas humeantes del alumno. Al verle, alertó a su compañero de un grito y ambos se transformaron. A diferencia de Kilyan, sus cuerpos no se fundieron con la noche, por lo que las dos chicas observaron cómo se acercaron al joven, entre chillidos y rugidos, volando en círculos a su alrededor.

Chi sintió cómo le subía la bilis por la garganta.

Si Kilyan hizo algún intento de huida, ellas no consiguieron verlo, pues pronto los tres descendieron de vuelta a la pasarela del muro y volvieron a sus formas Volkai. Los guardias mantuvieron una distancia respetuosa y bajo el abrigo de la noche, escoltaron al joven hacia una de las torres vigías que se esparcían por la muralla.

Chi se giró hacia Naeko de inmediato y la agarró de los hombros.

—Tienes que llevarme hasta el palacio —suplicó, pues todo el enfado y la osadía de hace unos minutos se habían derretido y ahora solo quedaba el más concentrado de los miedos.

La clarividente no hizo más que asentir. Se transformó y dejó que Chi se subiese a su lomo y pronto, surcaron el cielo. Las alas de Naeko sacudieron el aire con lentitud y pesadez, obligando a Chi a agazaparse contra sus escamas y a apretar las pantorrillas con fuerza para no perder agarre. Pegó la mejilla contra su cuerpo y observó una Academia durmiente. Había pocas luces esparcidas por la isla, demasiado grande como para que Chi pudiese verla por completo, incluso a la altura a la que estaban.

Cerró los ojos, respirando con dificultad, pues nadie aparte de ella sabía lo que Kilyan debía de estar sufriendo en aquellos instantes. Se imaginó a sí misma siendo escoltada por los guardias hacia un futuro incierto y un terror frío le atenazó las entrañas. «No voy a dejar que le expulsen», se repitió a sí misma, y recordó la mirada que Kilyan le había dedicado hacía varias noches, mientras le confesaba todas sus angustias. «No después de todo lo que ha sufrido».

Chi se fijó en una luz que manaba sobre ellas y cuando alzó la barbilla, vio que por fin habían llegado al Palacio del Cielo, un faro que brillaba con fuerza sobre sus cabezas como si pretendiese ser una estrella más.

Naeko voló hasta estar a la altura de la edificación flotante y se precipitó sobre la plataforma de entrada, desmoronándose en cuanto sus patas pisaron el suelo. Los centinelas frente a las puertas, abiertas de par en par, se apresuraron hacia las alumnas al ver el terrible aterrizaje de la dragona. Naeko volvió a su forma Volkai y se derrumbó sobre uno de ellos.

En su fino camisón de seda, a aquellas alturas en el cielo, la joven comenzó a temblar con fuerza, como si no fuese más que una hoja a punto de caer del árbol.

—Tiene fiebre —dijo el guardia que la sujetaba, después de pasarle una mano por la frente.

Chi se apresuró dentro del palacio mientras los centinelas estaban distraídos con Naeko y se acercó a la recepción, donde una mujer esperaba en silencio. Su escritorio estaba limpio y organizado, ocupado únicamente por un par de plantas y objetos de decoración, aparte del portapapeles que descansaba en el borde opuesto de la mesa.

—Necesito hablar con la magistrada —dijo Chi.

Su voz hizo eco por el vestíbulo, ahora mucho más vacío y menos decorado que durante el funeral de Melibea. Miró a su derecha, donde la puerta del gran salón se hallaba cerrada, y aunque no podía ver dentro, pudo imaginarse la silueta de una joven, cuya espalda reposaba contra la puerta y cuyo rostro se escondía detrás de una melena de ondas castañas.

—Firma con tu nombre —respondió, haciendo un gesto hacia el portapapeles.

—Es urgente —insistió Chi, devolviendo su atención a la mujer. Le recordó a la secretaria que le había asignado su nombre años atrás, pero mucho más joven y sin una mueca desagradable en el rostro.

—Firma, por favor.

Con un suspiro, Chi firmó y antes de que pudiese exigir una audiencia con Hikami, escuchó unos tacones resonando por los pasillos del segundo piso del vestíbulo. La mujer se asomó por la barandilla y la preocupación en su rostro se solidificó al ver que, ciertamente, Chi había venido a buscarla.

—Sube —dijo, sin alzar la voz, y Chi obedeció.

Se apresuró a subir la escalera doble que se alzaba poderosa al final del vestíbulo, y fue hasta donde Hikami la estaba esperando.

—Necesito ayuda. Había guardias en el muro cerca de...

—Shhh —siseó Hikami. La agarró del brazo y empezó a tirar de ella hacia el pasillo que se abría frente a ellas—. Aquí no, ven conmigo.

—¡No hay tiempo!

—¿Es algo que quieres que la Academia entera sepa? —inquirió la magistrada, y a pesar de que no habló en más que un susurro, su voz sonó rotunda. Chi negó con la cabeza—. Entonces sígueme.

Juntas cruzaron los pasillos del palacio. Las pisadas silenciosas de Chi armonizaron con los poderosos tacones de la mujer, cuyo repiqueteo rebotaba entre el cristal y las paredes. Se detuvieron frente a una puerta al final del corredor. Hikami sacó una llave de un discreto bolsillo en su vestido y abrió la puerta, dando paso a, lo que Chi supuso, era su despacho.

La habitación, tan amplia como cualquier otra en el palacio, estaba completamente a oscuras, a excepción del resplandor de las estrellas que entraba por la pared de cristal a su izquierda, tiñendo los muebles de un blanco azulado.

—¿Qué ha pasado? —preguntó, consciente de que Chi jamás acudiría a ella en mitad de la noche para darle buenas noticias.

—Kilyan, un miembro de Millien, acaba de ser arrestado por intentar entrar en nuestra ciudadela —dijo la joven, haciendo lo posible por no tropezarse con sus propias palabras. Tomó una gran bocanada de aire antes de volver a hablar—. No puedes dejar que le expulsen.

—Chi…, ¿qué me estás pidiendo? ¿Conoces a ese chico? ¿Qué estaba haciendo fuera de su ciudadela?

Chi se mordió el labio y desvió la mirada más allá del ventanal, a la noche. Jamás había hablado con Hikami sobre este tipo de cosas; jamás había tenido ninguna relación de la que pudiese hablarle, pues creciendo en el sector, lo único que recibió de sus compañeros había sido odio y desprecio. Mara fue la primera en ofrecerle su amistad y Melibea, la primera en ofrecerle cariño, pero no tenía tiempo de sentir vergüenza.

—Estamos juntos —dijo, rotunda—. Pasamos las noches juntos; es por eso por lo que estaba de camino a mi ciudadela, es por eso por lo que no puedes dejar que le expulsen.

—Por los espíritus, niña —susurró la magistrada, llevándose una mano a la frente y luego a la boca, a medida que procesaba las palabras de su pupila. La miró un instante antes de darse la vuelta, alejándose un par de pasos—. ¿Acaso no sabes lo grave que es esta ofensa?

—Me da igual —sentenció ella, sin dejar que su voz titubease.

Observó la espalda de Hikami, e incluso bajo la tela de su vestido, pudo ver la repentina tensión que le atenazaba los músculos. La magistrada se giró una vez más, taladrándola con la mirada.

—No puede darte igual, esto pone en peligro toda la integridad del Torneo. Si se descubre que estaba yendo a visitarte, os expulsarán a los dos.

—Kilyan no me delataría —insistió Chi—, pero eso me da igual. No puedes dejar que lo expulsen.

—Chi, soy una magistrada, tengo que ratificar las leyes de la Academia…

La joven dio un paso hacia delante y en sus ojos brilló algo salvaje. Hikami se enderezó, apartándose ligeramente.

—Kilyan es lo único que tengo —susurró—. Él es lo único que me trae felicidad. La razón por la que no necesito un sanador es porque le tengo a él. Si lo pierde todo por mi culpa, si le expulsan, no sé si podré... —Hizo una pausa. Sus labios, ahora resecos, temblaron—. No habrá nada que llene ese vacío.

Hikami juntó las manos sobre su rostro y cerró los ojos durante varios segundos. Chi la observó, esperando a que reaccionase. Cerró los puños con fuerza y pensó en Naeko, la cual había prometido que nada malo iba a pasar. «Debería haber atacado a esos guardias», murmuró una voz en su cabeza, una voz que se parecía demasiado a la de Chi.

—Lo arreglaré —dijo Hikami por fin—. ¿Quién ha visto su arresto?

—Solo Naeko y yo, aparte de los dos guardias que lo detuvieron.

—¿Estás segura? —Chi asintió—. Bien... Lo arreglaré —repitió, posando una mano sobre el rostro de la joven. La miró largo y tendido, acariciándole la mejilla con el pulgar, pero a pesar de su expresión, plagada de interrogantes, no preguntó nada más—. Vuelve a tu ciudadela, descansa y no te preocupes.

Chi rodeó el torso de la mujer con los brazos y la apretó, dejando escapar todo el miedo, la angustia y la rabia para que su cuerpo se llenase de alivio. Hikami le devolvió el abrazo, descansando su mejilla sobre la cabeza de su pupila. Se estrecharon con fuerza y Chi supo que no tenía nada de lo que preocuparse. Desde que tenía memoria, cada vez que le había pedido algo a la mujer, ella lo había hecho realidad. Y esto no sería diferente; no podía ser diferente.

Kilyan estaría bien.

Se despidieron poco después y Hikami ordenó a uno de los guardias que patrullaban los pasillos por la noche que llevase a Chi de vuelta a su ciudadela. Al salir a la pasarela principal de aterrizaje del palacio, la joven no vio ningún rastro de Naeko, aunque también advirtió que solo había un centinela apostado frente a la entrada.

Minutos después, sus pies chocaron contra la calle empedrada de la plaza cuando saltó del lomo del dragón en el que había montado. La bestia se despidió con un leve gruñido y pronto desapareció en el cielo. Chi miró a su alrededor. No había ninguna señal de Naeko o de que cualquier otro de sus compañeros hubiese despertado.

Entró en la taberna a por algo de comer y volvió a su casa. Aprovechó las pocas horas que quedaban de noche y durmió envuelta por una sensación de tranquilidad que no había disfrutado en semanas. No se despertó en mitad de la noche y no tuvo pesadillas..., aunque aquella paz no duró mucho.

A la mañana siguiente acudió a las puertas del muro norte, pero, una vez más, no la dejaron acudir al Torneo. Vio a Naeko entre sus compañeros, con el mismo aspecto demacrado de la noche anterior.

—Tienes que parar —le dijo Mael a la clarividente, con una exigencia que no era propia de su carácter suave y amistoso—. Vas a terminar en el hospital.

—O peor —añadió Leon.

Ambos jóvenes flanqueaban a Naeko, como si estuviesen preparándose para agarrarla en caso de que sus piernas le

ACADEMIA DE BESTIAS

fallasen. Más allá, observó Chi, Ethan, Ebony y Nahuel hablaban en voz baja, lanzando miradas furtivas hacia Naeko.

—No lo entendéis —se defendió ella—. Cada vez que bajo la guardia, cada vez que no estoy utilizando mis poderes, pasan cosas terribles.

—No está en tus manos orquestar el destino —declaró Mael. En su momento, aunque las situaciones no fuesen las mismas, había tenido conversaciones de tono similar con Melibea, y el chico no podía evitar pensar que si hubiese presionado con más fuerza, si sus palabras hubiesen sido un poco más duras, su amiga no habría sufrido tanto como lo había hecho; puede que incluso hubiese sobrevivido a su última pelea—. Mírate. Casi no puedes moverte. ¿Qué va a pasar si te llaman para una pelea? ¿Qué va a pasar si eres escogida para participar en las semifinales?

—Primero fue Sam, luego el incidente del bosque y la vez que atacaron a Kenra en su casa. —Naeko inspiró hondo, peleando para que cada palabra saliese de sus labios sin que su voz temblase. Cogió la mano de Mael y la apretó con la poca fuerza que podía reunir—. Luego... fue Melibea, algo que podría haber evitado con toda certeza si solo hubiese... si solo hubiese echado un vistazo rápido, igual que el ataque durante el funeral.

—Pero... —empezó a decir Leon antes de que ella le interrumpiese de nuevo.

—Es como si estuviésemos malditos —susurró—. Como si los ojos de Ankoku estuviesen pegados a nuestras cabezas, provocando una desdicha tras otra.

—Necesitas descansar —dijo Mael, volviendo a su dulce tono habitual. Recogió las manos de Naeko en las suyas y le dio un suave apretón. Los músculos de la chica se relajaron de inmediato y Chi supo que Mael estaba haciendo uso de su magia—. Por favor.

La clarividente no dijo nada, pero mientras los miembros del gremio comenzaban a caminar más allá de los portones del muro, ella ladeó la cabeza para mirar a Chi. Naeko se limitó a asentir, cerrando los ojos, y aunque eso no alivió las turbulencias en la mente de Chi, al menos supo que Kilyan estaba bien.

Después de los cuartos de final, Millien había conseguido aferrarse al primer puesto sin mayor oposición por parte de los gremios restantes. Bershat parecía haberse recuperado de su racha de pérdidas después de la muerte de Melibea y, ahora, peleaban día a día contra Ziyoú por mantener el segundo puesto.

Los miembros de Chestána no parecían desesperar a pesar de estar en último lugar. De vez en cuando conseguían trepar hasta el tercer puesto y ese día, para la sorpresa del público, llegaron hasta el segundo. Las gradas se alzaron en vítores y aplausos; pocos vestían todavía de rojo y negro en honor a Kenra.

En la arena, Pacífica, miembro de Ziyoú y hermana pequeña de Marina, fue recogida por un grupo de sanadores, que se la llevaron aprisa en una camilla. Wilson alzó la mano de la vencedora del combate, Camille, miembro de Chestána, que sonreía de oreja a oreja y saludaba al público con vehemencia.

Bajo sus pies, la arena estaba teñida de un rojo intenso.

Kilyan suspiró, reclinándose aún más en su asiento. A pesar de que sus ojos seguían las peleas, los vítores del público eran distantes, pues su mente estaba atascada en los sucesos de la noche anterior. Lo primero que había hecho al llegar al estadio fue esperar a que los miembros de Bershat ocupasen su palco, pero para su desesperación, Chi no estaba entre ellos. Necesitaba verla, mirarla a los ojos, y asegurarse de que estaba bien.

Había pasado la mayor parte de la noche en un calabozo, reflexionando sobre las decisiones que le habían llevado allí. Sentado en el fino colchón de la celda, había sucumbido a la desesperación. Pensó en cómo había tirado su futuro a la basura, en que jamás conseguiría pagar la deuda que le debía a la iglesia y lo que aquello significaba: una vida entera de servidumbre a una organización en la que no creía, bajo dueños que no respetaba y personas que jamás le verían como nada más que un medio para sus fines.

El Torneo era, para la mayoría, una oportunidad para mejorar sus vidas; para Kilyan, era la única oportunidad de tener una. Meses atrás, el obispo le había visitado en el Sector del Sigilo y le había dicho: «Hijo, jamás escaparás de tus pecados, pero eso no significa que no puedan ser perdonados. Únete a la Zona Central, gana el Torneo, abre las puertas de la Academia a Ratheira, y tanto la iglesia como los espíritus te perdonarán». En la oscuridad de una celda sin luz ni ventanas, Kilyan escondió el rostro en sus manos. «Consideraremos tu deuda pagada y tu futuro, tuyo».

Y aun sabiendo con certeza que al amanecer sería expulsado de la Zona Central, no estaba seguro de que, dada la oportunidad, estuviese dispuesto a tomar decisiones diferentes. Pasase lo que pasase, sabía que conocer a Chi había sido el mejor regalo que los espíritus pudiesen haberle dado y no había nada en el mundo que pudiese hacerle cambiar de opinión, ni siquiera su libertad.

Y así, como si Shomei hubiese escuchado y apreciado la sinceridad de sus pensamientos, unos tacones resonaron de camino a su celda y una luz titilante se hizo más y más brillante. Kilyan se incorporó, ocultando sus sentimientos tras una máscara de calma. Si le iban a visitar para intentar sonsacarle por qué estaba intentando infiltrarse en la ciudadela de Bershat, había decidido que, sin importar lo que le ofreciesen, no delataría a Chi.

La máscara que había confeccionado titubeó ante la sorpresa de su visitante.

Hikami le observó con la más ligera de las muecas en el rostro, iluminado únicamente por la lámpara de aceite que sujetaba en su mano derecha. El joven esperó, con algo de desconcierto, a que los guardias apareciesen, ya que jamás había visto a la magistrada sin sus guardaespaldas, pero nunca lo hicieron. Había ido sola.

Kilyan se permitió entreabrir los labios para dejar escapar un leve suspiro. Aquella visita tenía que ser obra de Chi. Tal vez... Tal vez no estaba todo perdido.

—Voy a sacarte de esta celda —dijo Hikami, perturbando el silencio. A pesar de la esperanza que conllevaban sus palabras, su voz sonó con un filo serrado, como la hoja de un cuchillo de carne—. No habrá ningún registro de tu arresto, ningún testimonio por parte de los guardias, ningún rumor o noticia; tienes mi palabra.

—¿Y qué pide usted a cambio?

—Que desaparezcas de su vida, bicho fanático. —La magistrada escupió aquellas palabras como si fuesen ácido.

234

Aunque el corazón de Kilyan se aceleró, su máscara se mantuvo firme—. Puede que la hayas convencido de muchas cosas, pero yo sé a quiénes les juras lealtad, y no es a ella.

—No sabe de lo que está hablando —respondió, frío, tranquilo.

—No juegues conmigo, niño. He leído tu expediente, sé que la iglesia no es un simple patrocinador para ti. Cada vez que te metes en problemas, cada vez que alguien mira en tu dirección, Ratheira aparece como si hubiesen sido atacados personalmente. —Hikami levantó el juego de llaves que había estado sujetando, y el tintineo de los metales inundó la celda—. Tu iglesia quiere a Kenra muerta.

—Jamás le haría daño —dijo él y esta vez, su voz no sonó tan controlada. Kilyan cerró los puños sobre la fina manta que descansaba sobre el colchón—. Ratheira no tiene nada que ver con esto.

—¿De verdad esperas que me crea tus palabras? —Hikami arrugó la nariz—. Digamos que estás siendo honesto y que no te acercaste a ella con malas intenciones, ¿cuánto tiempo crees que tienes hasta que ellos se enteren de vuestra relación? Y una vez que se hayan enterado, ¿cuánto tardarán en pedirte que la mates?

Su máscara se agrietó bajo la presión de la magistrada y Kilyan ladeó la cabeza, escondiendo la mirada.

—No vuelvas a acercarte a ella o te juro por los espíritus que te haré desaparecer, ¿me oyes? —Hikami abrió la puerta de la celda e hizo un gesto para que Kilyan saliese.

El joven obedeció y una vez en el pasillo, caminó frente a la mujer hacia la única salida de los calabozos.

—Sé que no hay nada que pueda decir para cambiar su opinión de mí —empezó Kilyan—. Y no me importa cuáles crea que son mis intenciones, pero espero que sepa que si Chi... —detrás de él, el rostro de Hikami se crispó al oír el nombre de Chi, un nombre que ella le había otorgado en confianza. «Tu nombre verdadero es uno que solo puedes compartir con aquellos en los que confíes con tu vida», le había dicho, muchos años atrás, cuando todavía era una niña de ojos saltones, demasiado grandes para su rostro—, en algún momento, averigua cuál es la razón por la que no puedo ir a verla, dejará de confiar en usted.

—No intentes aleccionarme sobre mi pupila. La conozco mucho mejor de lo que tú la conocerás nunca.

—Entonces sabe que tengo razón —prosiguió Kilyan, sin dejarse intimidar por la severidad de la magistrada—. Apártela de mí y se desmoronará en cuestión de días.

No intercambiaron más palabras. Mientras el joven salía de la torre en la que los guardias le habían encarcelado, no se topó con ninguna otra persona. Hikami le siguió hasta la puerta que daba al bosque y allí, Kilyan desapareció en la espesura, caminando hasta el muro de su gremio. Se escabulló por la misma trampilla que siempre utilizaba antes del amanecer, y una vez en su habitación, se tendió boca arriba en la cama, con la mirada perdida en las grietas que jaspeaban el techo.

Pocas horas después, se reunió con su gremio y marcharon hasta el estadio, y como Hikami había prometido, nadie dijo nada, como si no hubiese pasado la mayor parte de la noche esperando a ser expulsado de la Zona Central. Ni siquiera los guardias que los guiaban hasta su palco cada mañana le dedicaron una gota de atención.

Alguien le empujó el hombro con un dedo. Azura se inclinó sobre el asiento a su izquierda y dijo:

—Despierta, es tu turno.

Kilyan devolvió su atención a la arena y vio a uno de los miembros de Chestána abandonando su palco. Él hizo lo propio, levantándose y saltando la barandilla. Estaba cansado de la monotonía del Torneo y por un instante, a pesar de que solo quedaban cuatro gremios en la competición, no sintió que las cosas fuesen diferentes a como lo habían sido hacía tres meses.

Sin Chi, volvía a caminar por un túnel sin fin, moviéndose sin voluntad propia, esperando a que algo, cualquier cosa, le sacase del trance.

Capítulo 16

no fue hasta el quinto día después del funeral de Melibea que la reclusión de Chi llegó a su fin. Se vistió y acudió al encuentro de su gremio, igual que había hecho las últimas mañanas, pero esta vez, los guardias no la detuvieron. Chi, la cual había empezado a sospechar que de alguna forma u otra había sido expulsada del Torneo sin que nadie se diese cuenta, dejó escapar un largo suspiro de alivio. Había pasado demasiados días encerrada en su habitación, ahora más sola que nunca, pues a pesar de que Hikami había salvado a Kilyan de una expulsión segura, los guardias que le habían arrestado seguían haciendo sus rondas cada noche.

Con un suspiro, Chi terminó de acercarse al grupo, que esperaban congregados ante las puertas del muro norte. No tardó en notar que algo había ocurrido. Mael y Leon sonrieron al verla, pero tan rápido como había aparecido, el gesto se desvaneció y ambos jóvenes volvieron a apartar la mirada, claramente preocupados. Ebony, que había estado hablando con Ethan y Nahuel, se acercó hasta sus compañeros y puso una mano sobre la espalda de Mael, susurrando palabras a su oído.

Kobu fue el único que se animó a acercarse a Chi, con una sonrisa torcida.

—Bienvenida de vuelta —dijo, carraspeando—. ¿Nerviosa?

Ella negó con la cabeza.

—¿Ha pasado algo? —preguntó—. ¿Por qué está todo el mundo tan sombrío?

—Ah... —El lobo se llevó una mano a la nuca, revolviendo las puntas de su pelo—. Supongo que ayer no te pasaste por la taberna. Naeko se desmayó mientras volvíamos del Torneo... Tuvimos que llevarla al hospital.

Los labios de Chi se fruncieron al recordar el mal aspecto de su compañera la noche que Kilyan fue arrestado y lo poco que se había preocupado por ella, incluso después de que desapareciese del palacio.

—¿Va a estar bien?

—Todavía no se sabe. La forma en la que ha estado abusando de su magia... —Kobu gruñó—. No es sano.

—¿Podemos ir a visitarla? —preguntó Chi, pero el joven negó con la cabeza.

—Ethan nos ha dicho que a pesar de estar ingresada, Naeko se niega a dejar de utilizar su magia, así que los sanadores han decidido mantenerla dormida hasta que su cuerpo empiece a recuperarse.

—Kenra. —Rhonda se les acercó, interrumpiendo la conversación. Iba vestida con sus típicos pantalones abombados y una camiseta ajustada, sin mangas. Se detuvo al lado de su compañera y se cruzó de brazos—. ¿Quieres que te haga algún tipo de peinado?

Chi, que había estado tirando de uno de sus mechones cortos, dejó caer la mano y se fijó en el pelo de la joven. Sus rastas, de un rubio oscuro, estaban recogidas en una coleta alta que caía en cascada sobre sus hombros. Era un estilo simple, lo cual no era de extrañar, pues Rhonda no era propensa a desperdiciar demasiado tiempo en su aspecto. No se maquillaba ni se vestía con atuendos enrevesados como hacía Zafrina, y aun así, siempre tenía el pelo recogido o trenzado.

La simpleza de su imagen acentuaba su ferocidad.

Chi se había observado en el espejo largo y tendido aquellos últimos días. Se había llevado un cuchillo al pelo en varias ocasiones, tentada ante la idea de continuar lo que sus atacantes habían empezado, pero había dejado caer el filo una y otra vez.

—¿Puedes hacer que desaparezcan? —le preguntó a su compañera, mientras se apartaba un mechón de la frente.

Los labios de Rhonda se curvaron sutilmente.

—Claro que sí —respondió ella.

Kobu se hizo a un lado mientras su compañera caminaba detrás de Chi. Le pasó las manos por el pelo y recogió un par de mechones en la parte alta de su cabeza. En silencio, la joven comenzó a trenzar el pelo, haciendo que los hilos rojos más cortos se perdiesen en la espesura de su melena.

—A mí también me costó mucho aceptar mi pelo cuando era joven —susurró Rhonda después de unos segundos—. Crecí en un lugar que tenía muy poco de todo y por eso tuve que hacerme a la idea de que nunca tendría cabello fino y se-

doso, pero es mejor aceptar tu situación y adaptarse que pelear contra algo invencible. Mis rastas son parte de quien soy;
no solo representan de dónde vengo, sino también todo lo
que he hecho mío: todo el odio, el dolor y la vergüenza que he
sufrido hasta convertirme en quien soy, una de las mujeres
más poderosas del mundo entero. —Rhonda hizo un nudo al
final de la trenza y la dejó caer sobre el hombro de Chi. Se
acarició el pelo con una mano y luego tanteó la parte alta de
su cabeza, donde comenzaba el peinado. Los mechones cor-
tados habían desaparecido casi por completo—. Te volverá a
crecer, pero hasta entonces, vístelo con orgullo. No pienses
que es algo de lo que estar avergonzada, porque es un sím-
bolo de que no consiguieron someterte.

—Gracias..., por esto —dijo, aferrándose a la trenza— y
por todo el tiempo que invertiste en mi entrenamiento.

—Siempre supe que tenías algo de especial, por eso ac-
cedí al ridículo programa de Ethan. —Rhonda se cruzó de
brazos y alzó la barbilla. Le dedicó una mirada furtiva a Kobu,
que se había quedado de pie a algunos pasos de distancia,
como si le molestase su presencia. Se acercó a Chi, posando
una mano sobre su hombro, y se inclinó sobre ella—. Ese
brillo que vi en tus ojos durante el funeral... no le tengas
miedo —susurró—. Aférrate a esos sentimientos y dales una
verdadera razón para temerte.

Chi pudo apreciar lo que brillaba en los iris de su compañera, llamas tan siniestras y salvajes que se sintió completamente absorta, perdida en los sentimientos a los que había
dado rienda suelta aquel día, sentimientos de los que Rhonda
no se escondía. Chi no estaba acostumbrada a aquella furia
que la consumía cuando su agarre perdía fuerza, pero si se
hubiese sentido así creciendo en el sector, si en vez de sufrir

en silencio y justificar las acciones de sus compañeros se hubiese enfadado, si hubiese peleado y roto huesos..., tal vez sobrevivir hubiese sido más fácil.

Rhonda se apartó, rompiendo el trance, y Chi se apresuró a darle las gracias otra vez. Los guardias abrieron las puertas de la ciudadela y su compañera se alejó, adelantándose al resto del grupo. Hacía un par de semanas, durante la primera pelea de su compañera que Chi había presenciado, había visto el entusiasmo y las ganas de Rhonda de participar en el Torneo como algo que, por dentro, la repelía profundamente. La había visto infligir golpe tras golpe, herida tras herida, y el deleite en su expresión había hecho que pensase que pertenecían a dos mundos diferentes, que ella jamás podría disfrutar de actividades tan brutales y despiadadas.

Por dentro, había pensado que Rhonda era igual que cualquier miembro de Millien, a pesar de no haberla maltratado como Zafrina y Arvel habían hecho; pensó que no era alguien que mereciese el poder y autoridad de la Zona Central y que no era más que otro Volkai que se deleitaba aplastando a aquellos que no podían aplastarla a ella.

Aunque... ¿no era eso mejor? ¿No era mejor aplastar que ser aplastada?

—Yo no le prestaría demasiada atención a Rhonda —dijo Kobu, que había estado caminando a su lado—. No sé cuánto sabes de ella, pero creció en la prisión subterránea de Frysterra y... digamos que no tiene una moral muy marcada.

—¿Las Criptas de Helión? —Kobu contestó su pregunta con un asentimiento. Chi había oído hablar de las Criptas, la prisión más grande del mundo, donde los criminales más peligrosos de todas las naciones eran encerrados para pudrirse bajo tierra—. ¿A qué te refieres con que creció ahí? No sabía que había niños ahí abajo.

—Se supone que no hay. Encierran ahí a toda la escoria, hombres y mujeres, así que no es imposible que nazcan niños.

—¿No hay carceleros?

—Sí, pero las Criptas son una serie de túneles que cruzan Frysterra casi por completo, según tengo entendido, y los guardias solo vigilan las salidas. Nadie patrulla más allá de los límites de la prisión.

Chi negó con la cabeza, fijándose en Rhonda, que encabezaba al gremio a buen ritmo por el bosque. De pronto, su falta de compasión, su brutalidad, la forma que tenía de alzar la barbilla y observar a los demás como si no fuesen algo más que una presa, tuvo mucho más sentido. Para ella, el Torneo no era más que un juego de niños comparado con el lugar en el que se había criado.

Llegaron hasta el final del bosque, donde la tierra se volvía árida allí donde en su día el estadio había descansado, y sus compañeros empezaron a transformarse, surcando el cielo con facilidad. A su lado, Kobu se convirtió en un gran lobo, pero antes de subir a su lomo, el cuerpo de Chi se erizó. Vio, de reojo, una silueta oscura en la lejanía y se permitió, durante un solo instante, mirarle. Kilyan, el último de su gremio en transformarse, la contempló, con una sonrisa escondida en sus ojos, antes de cambiar de forma y lanzar un gran rugido. Pasó a sus compañeros de largo y ellos viraron fuera de su trayectoria con gruñidos guturales, evadiendo el humo que desprendía.

Chi sintió el más profundo de los alivios y se subió al dragón lobuno que la esperaba.

Kobu la llevó hasta el estadio y en cuanto entró en el túnel, sintió el ruido vibrando a través del basalto que formaba las paredes. Una brisa fría le levantó la capa y su corazón se aceleró, no por ansiedad, como había pasado en muchas otras ocasiones, sino por ganas.

Después del funeral de Melibea, lo único que había ansiado era distraerse de la rabia que bullía en su interior, y en vez de eso, había terminado consumida por los espectros que la perseguían allí donde descansaba la mirada.

Caminó hasta el palco con decisión y a ninguno de sus compañeros les pasó por alto la energía que parecía rodearla. Zafrina, a la cual Chi acababa de pasar de largo, arrugó la nariz en silencio. Puso los ojos en blanco y se topó con la sonrisa arrogante de Rhonda. Zafrina bufó.

En cuanto Chi se detuvo frente a la barandilla, a la vista del estadio entero, las gradas se alzaron y celebraron el regreso de la alumna predilecta de la Zona Central, la alumna que se había enfrentado a uno de los príncipes del Torneo con orgullo, la alumna que había vencido al mismísimo director de la Academia, la alumna que había sobrevivido; una constante fuente de regocijo para el público, tan impredecible como capaz a pesar de sus debilidades.

Su rostro se reflejó sobre la arena y Chi, sabiendo lo que se esperaba de ella, alzó una mano, sonrió y saludó. Los aplausos se hicieron más sonoros, los vítores más altos, y durante unos instantes eso era todo lo que existía. Sus oídos pitaban y su nariz picaba al inspirar el aire, cargado de todo tipo de olores. El estadio entero zumbaba, rebosante de vigor, miles de ojos sobre ella.

Wilson apareció en la arena y su voz liberó a Chi de la atención férrea del público. Dio un paso hacia atrás y su rostro desapareció del cielo, y después de los segundos que le llevó calmar su respiración, ladeó la cabeza a su derecha.

Sus ojos se encontraron con una mirada violácea y durante un instante no les importó quién notase las palabras mudas que estaban intercambiando. Si no la hubiesen dejado volver al Torneo aquel día, probablemente se hubiese vuelto loca, pues lo único que quería era verle, aunque no pudiesen hablar o abrazarse, y asegurarse de que estaba bien, a salvo.

—¡Bienvenidos, señoras y señores al último día antes de las semifinales! —Wilson aplaudió con el público, sonriente—. Hoy nos espera una emocionante serie de peleas, empezando, ni más ni menos, con Judas de Millien contra Ethan de Bershat.

Los ojos de Chi rompieron el contacto con los de Kilyan para observar a Judas, que acababa de levantarse. Su sonrisa se ensanchó, igual que lo había hecho durante el laberinto cuando la encontraron. El corazón de la joven se aceleró al girarse para observar las reacciones de sus compañeros, aunque, para su sorpresa, ninguno de ellos parecía tan preocupado como ella.

Nadie instó a Ethan a que se rindiese de inmediato, y Nahuel ni siquiera se movió de su sitio al lado del líder de gremio. Chi se preguntó si había juzgado mal a Judas; puede que no fuese tan peligroso como ella pensaba, pero recordó entonces lo que Nahuel le había dicho semanas atrás, mientras se preparaban para la reanudación del Torneo. «Lo peor de Judas no es su magia. A diferencia de Kilyan, que no parece querer matar, y a diferencia de Lorelei, que solo mata cuando le conviene, Judas lo hace por deporte».

Ebony hizo ademán de acercarse a su líder de gremio, pero Alessia se le adelantó y puso una mano sobre el hombro de su compañero antes de que este pudiese marcharse.

—No te arriesgues —susurró, tan bajo que aparte de Ethan, Chi fue la única que escuchó sus palabras.

—Estaré bien —respondió el líder de gremio antes de hacer crecer sus alas.

Chi ladeó el cuerpo, protegiéndose de la ráfaga de arena que desprendió el joven cuando saltó del palco.

En cuanto ambos alumnos, uno serio y el otro sonriente, se encontraron frente a frente, Wilson retrocedió y los tambores dieron comienzo al combate. Ethan fue el primero en transformarse y alzar el vuelo. Chi jamás había visto su forma de dragón. Su cuerpo, largo como el de una serpiente, era liso y elegante, de un pálido color dorado, como el de las playas de la Academia. Sus alas, largas y estrechas, habían estado completamente pegadas a su cuerpo antes de ser desplegadas, como si no fuesen más que una segunda piel. Eran tan finas que podía verse casi con total claridad a través de ellas.

Judas se mantuvo en su forma Volkai, sin preocuparse de la bestia que volaba sobre su cabeza. Apuntó al cielo con una mano y el estadio entero sintió cómo el aire se expandía, erizando la piel de todos los presentes. Ethan sacudió las alas, alzándose aún más en el aire, antes de desaparecer en una cadena de explosiones tan grandes que incluso el sol se oscureció.

Chi dejó escapar un jadeo y, con una mano sobre el corazón, esperó a que el cielo se aclarase de nuevo. En vez de disiparse, la negra humadera de la explosión comenzó a llover sobre la arena, cada gota cayendo con lentitud tras pintar hilos negros en el aire. Judas detuvo una de las gotas con la palma de su mano y se dio cuenta de que no era líquido, sino un grano de arena chamuscado.

Volvió a levantar la mirada y poco a poco advirtió un escudo de arena, ahora negra. Sobre ella, se encontraba el dragón dorado, ileso. El escudo se vino abajo y Judas tuvo que agazaparse para protegerse de la cascada de arena que cayó del cielo.

El público se puso en pie, impresionados, aplaudiendo y silbando mientras Ethan respondía a sus halagos con un fuerte rugido. Judas se sacudió la arena de encima, y empezaba a erguirse cuando notó cómo el suelo se agitaba a sus pies. Separó y dobló las rodillas, esforzándose por mantener el equilibrio a la vez que la arena aumentaba, rebosando y desbordándose a su alrededor hasta ir creando, poco a poco, un desierto.

Ethan volvió a rugir, deslizándose por el aire con la facilidad de una cometa. Judas no esperó a averiguar lo que estaba ocurriendo. Su adversario se encontraba demasiado alto en el aire, fuera del alcance de sus explosiones; por eso, se agazapó una vez más y con un grito se transformó, rugiendo con tanto poder, tanta gravedad, que Ethan dejó de hacer fintas en el cielo.

Judas era uno de los dragones más vastos que Chi jamás hubiese visto. Su cabeza, ancha y chata, era el doble de grande que la de Ethan; sus dientes más gruesos, sus patas más poderosas, su pecho más amplio. Su cuerpo entero parecía estar blindado por piel mucho más oscura que la del resto de sus escamas grisáceas. La bestia desplegó sus alas, enviando ráfagas de aire que treparon por las paredes de la arena y que levantaron el pelo de Chi y de todos aquellos que se mantenían asomados, y alzó el vuelo.

El público observó, con un aliento colectivo atrapado en sus pechos, cómo las alas de Judas se sacudían con una lentitud poderosa y él despegaba las patas del suelo. Chi bajó la mirada para observar las dunas que se habían formado y sintió vértigo ante la repentina cercanía de los palcos a la arena.

Con un rugido gutural, Judas envió docenas de explosiones hacia su adversario, como una cadena de luz, calor y humo. El estadio entero se sacudió. Ethan esquivó los ataques sin mayores problemas, pues todavía se encontraban a suficiente distancia como para que los estallidos tardasen un par de segundos en formarse, y en esos segundos, sus escamas sentían cómo el aire se comprimía, calentándose y vibrando, momentos antes de la explosión.

Pero pronto, Judas le alcanzaría y, entonces, no tendría ni un solo instante para reaccionar. Por eso, se alzó aún más en el aire, sobrevolando las gradas más altas, y se colocó de espaldas antes de caer. Su cola se erizó con rapidez, sacudida por el aire, y sus alas se replegaron, ayudándole a deslizarse con cada vez más inercia. Judas gruñó, dejando de batir sus desmesuradas alas, y quedó suspendido en el aire. Durante un instante, dio la sensación de que ambos dragones iban a chocar, o más bien, que Ethan iba a caer directamente en las fauces de Judas, el cual le esperaba con la boca abierta, dejando al descubierto una ristra de dientes igual de largos y gruesos que unos brazos.

Unos gritos conmocionados escaparon de las gradas cuando Judas cerró su mandíbula en torno a su adversario. Sus dientes chocaron entre ellos, con un gran crujido, pero Ethan, que había estado cayendo en picado a gran velocidad, fue unos instantes más rápido que los reflejos de Judas. La punta de su cola se escabulló entre los dientes del gran dragón y segundos después, Ethan se zambulló en las dunas como si fueran la superficie de un lago.

Judas cayó sobre la arena, sacudiendo los palcos con su peso, y le rugió al suelo, allí donde Ethan había desaparecido sin dejar rastro. Varias explosiones sacudieron las dunas, levantando columnas como géiseres que escupían arena en vez de agua. El repentino desierto que se había formado en el estadio era demasiado denso y profundo, y ahogaba los estallidos de Judas con facilidad.

El joven no se dio por vencido. Sacudió las alas con rabia e hizo estallar las dunas una y otra vez, levantando cortinas de arena a su alrededor. Frustrado, el dragón rugió, con las fauces abiertas de par en par. Su berrinche se vio interrumpido por una ráfaga de viento que sopló la arena que saturaba el aire; una arena que, al tocarle, le cortó la piel.

La bestia se revolvió, sacudiendo las alas para apartar la tormenta que le rodeaba, pero sus movimientos solo hicieron que la arena se moviese más deprisa, con más ferocidad. Distraído por los cientos de heridas que estaba recibiendo, no vio a Ethan saliendo de una de las dunas a su espalda, como un delfín saltando por encima de las olas. El joven desplegó sus alas membranosas y se precipitó contra el cuello de su adversario, clavándole los dientes en la nuca.

Ambos dragones se enzarzaron entre dientes y garras. Judas se sacudía, intentando librarse de Ethan, que seguía aferrado a su espalda, ahora cubierta de rojo, con dientes y garras. Con un bramido, el aire sobre la espalda de Judas reventó y Ethan salió despedido a través de la arena. El gran dragón gris se dio la vuelta, listo a abalanzarse sobre su presa, pero cuando saltó ya no había nada. Abrió sus fauces, dejando caer la arena que acababa de morder, la misma que se había tragado a Ethan.

Chi observó, con la boca entreabierta, cómo la pelea se alargaba, cómo Ethan burlaba los ataques de Judas una y otra vez, y cómo este se volvía más y más impaciente.

—Impresionante, ¿verdad? —preguntó Ebony. Se inclinó a su lado, posando los codos sobre la barandilla y descansando la barbilla en una de sus manos.

—Sí —respondió Chi, observando la suave sonrisa de su compañera—. No sabía que Ethan era así de poderoso, desde luego no tanto como Judas.

Ebony rio.

—Créeme, no lo es. Pocos de nosotros somos tan poderosos como Judas —dijo, y durante un instante, su mirada se detuvo en Arvel, que descansaba con su espalda contra la pared del túnel, con ojos cerrados—. Los Volkai de arena son muy menospreciados, sobre todo en un lugar tan competitivo como la Academia. Su magia no es más que una pequeña parte de una más grande; la mayoría de los elementales de tierra o roca pueden crear y manejar arena igual de bien que alguien como Ethan.

—Y aun así, es el líder de uno de los gremios de la Zona Central. Supongo que es una bofetada para muchos.

—Igual que tu presencia a nuestro lado —sopesó Ebony.

Chi devolvió su atención a la arena y se deleitó ante la ira de Judas, preguntándose cuánta humillación debía de estar sintiendo al ser vencido por un Volkai cuya magia era considerada inferior a muchas otras. Ladeó la cabeza hacia Millien y allí, entre sus compañeros, vio el pelo oscuro de Nitocris.

«No tanta humillación como sintió ella», pensó, y en lo más profundo de su mente, alguien sonrió.

Inspiró con fuerza y devolvió la mirada al frente de un latigazo. Sintió que Ebony la observaba, atenta, y por un instante, temió que de alguna forma hubiese conseguido escuchar aquellos susurros que la plagaban.

—Ethan va a estar bien —dijo Ebony, notando la tensión de su compañera—. Vi lo nerviosa que te pusiste cuando anunciaron el combate, pero si todo va bien, me juego cualquier cosa a que Judas se rendirá.

Chi asintió, coincidiendo con ella, aunque no terminaba de creer que Judas fuese a rendirse por mucho que la magia de Ethan frustrara todos sus esfuerzos.

El combate se alargó lo suficiente como para que las gradas empezasen a bullir con movimiento. Ethan salía de la arena de forma esporádica para atacar a Judas con arañazos y mordiscos de pasada, escondiéndose de vuelta en las dunas antes de que su adversario pudiese atacarle. Al final, el gran dragón gris dobló sus patas delanteras y sus alas cayeron como lonas sobre el suelo. Estaba cansado y tan ensangrentado como la arena que le rodeaba.

Volvió a su forma Volkai y, con un gruñido, admitió su derrota y los tambores se hicieron oír. Ethan trepó fuera de la arena y se sacudió igual que un animal mojado. Antes de transformarse, hizo que las dunas desapareciesen, devolviendo el recinto a su estado original.

—¡Qué gran batalla! —dijo Wilson mientras caminaba hacia los dos jóvenes—. Una muestra soberbia de lo importante que es conocer las ventajas y desventajas de nuestra propia magia. ¡Enhorabuena, Ethan! —Se acercó al alumno, ahora Volkai, y alzó su mano en el aire.

Los chillos y aplausos del público inundaron el estadio, sin importar el estado de Judas, el cual había sido rodeado por sanadores. Tenía el cuerpo cubierto de cortes y heridas de profundidades alarmantes y, a pesar de que se tambaleaba incluso de rodillas, cuando uno de los hombres vestidos de blanco le rodeó el torso para levantarle, Judas le apartó de un empujón violento.

—No me toques —bramó, su voz ahogada por el estruendo de los vítores.

Wilson y Ethan se giraron para mirarle. Los ojos de los alumnos se encontraron y una mueca desfiguró el rostro de Judas. ¿Cómo se atrevía a humillarle de semejante manera? Él, que no era más que un reemplazo barato para el que en su día había sido el verdadero líder de Bershat.

Judas había perdido pocas peleas durante su estancia en la Zona Central, tan pocas que podía contarlas con los dedos de una mano, pero no era estúpido; sabía que en algún momento volvería a perder, sabía que no era infalible, aunque también sabía que para perder tendría que enfrentarse a alguien más poderoso que él...

Arvel, el único miembro de Bershat al que Judas veía como un digno oponente, y no un simple elemental de arena.

Ethan observó el odio en la expresión del joven y sintió la repentina necesidad de alejarse. No conocía a Judas personalmente, ni deseaba hacerlo, por lo que no estaba seguro de lo que era capaz. Hacía apenas dos meses, Samuel había vencido a otro miembro de Millien, uno que hasta aquel día no había sido vencido, y aquel alumno, cegado por un odio que él jamás comprendería, había decidido asesinar a Sam, aunque eso le costase su propia vida.

Con la memoria de aquel horror fresca en su mente, Ethan hizo crecer sus alas y se marchó. Judas dejó escapar un gruñido, tan dolorido como frustrado, y se levantó, no sin esfuerzo. Se tambaleó hacia la salida, seguido por el grupo de sanadores, y desapareció lejos de los ojos que le juzgaban desde las gradas.

El resto de las peleas del día volaron en comparación con la primera. Durante el último combate, Alessia fue llamada a la arena para enfrentarse a Alaric, el Águila, miembro de Chestána. La salvaje, según aprendió Chi al principio de su combate, era, al igual que Kobu y al igual que su adversario, un Zú.

La joven se transformó en una gran serpiente con escamas que brillaban del mismo rojo que su piel Volkai y cuyo rostro triangular estaba enmarcado por largos cuernos curvos de un color que emulaba el celeste del cielo más claro. Cuando el gran reptil abrió la boca, dejando al descubierto un par de largos colmillos tan arqueados como sus cuernos, Chi sintió un escalofrío recorrer su espalda.

En la naturaleza, las águilas eran uno de los depredadores naturales de las serpientes, pero en aquel estadio, la serpiente tenía alas y podía volar igual que el águila.

El espectáculo no duró demasiado. Alessia rodeó a su adversario con su cuerpo casi infinito en un abrazo tan opresivo y poderoso que, con un poco más de presión, los huesos de Alaric habrían terminado hechos añicos; y así, ceñidos el uno al otro, ambos dragones se precipitaron del cielo. Chocaron y rodaron con violencia, pero el agarre de Alessia no vaciló. Las criaturas se revolvieron durante unos instantes más, hasta que por fin, los tambores sonaron cuando el águila chilló con angustia, anunciando su derrota.

Ambos alumnos volvieron a sus palcos y, antes de dar por finalizado el día, Wilson hizo un último anuncio, el que todos los espectadores habían estado esperando.

—Antes de despedirnos de nuestro querido público —comenzó el presentador—, me gustaría anunciar el evento que se llevará a cabo mañana: ¡las semifinales! —Los alumnos dejaron de hablar entre ellos, aguardando a las palabras del hombre con atención—. Fuerza, estrategia, trabajo en equipo... son algunas de las muchas características que nuestros alumnos tendrán que demostrar para asegurar su posición en las finales. Dos miembros de cada gremio serán enviados a una arena única, creada por los mejores alumnos de Construcción y Sabiduría, donde los elegidos se enfrentarán en un todos-contra-todos. —El público estalló en aplausos, muchos hablando a gritos entre ellos—. ¿Quiénes son los alumnos más dotados de cada gremio? ¿Quiénes tendrán la oportunidad de pelear y dar el mayor espectáculo de todos? Elegir será su privilegio.

Capítulo 17

La *tarde antes de las semifinales,* los alumnos recibieron algo más de información sobre lo que podían esperar. Los puntos acumulados a lo largo de la semana no se usarían en el recuento final, por lo que lo único que importaba era el evento en sí.

Diez puntos por rendimiento, cinco puntos por inconsciencia, menos diez puntos por muerte.

—Hay una cantidad muy limitada de puntos —había dicho Nahuel, sentado en una de las mesas de la taberna—. Aunque sea tentador separarse para encontrar a los demás más rápido, creo que es una estrategia demasiado peligrosa, sobre todo con el tipo de alumnos que probablemente vayan a participar.

Sin Naeko, no tenían una forma segura de predecir quiénes serían elegidos de cada gremio, por lo que no pudieron tejer una estrategia más allá de mantenerse juntos y pelear por todos los puntos posibles.

Chi abandonó la taberna poco después de cenar, pensando no en lo que le esperaba a su gremio el día siguiente, sino en lo mucho que echaba de menos a Kilyan. ¿Estarían sus compañeros igual de incómodos que los de Chi ante la incertidumbre de quién tendría que participar? ¿Estaría Kilyan seguro de que sería elegido? Ella no conseguía concentrarse lo suficiente como para pensar en los peligros que podrían estar esperándola a la mañana siguiente. Verle durante el Torneo había aliviado muchas de sus ansiedades, pero también había acentuado lo mucho que añoraba su presencia, lo mucho que le costaba dormir por las noches sin sus brazos arropándola.

Cuando Kilyan no estaba, una presencia mucho más fría y siniestra la oprimía tanto por dentro como por fuera.

A la mañana siguiente, los gremios fueron convocados en el estadio mucho más temprano de lo normal, tanto que las gradas todavía no se habían llenado del todo mientras llegaban a sus palcos. Tanto el público presente como aquellos que observaban desde sus casas en cualquiera de las tres naciones tendrían la oportunidad de votar por los alumnos participantes.

Debido a la gran cantidad de votos y, supuso Chi, la cantidad de apuestas que iban a hacerse, el público tendría una hora en total para elegir a sus parejas.

Al principio, cuando los rostros de los miembros de cada gremio se reflejaron sobre la arena, pocos votos fueron apareciendo, pero pasada la primera media hora, más y más votos comenzaron a inundar las pantallas a gran velocidad, como si millones de personas se hubiesen puesto de acuerdo.

Los alumnos más notorios emergieron primero. Draco, Marina, Huck y Pacífica de Ziyoú. Kilyan, Judas, Lorelei y Azura de Millien. Camille, Rodric, Petra y Taj de Chestána. Y de Bershat, Arvel, Kenra, Rhonda y Kobu.

Chi observó su propio nombre, tan perpleja como cuando había sido seleccionada para el laberinto. Por aquel entonces, había sido el cuarto miembro con más puntos de su gremio, pero esta vez su rostro no trepó tímidamente por encima de los demás. No. El número de votos que estaba recibiendo la alzó hasta la cima con facilidad y su puesto no titubeó en ningún momento. Su rostro se mantuvo al lado del de Arvel y juntos amasaron una cantidad de puntos que ni siquiera todos sus compañeros juntos habrían conseguido superar; tantos votos que Chi observaba el número bajo su rostro boquiabierta, sin poder terminar de leer la cifra por lo rápido que subía.

Recordó cómo se había sentido durante el último evento, lo mucho que se había esforzado para asegurar la victoria de su gremio y lo mucho que le había dolido fracasar, y aun así sus votos seguían creciendo. ¿Acaso el público no había presenciado su derrota? ¿Cómo podían confiarle a ella el futuro del gremio?

Chi agarró su capa con ambas manos cuando estas empezaron a temblar.

Wilson alzó una mano y de pronto, los votos dejaron de entrar. Todos los rostros desaparecieron a excepción de los dos elegidos de cada gremio. Arvel y Kenra, Kilyan y Judas, Draco y Marina, Camille y Taj.

Alguien jadeó a su espalda. Al darse la vuelta, vio cómo Zafrina le daba una patada a uno de los asientos antes de desaparecer por el túnel, donde la oscuridad pareció espesarse al arroparla. Chi miró al resto de sus compañeros y observó en sus rostros diferentes niveles de preocupación. No se habían enfadado, como Zafrina, pero supo entonces que ella no era la única que dudaba de sus capacidades. «Después de todo lo que me he esforzado», pensó. «Después de todo lo que he sacrificado por ellos».

No consiguió rechazar aquellos pensamientos que la invadieron, no del todo.

Arvel dio un paso al frente y su mirada, seria y gélida, se encontró con la de Chi. No habían hablado ni se habían acercado el uno al otro desde que tuvieron que trabajar juntos durante el laberinto, y la joven deseaba con todas sus fuerzas mantenerlo de aquella manera, por imposible que eso fuese.

—No pasa nada —aseguró Nahuel, intentando calmar tanto sus nervios como los de los demás—. Siempre y cuando os mantengáis...

Rhonda caminó delante de Chi, cortando las palabras del erudito, y puso una mano sobre su hombro, apretando lo suficiente como para que su compañera se encogiese.

—Me has robado el puesto —dijo, reprimiendo una mueca. A pesar de sus palabras, no sonaba enfadada—. Haz lo que tengas que hacer, ¿me entiendes? Enséñales a tenerte miedo. —Chi asintió y el agarre de la joven se aflojó. Sus ojos se encontraron con los de Arvel, y Rhonda siguió su mirada—. No dejes que *nadie* te pase por encima.

—Que los alumnos escogidos se acerquen, por favor —anunció Wilson.

Chi inspiró hondo y se apartó de Rhonda. Leon abrió un portal y una vez en la arena, se centró en las palabras de su compañera. Cerró los ojos y revivió su encuentro con los fanáticos, las brasas que habían dejado en su interior, y en pocos segundos, las llamas segaron cualquier miedo que pudiese oprimir su corazón.

Cuando volvió a abrir los ojos, dejando entrar el ruido de las masas, se encontró con los de Kilyan y espió tonos de preocupación en el profundo violeta de sus iris. Chi se esforzó por mantener su expresión neutra hasta que sintió una presencia cerniéndose sobre su hombro. Todavía mirando a Kilyan, vio que la expresión del joven se endurecía y notó cómo las puntas de sus propios dedos empezaban a picar de frío.

Chi dio un paso al frente y se giró, encarando a Arvel.

—No te me acerques —susurró ella, entre dientes.

La hoguera que había fomentado en su interior con los recuerdos del ataque amenazó con desatarse aún más al alimentarse de otros recuerdos, unos que la joven preferiría no tener que revivir. Se lamió los labios y sintió un agrio sabor metálico en la boca, pero en cuanto tragó algo de saliva, el sabor desapareció.

—Tenemos que mantenernos juntos durante la prueba —se limitó a decir Arvel, y la falta de emoción en su voz, su pura indiferencia, cayó sobre los hombros de Chi como lozas. ¿Dónde había ido a parar todo el asco y el desprecio con el que solía dirigirle la palabra? ¿Se había cansado de odiarla sin motivo? ¿Y acaso esperaba que ella olvidase y perdonase todo lo que le había hecho? La mirada del chico se centró en algo detrás de ella—. No deberías quedarte sola.

Ladeó la cabeza en busca de lo que había captado la atención de su compañero, y lo que vio erizó su cuerpo entero. Los ojos de Judas estaban fijos en ellos y su expresión, a diferencia de cómo la había visto siempre, estaba vacía de sonrisa alguna.

—¿Cómo te atreves...? —empezó Chi, pronunciando cada palabra con cuidado, apaciguando las llamas, mientras volvía a mirarle—. ¿Cómo te atreves a insinuar que te preocupa mi bienestar?

Frente a cada una de las parejas se abrió un portal igual que el que los había llevado al laberinto durante los cuartos de final. Wilson, que había estado hablando por encima del público y los alumnos, alzó una mano hacia los portales.

—¡Buena suerte, queridos alumnos! Y recordad que los puntos que habéis acumulado a lo largo de la semana no serán parte del recuento final y que la prueba no llegará a su fin hasta que tengamos un ganador.

Hizo un gesto, instando a los alumnos a cruzar los portales, y segundos después las parejas comenzaron a desaparecer. Arvel pasó a Chi de largo y se fundió con la superficie perlina que ondeaba frente a ellos. Ella cerró los puños con fuerza, respirando con dificultad, y le siguió. Un paso después, abrió los ojos y parpadeó un par de veces, acostumbrándose a la repentina y soberbia oscuridad.

Se encontraban en un lugar parecido a las ciudadelas, en una calle rodeada de casas de uno o dos pisos. Chi se fijó en los edificios, que estaban construidos con piedra caliza en vez de ladrillo, y en sus fachadas, libres de imperfectos, que eran completamente planas, sin las molduras y adornos que enmarcaban las ventanas y balcones de las casas en las ciudadelas.

Alzó la barbilla al cielo y observó que, a pesar de ser de noche, no había ninguna estrella con la que guiarse y ninguna luna para iluminarles.

—No me gustas. Nunca me has caído bien y dudo que vayas a hacerlo en algún momento —dijo Arvel, rompiendo el silencio de aquella ciudad fantasma—. Pero estoy intentando poner a un lado nuestras diferencias.

—¿Nuestras diferencias? —Chi le miró, sin terminar de creer lo que acababa de escuchar—. ¿Qué diferencias? No te conozco y tú no me conoces a mí, y aun así te comportas como si hubiese matado a tu familia entera. —Inspiró con fuerza, haciendo lo posible por mantener la calma—. He crecido rodeada de mucha gente que no me gusta y, ¿sabes qué?, he intentado asesinar a *cero* de esas personas.

Arvel pareció tensarse bajo su túnica, tal vez porque se sentía amenazado por la agresiva postura de la joven y por cómo sus manos rondaban cerca de sus agujas, o tal vez porque la osadía de sus palabras le enfurecía. Fuese lo que fuese, a Chi no conseguía importarle.

No le tenía miedo, ya no, porque aunque pudiese matarla con facilidad, haría todo lo que estuviese en su mano para arrastrarle consigo.

—Mantente cerca de mí —dijo, simplemente, ignorando las palabras de su compañera. Chi no le siguió cuando hizo ademán de comenzar a caminar.

—¿Para qué? ¿Para que cuando nos crucemos con alguien puedas conseguir que me maten en vez de tener que hacerlo tú? —Arvel ladeó el cuerpo para mirarla, entrecerrando los ojos. Chi sacudió la cabeza, dando un paso atrás—. No.

—Kenra... —empezó a decir él, con voz de advertencia, pero ella ya se había dado la vuelta, corriendo en dirección contraria.

Voló calle abajo, torciendo de vez en cuando por estrechas callejuelas. No se detuvo hasta que los pálpitos del corazón de Arvel habían desaparecido por completo. El joven podría haberse transformado para perseguirla y ella jamás habría podido zafarse de él, pero supuso que no estaba dispuesto a llamar tanto la atención en una arena cuyo tamaño desconocían.

Con la respiración todavía agitada, Chi cruzó una calle más y se acercó hasta uno de los pocos edificios de tres pisos que había visto. Se asomó a una de las ventanas que daban a la calle, poniendo las manos sobre el cristal para poder ver dentro, y observó que la habitación estaba completamente desierta, sin un solo mueble sobre el suelo o cuadros en las paredes. Escondió su pelo trenzado bajo la capucha de la capa y trepó la fachada por el alféizar de las ventanas hasta llegar al tejado. Se acuclilló todo lo que pudo sobre el techo llano y estudió sus alrededores.

A su espalda el pueblo se expandía casi tanto que le costaba ver la última línea de casas, y frente a ella, una amplia explanada la separaba de un bosque frondoso. Aun entrecerrando los ojos le resultó imposible ver más allá de la primera línea de árboles, pues la vegetación era demasiado espesa.

Su primer instinto fue el de huir en aquella dirección y fundirse con las copas de los árboles, donde le sería más fácil pasar desapercibida y sorprender a otros alumnos, pero la pradera era demasiado larga y su hierba demasiado corta. Cruzarla suponía un peligro que no estaba segura de querer correr.

Suspiró, girándose hacia los edificios. Tendría que quedarse en la zona residencial y refugiarse en las sombras de las casas, aunque no podía simplemente esconderse. Con la limitada cantidad de puntos, tendría que hacer uso de cada minuto para encontrar a los otros alumnos y atacarlos. Cerró los ojos y aguzó el oído en busca de cualquier sonido. No sabía dónde habían terminado el resto de los competidores al cruzar sus portales, pero sospechó que ella y Arvel no debían de ser los únicos en el pueblo.

Bajó del tejado de un salto y comenzó a recorrer las calles en dirección contraria de donde se había separado de Arvel. Ahora que había conseguido calmarse, se arrepintió de haberse marchado por su cuenta, a pesar de que sabía con certeza que no podía confiar en él, no después de todo lo que le había hecho, por mucho que su actitud pareciese haber cambiado. Se acordó de Landom e incluso a él, que la había atormentado durante años, podría perdonarle, pero no a Arvel.

No.

Chi se clavó las uñas al cerrar los puños. Él no merecía su perdón y la única manera de zafarse del odio que sentía sería vengándose, causándole el mismo frío que había sufrido en el bosque entre las ciudadelas, el mismo miedo que había sentido al despertarse con él sobre ella y su sangre en la boca.

Sacudió la cabeza, centrándose en mantener la respiración constante, su concentración firme.

Se mantuvo pegada a las casas, evitando cruzar las calles principales, y de vez en cuando, se subía a un tejado para otear tanto los alrededores como el cielo, aunque dudaba que cualquiera fuese lo suficientemente estúpido como para transformarse y volar. En algún momento empezó a escuchar la leve armonía de dos corazones palpitando en la distancia. Chi se llevó una mano a la capucha, asegurándose de que su pelo estaba oculto, y luego a la cintura, tanteando las muchas agujas que descansaban en su cinturón. Surcó la distancia entre ella y la pareja, recorriendo callejones en silencio, sus pasos tan rápidos y ligeros que sus talones apenas rozaban el suelo.

Se detuvo en una esquina, contuvo el aliento y escuchó.

Ambos corazones latían a un par de edificios de distancia, aunque aparte del ocasional jadeo, los dueños de aquellos pulsos se mantuvieron en completo silencio. Chi exhaló y alzó la barbilla. ¿Debía acecharlos desde las calles o desde los tejados? Desde las alturas podría observarlos con mayor facilidad y estaría más oculta a sus ojos, pero desde el cielo sería una obvia mancha negra sobre los tejados calizos. En el suelo estaría oculta de miradas ajenas, aunque más expuesta a ataques, por lo que tendría que mantener una mayor distancia entre ella y sus presas.

Después de unos segundos, tomó una decisión.

Trepó el edificio frente a ella, pues por encima de todo, necesitaba saber a qué pareja estaba siguiendo. Si se trataba de Draco y Marina tendría que esperar a que ellos atacasen a alguien antes de poder entrar en acción, y si eran Kilyan y Judas... lo más seguro para ella sería marcharse.

Se deslizó de casa en casa, agradeciendo lo cerca que se encontraban las unas de las otras, hasta que, por fin, se encontró directamente sobre los alumnos. Caminó de puntillas hasta el bordillo del tejado y se asomó lo suficiente como para poder divisar el callejón.

Taj y Camille se encontraban de espaldas a Chi, asomándose a la calle principal en busca de otros alumnos. Se quedaron allí quietos durante varios segundos hasta que el joven dio un paso hacia delante, dispuesto a continuar su camino, pero Camille le golpeó en el pecho con una mano, deteniéndole. No dijeron nada, solo se miraron, y pese a su silencio sepulcral, parecieron comunicarse sin problema. Taj dio un paso atrás, volviendo a quedarse detrás de su compañera, y esperó a que ella terminase de otear la avenida.

Chi se echó hacia atrás, apartándose del bordillo. A pesar de que los corazones de la pareja eran estridentes en la mudez de aquel pueblo, consiguió escuchar un palpitar más, a una distancia considerable. Era imposible que Camille pudiese escucharlo, sobre todo si todavía no se había dado cuenta de que alguien se cernía sobre sus cabezas.

En la distancia, un rayo azulado iluminó el cielo, zigzagueando en el aire hasta desaparecer sobre las copas de los árboles, y a la vez, el trueno resonó con semejante estrépito que los oídos de Chi pitaron en reproche. El destello desapareció en un instante y allí donde había caído, unas finas columnas de humo flotaron por el cielo.

Chi no dudó, pues no esperaba recibir una segunda distracción de semejante calibre. No le importó que ellos tuviesen la ventaja en número; con el elemento de la sorpresa y algo de suerte, no conseguirían reaccionar a tiempo.

Se levantó y saltó del tejado, aterrizando sobre Taj, el cual se derrumbó bajo su peso. Camille dejó escapar un chillido ahogado, pero antes de que pudiese hacer nada, Chi lanzó una aguja en su dirección, clavándosela en el hombro. La joven trastabilló, su espalda chocó contra la pared y se deslizó hasta quedar sentada en el suelo, retorciéndose de dolor. La aguja la había perforado por completo y la punta se asomaba al otro lado de su hombro.

Chi no perdió un segundo. Alzó la segunda aguja que había estado sujetando y la descargó con fuerza sobre el oponente que tenía bajo ella. Iba a ser un golpe directo en la espalda, el mismo punto en el que había atravesado a Camille, pero el arma no consiguió hundirse en su objetivo. Un repentino vendaval detuvo el ataque y ni siquiera con la ayuda de su otra mano fue capaz de hacer avanzar el filo.

El viento se hizo más y más fuerte, a pesar de que parecía proceder del suelo. La capucha de Chi se hinchó, su capa azotó el aire sobre ella y pronto, su cuerpo comenzó a elevarse a pesar de tener las piernas enredadas en torno a la espalda de Taj. Cometió el error de entreabrir los labios en un jadeo y el aire la llenó por dentro, taponándole la garganta.

Aflojó las rodillas y, de inmediato, el viento la propulsó hacia arriba, muy por encima del tejado en el que había estado agazapada momentos antes. Se vio suspendida en el aire, sin control alguno, pataleando y moviendo los brazos como un niño ahogándose en mitad del océano.

Una segunda ráfaga de viento la golpeó en el costado, lanzándola hacia uno de los edificios al otro lado de la calle. Se encogió como pudo, haciéndose un ovillo, y apretó la mandíbula, preparándose para la fuerza del impacto. Atravesó una ventana, cuyo cristal reventó al instante, y una vez dentro de la casa, voló hasta chocar contra la pared opuesta.

El impacto la dejó mareada y sin aliento. Su visión se oscureció y, por un momento, sintió como si el suelo a sus pies la estuviese dejando caer. No estaba segura de si tenía algún hueso roto ni de dónde se había golpeado exactamente; lo único que sabía era que su cuerpo entero era un gran foco de dolor, un dolor que hacía pitar sus oídos y que nublaba su visión.

Dejó de intentar mantener la cabeza alzada y la reposó sobre el suelo, o al menos ella creía que estaba sobre el suelo, por mucho que la casa pareciese estar girando y haciendo que se deslizara por las paredes.

Con un suspiro, cerró los ojos y a pesar de que no podía escuchar nada más allá del silbido que retumbaba en su cabeza, como si un bosque entero estuviese soplando a través de un tronco hueco, las palabras que resonaron en su mente fueron claras y amenazantes.

«Levántate».

Chi se encogió ante la orden. En su interior, algo arañó al otro lado de la puerta.

«Levántate».

El pitido empezó a menguar. Un grito ahogado sonó en la distancia.

—Para —gruñó Camille. Pudo escuchar el dolor en la aspereza de su voz, ligeramente ahogada, pero este se vio eclipsado por la irritación—. Hemos hecho demasiado ruido, tenemos que irnos. Ve a asegurarte de que hemos conseguido los puntos.

—Estás perdiendo mucha sangre...

—Asegura los puntos —interrumpió ella, pronunciando cada palabra con lentitud—. Esto detendrá mi hemorragia, pero tardará un par de minutos. Minutos que no tenemos.

Chi abrió los ojos y se incorporó. Su mirada ya no estaba nublada y el suelo había dejado de danzar. Se llevó una mano al costado, donde un intenso ardor le recorría las costillas como púas candentes. Tenía un largo pedazo de cristal hundido en la espalda, cerca de su costado. Inspiró con fuerza y, sin mayor dilación, tiró. Ahogó un grito, encogiéndose sobre sí misma, y dejó caer el cristal, salpicando el suelo de rojo.

Se quedó allí quieta, jadeante, presionando la herida con firmeza hasta que el dolor se apagó lo suficiente como para poder moverse, y entonces se levantó. Se pasó las manos por los pantalones, limpiándose la sangre de las palmas y sacudiendo esquirlas de cristal. Algunos mechones habían escapado de su trenza y varios cortes de diferentes tamaños le cubrían la cara, el cuello, los brazos..., pero había dejado de sentirlos.

Se asomó a la ventana de la casa y barrió el resto del cristal que se aferraba al marco con un puño envuelto en su capa.

Taj escuchó el tintineo del vidrio y alzó la mirada. Todavía estaba arrodillado sobre Camille, la cual había dejado caer su cabeza hacia delante mientras se sujetaba el hombro. Algunas plantas, de flores anaranjadas, habían crecido alrededor de la joven, trepando por sus hombros y enredándose en su pelo, y la aguja que la había perforado descansaba a un par de metros de distancia, ensangrentada.

Chi trepó la ventana, desenfundando dos agujas más, y centró su atención en el joven, que la observaba con el ceño fruncido. Taj sintió un escalofrío al observarla avanzar hacia él sin ningún miedo ni vacilación. No terminaba de entender cómo aquella chica tenía el coraje de enfrentarse a los miembros de la Zona Central una y otra vez, a pesar de ser, indiscutiblemente, inferior. Y tampoco terminaba de entender por qué su cuerpo le pedía que retrocediera, por qué le resultaba tan difícil mirar dentro de aquellos ojos carmesí.

—Deshazte de ella —ordenó Camille entre dientes, arrancando a Taj de su trance.

Chi alzó una mano y, en un parpadeo, lanzó una de sus agujas hacia el joven. El arma fue redirigida por una corriente de aire que la disparó de vuelta hacia su dueña con un silbido violento. Chi consiguió rodear el talle translúcido del aguijón con una mano, a centímetros de su estómago.

Ambos alumnos volvieron a quedarse quietos, midiéndose el uno al otro en un duelo de miradas precavidas. Se encontraban a varios metros de distancia, con nada más que una calle entre ellos y sin nada que Chi pudiese utilizar para protegerse del viento. La parte trasera de su costado estaba cálida, mojada por su sangre, y a pesar de que podía sentir cómo la herida se cerraba poco a poco, los huesos le dolían y su cabeza palpitaba como si su cráneo se le estuviese quedando pequeño.

No estaba segura de poder soportar otro impacto como el primero, pero tenía que atacar, porque Camille tenía razón. Habían llamado demasiado la atención.

Inspiró hondo y dejó escapar el aire con lentitud, calmándose y haciendo desaparecer la puerta, las dudas, el miedo. Lanzó ambas agujas, una tras otra, hacia Camille, la cual todavía descansaba en el suelo a un par de pasos de su compañero. Taj tardó un valioso instante en darse cuenta de que el ataque no iba dirigido a él y, cuando lo hizo, una corriente se levantó, lanzando las armas hacia el cielo. Sin embargo, que repeliese el ataque con éxito no importó, porque ahora Chi se encontraba a centímetros de él, con nuevas agujas en las manos.

El joven dejó escapar un grito mientras Chi se abalanzaba sobre él. Le atravesó el brazo izquierdo con una aguja y puso la otra sobre su cuello, perforando la primera capa de piel con la punta. Taj gritó, retorciéndose, pero Chi no aflojó su agarre.

—Ríndete —dijo, hablando por primera vez. Estaba agazapada sobre él, su rostro lo suficientemente cerca del de Taj como para que su pelo le rozase la frente. Él la observó, sus ojos tan dilatados que apenas podía entrever el color de sus iris—. O te haré mucho más daño.

Detrás de ella, un corazón latía a gran velocidad. Pensó que se trataba de Camille, aunque no tardó en darse cuenta de que no, no era el de ella. El corazón de Camille latía con relativa lentitud, silencioso.

Chi giró la cabeza, alarmada, y sin llegar a ver nada, un calor repentino le caldeó la espalda. Un resplandor la cegó antes de escuchar el estallido y sentir el impacto. Cuando volvió a abrir los ojos, se encontraba en el suelo al otro lado del callejón. Se llevó una mano a la cabeza y al moverse sus músculos se quejaron. Alzó la cabeza como pudo y advirtió que allí, en la boca del callejón, se encontraba Judas.

Camille había desaparecido, dejando atrás un desvalido trono de flores, y no vio a Taj hasta que miró detrás de ella. El joven estaba intentando levantarse, con su aguja todavía incrustada en el brazo. Chi jadeó, su armadura quemándole la espalda por el calor de la explosión, y se apoyó sobre su costado con una mueca de dolor.

Sin dudar un instante, le dio una fuerte patada a Taj en el rostro. Escuchó el chasquido de su nariz al romperse y, cuando el joven se desplomó sobre el suelo, Chi supo con certeza que le había dejado inconsciente.

—Te vas a arrepentir de eso —dijo Judas entre dientes.

La agarró de la trenza, obligándola a levantarse como a un perro con correa. En cuanto estuvo de pie, Chi levantó una mano y apuntó a la yugular de su adversario, lista para golpearle con tanta fuerza que su garganta se cerraría por completo, pero debía de estar realmente cansada, pues a pesar de que atacó tan rápido como pudo, a Judas no le costó detenerla. Le agarró la mano y se la retorció hasta dejarla de rodillas en el suelo, con el brazo sujeto a su espalda, y se inclinó sobre ella.

—Todavía no entiendo por qué todo el mundo está tan fascinado contigo —dijo, doblándole el brazo aún más. No había ni diversión ni odio en su voz, sino un simple... desconcierto—. En el laberinto, por un instante pensé que había conseguido entenderlo, pero ahora no estoy tan seguro. Eres patética.

Chi rechinó los dientes, el húmedo aliento de Judas sobre su nuca. Había vivido situaciones como aquella muchas veces, con palabras amenazadoras susurradas en su oído y el cuerpo dolorido, y siempre había respondido del mismo modo: bajando la barbilla, haciéndose todo lo pequeña posible y esperando a que la tormenta pasase, con miedo de que si decía algo, si miraba a su atacante a los ojos, la tormenta se convertiría en un huracán.

En aquel entonces esa era la solución más lógica, pero ahora, en el oscuro callejón de una ciudad fantasma, bajo un cielo sin luna, comprendió que nunca le había tenido miedo a la lluvia, por muy enfadada que cayese del cielo.

Chi encajó la mandíbula y echó la cabeza hacia atrás con todas sus fuerzas. Judas dejó escapar un grito ahogado al recibir el golpe, cayendo al suelo, y ella misma se encogió hacia delante durante un instante, llevándose una mano a la cabeza. Se sacudió el dolor mucho más rápido que su adversario y se apresuró a levantarse y correr callejón abajo todo lo rápido que pudo, hacia la siguiente línea de casas.

Tenía que escapar.

Consiguió llegar hasta una nueva línea de edificios cuando escuchó un alarido desde el callejón. Con el corazón en la mano, entró en una de las casas y cerró la puerta a su espalda con todo el cuidado que pudo reunir a pesar del temblor que sacudía sus brazos. Cruzó el pasillo y abrió la única puerta que consiguió encontrar. Observó el baño al que acababa de entrar, donde no había ni un armario en el que pudiese esconderse. Consideró meterse en la bañera, pero sin una cortina que la escondiese no le pareció buena idea.

Cerró la puerta y observó el pasillo. Fuera, el palpitar acelerado del corazón de Judas se acercaba por la calle. El sonido se vio interrumpido por un par de explosiones que sacudieron tanto el suelo como la casa en la que Chi se encontraba.

Judas se estaba acercando.

No había ningún sitio en el que esconderse, ni en la cocina ni en el salón. Chi corrió de vuelta a la entrada y pegó la espalda a la pared al lado de la puerta, con las bisagras a su derecha; segundos después, la puerta se abrió de golpe. La joven reprimió una exclamación y agarró el pomo antes de que la puerta rebotase contra ella. Vio la sombra de Judas deslizándose por la pared a medida que el joven se internaba en la casa, a paso lento. Escrutó la vivienda abandonada durante varios segundos y no tardó en percatarse de la puerta cerrada al final del pasillo.

Chi esperó en silencio a que el chico se alejase y cuando le escuchó torcer la manilla del baño, salió de su escondite, con los pies más ligeros que nunca, y se apresuró fuera de la casa. Corrió de vuelta a la calle y vio humo alzándose en columnas negras desde las ruinas de lo que antes había sido el edificio al lado del callejón en el que ella y Taj habían peleado.

Sin perder un instante, se escondió detrás de otra casa cercana y contuvo el aliento. Judas salió de vuelta a la calle y se quedó quieto durante unos segundos.

—No sé si lo has notado —empezó a decir, sin levantar la voz, como si no estuviese solo. El corazón de Chi dio un vuelco, pues en aquel momento, bajó la mirada al suelo y vio sangre sobre la hierba al lado de su bota—, pero estás sangrando.

Chi se separó de la pared antes de que el edificio explotase desde dentro, lanzando pedazos de piedra y cristal como proyectiles entrelazados con humo y ceniza. El hombro de la joven chocó contra la pared del edificio vecino, impulsada por la fuerza de la explosión. Chi no se detuvo cuando su brazo se arqueó de dolor ni cuando la herida de su espalda, que no había dejado de sangrar, tiró de sus músculos como si estuviese intentando estrangular su costado.

Cruzó el jardín trasero de la casa y se lanzó sobre el muro que separaba las propiedades. La pared no tardó en estallar como había hecho la casa. Chi cayó de bruces sobre la hierba y su frente golpeó los escombros del muro sobre el que había estado momentos antes.

No estaba segura de tener energía suficiente como para levantarse, mucho menos pelear. A pesar de la rabia que le daba sucumbir ante alguien como Judas, alguien que vería su derrota como una confirmación de que no era más que la escoria que él creía que era, su cuerpo estaba marchito y dolorido.

Sintió a Judas detrás de ella y deseó con todas sus fuerzas que, de alguna forma, su mente se apagase en aquel momento y la sumiese en un sueño profundo. Así, y solo así, puede que no le hiciese más daño.

El joven le dio una patada, haciéndola rodar sobre su espalda, y la agarró del cuello de su capa, levantándola hasta que sus pies dejaron de rozar el suelo. Judas sonrió a centímetros de su rostro, observándola con un deleite enfermizo.

—Eres débil, igual que tu líder de gremio —dijo, sin perder la sonrisa—. Tal vez si te quito una extremidad, o un ojo como le hiciste a Cris, tú y tus compañeros aprenderéis por fin cuál es vuestro lugar.

Chi jadeó, la tela de su capa estrechando su garganta, y cerró los ojos, rindiéndose a su destino. Inspiró con brusquedad al sentir algo frío sobre la mano, el rostro, el cuello y los brazos, y cuando volvió a abrir los ojos, confusa, se encontró con el rostro de Judas observando, no sin sorpresa, el cielo.

Había empezado a llover.

La joven observó una sola nube que se había formado sobre sus cabezas. Se quedaron quietos durante varios segundos, durante los cuales una extraña neblina empezó a abrigar el aire que los rodeaba, escondiendo tanto el cielo como las casas vecinas.

Judas la dejó caer, sin cuidado, y alzó una mano hacia ella, apuntándola con su palma. Chi se encogió, escondiéndose tras sus antebrazos, aun sabiendo que aquello no la protegería de ninguna explosión, pero el dolor nunca llegó.

—Judas, amigo mío, hace tiempo que no nos vemos.

Chi abrió los ojos de golpe y vio a Draco, sentado en el techo de la casa más cercana a ellos, con las piernas zarandeándose sobre el bordillo. A su lado, Marina se erguía alta y segura, con una expresión severa oscureciendo sus cristalinos ojos azules. Alrededor de ellos, la lluvia caía como una bóveda, sin mojarles.

—¿Qué haces con la mano levantada de semejante...? Oh, no. No me digas, ¿está demasiado húmedo? ¿Te está costando hacer tus petarditos?

Judas apretó tanto la mandíbula que pareció que se le iba a desencajar. Poco a poco, la lluvia que calaba su ropa empezó a evaporarse, fundiéndose con la niebla. Incluso desde donde se encontraba en el suelo, Chi sintió el calor emanando del joven, como si su interior estuviese caldeándose igual que él hacía con el aire que alimentaba sus explosiones.

La chica devolvió su atención a Draco, cuyo rostro había perdido cualquier rastro de sonrisa. A su lado, Marina la miró y susurró sin apenas abrir la boca:

—Corre.

Inspiró hondo y sin perder un momento, Chi se alzó y huyó en dirección contraria. Judas soltó un gruñido a su espalda y Draco volvió a hablar con tono juguetón.

—Quieto, ni siquiera me has saludado todavía.

Chi giró la esquina y escapó calle abajo. Había dejado de llover y al levantar la mirada vio que la nube, recorrida por ramas de electricidad, no se expandía más allá del jardín que acababa de abandonar.

Segundos después, varias explosiones iluminaron el cielo, seguidas por un par de relámpagos.

Capítulo 18

Al *cruzar el portal*, Draco y Marina se encontraron a oscuras rodeados de árboles. Ambos se quedaron quietos y en silencio durante unos segundos, evaluando sus alrededores con las orejas bien abiertas y esperando a que sus ojos se acostumbrasen a la oscuridad, lo cual no terminó de ocurrir.

—No veo nada —murmuró Marina, tan bajo que el más mínimo movimiento por parte de su compañero habría ahogado las palabras.

En respuesta, Draco alzó una mano y, entre su pulgar y su índice, apareció una pequeña corriente de electricidad, dos hebras claras que brillaban con un tono azulado. Marina observó sus alrededores, ahora iluminados por el brillo centelleante, y lo primero que notó en aquel bosque de árboles altos y arbustos densos era que, a pesar de la vasta vegetación, el aire se sentía ligero, libre de la húmeda espesura que solía acompañar el aliento de las plantas.

Marina devolvió la mirada a Draco, cuya nariz estaba completamente arrugada mientras observaba las copas de los árboles y la negrura de las sombras.

—No empieces —dijo ella mientras se acercaba a uno de los árboles, cuyas ramas empezaban a crecer más bajas que las del resto.

—Todavía no he dicho nada.

—No hace falta.

El silencio duró menos de cinco segundos.

—Odio los bosques, los bichos, las plantas, la humedad...

—Pues qué suerte tienes de que no sea un bosque de verdad —replicó Marina.

Empezó a trepar el árbol, de rama en rama, mientras Draco la observaba de brazos cruzados y con un mohín en el rostro. Las hojas le rozaron el rostro, el cuello y la espalda, pero a diferencia de su compañero, ella apreciaba la frescura. Tardó menos de un minuto en alcanzar la copa del árbol y cuando se asomó por encima de las ramas, por encima del resto de los árboles, vio que no se encontraban demasiado lejos de una explanada, y más allá, un pueblo.

—Pues a mí me parece un bosque igual de inconveniente que cualquier otro —dijo él en cuanto Marina volvió a posar los pies sobre la hierba.

—Eres una bola de electricidad andante, si se te acerca algún bicho solo tienes que freírlo.

—El problema es que no quiero que se me acerquen —se quejó Draco. Marina comenzó a caminar con decisión y él la siguió, sin molestarse en preguntar a dónde estaban yendo o lo que había visto por encima de los árboles—. Ya tengo suficiente con tener que pelear en una gigantesca caja de arena y volver a casa todos los días con arena metida por todas partes...

—Para alguien que se crio en la nación con más playas y desiertos, te quejas mucho de la arena.

—... y ahora, encima, un bosque —continuó Draco, ignorando la interrupción de su compañera, cuyos hombros se crispaban aún más con cada palabra que él pronunciaba—. ¿Qué va a ser lo siguiente? ¿Una selva, un pantano, unos establos embarrados? Cómo echo de menos Prodigia, siempre tan limpia y bien cuidada, sus puertos sin arena ni algas ni...

Marina se inclinó para arrancar un diente de león del suelo y, antes de que Draco pudiese continuar su parloteo, la joven se dio la vuelta y dijo:

—¿Todavía le tienes alergia al polen?

Y, sin esperar respuesta alguna, inspiró hondo y sopló las semillas, blancas y esponjosas, sobre el rostro de Draco, el cual se tambaleó hacia atrás, su expresión arrugada con horror. Las semillas se le pegaron al rostro, por sus ojos y nariz, y antes de que pudiese evitarlo, su cuerpo reaccionó.

Estornudó e inmediatamente el bosque dejó de estar a oscuras. Un rayo descendió del cielo sobre la cabeza de Draco, quemando todas las ramas a su paso y crujiendo con tal vigor que Marina cayó de espaldas al suelo, propulsada por la intensidad del impacto, y se cubrió los oídos con las manos. Se quedó allí tendida, encogida sobre sí misma, con las rodillas al pecho, hasta que sus oídos dejaron de pitar y sus párpados dejaron escapar la luz que la había cegado.

Sin atreverse a soltar el aliento atrapado en sus pulmones, la joven se incorporó, mirando a Draco con los ojos abiertos de par en par, sin terminar de creerse lo que acababa de ocurrir. Alrededor del joven, una aureola negra teñía la hierba, ahora carbonizada. Un par de ramas cayeron de los árboles, golpeando el suelo con un sonido sordo en comparación con lo que acababan de presenciar.

—Por los espíritus —susurró Marina, levantándose.

—Una idea brillante, Mar, brillante —dijo Draco. Se pasó una mano por el pelo, ahora mucho más puntiagudo de lo normal—. No me lo puedo creer, ahora todo el mundo sabe dónde estamos.

—Solo quería que te callases —se defendió ella, sin demasiado ahínco.

—La próxima vez usa las palabras.

Marina entrecerró los ojos.

—Lo hice, te dije que no empezases.

—Pues... —Draco frunció los labios—. La próxima vez utiliza *más* palabras.

—Eres imposible, ¿acaso crees que esta es una reacción normal a un estornudo? —preguntó, señalando de arriba abajo—. ¿Haces que caigan rayos del cielo cada vez que te pica la nariz?

—Solo cuando me meten flores por los orificios de la cara sin previo aviso.

Marina negó con la cabeza y reanudó su caminata, sacudiendo la tierra que ahora manchaba sus pantalones.

—Ya me gustaría ver qué te parece si de la nada te restregase un gato por la cara... —refunfuñó Draco entre dientes.

—¿Qué has dicho?

—Nada —dijo él, ahora en voz alta. Siguió a su compañera por el bosque y cuando esta se tropezó con una rama, maldiciendo por lo bajo, Draco alzó una mano y volvió a hacer circular electricidad entre sus dedos, iluminando los alrededores. Marina se dio la vuelta de inmediato, fulminándole con la mirada—. ¿Qué?

—¿No crees que ya hemos llamado suficiente la atención? Preferiría que quien sea que venga a cazarnos al menos tenga que esforzarse un poco para encontrarnos.

—¿Así que prefieres ir dando trompicones en la oscuridad? —Draco se encogió de hombros y cerró la mano, dejándolos a oscuras—. Lo que tú quieras, princesa.

Marina soltó un suspiro exasperado y continuó caminando, entrecerrando los ojos todo lo que pudo para evitar tropezarse con más ramas. A pesar de lo mucho que su líder de gremio la irritaba, después de unos segundos, se mordió la mejilla, reprimiendo una sonrisa.

Continuaron caminando en silencio y no tardaron en llegar hasta el final del bosque. Frente a ellos se abría una gran explanada de hierba perfectamente cortada, sin arbustos ni flores ni nada que interrumpiese la planicie. Draco se fijó en los edificios que se alzaban al otro lado de la pradera y dio un par de pasos hacia delante, observando la línea de árboles a cada lado, que se alargaba demasiado como para poder ver dónde terminaba. Si no supiese que estaban en una arena prediseñada, en una dimensión de bolsillo, jamás habría sospechado que aquel lugar no se trataba de algún pueblo de Sulbade.

—¿Quieres ir hacia los edificios? —preguntó por fin, consciente de que Marina hacía pocas cosas porque sí.

Ella asintió.

—No tenemos ninguna forma de saber dónde ha ido a parar el resto, pero si hay alguien en el pueblo, serán mucho más fáciles de encontrar que aquí en el bosque.

Draco asintió, imitándola.

—Y supongo que cruzar esta pradera tan obvia no es ningún problema.

—Si alguien quiere atacarnos, que lo haga —dijo Marina, y Draco no pudo evitar sonreír ante la severidad de su voz, a la par con la rectitud de su espalda y sus brazos cruzados—. No tenemos tiempo que perder.

En algún lugar del pueblo, no demasiado lejos, una explosión trepó por encima de los tejados, iluminando el cielo durante un instante y dejando atrás volutas de humo negro que desaparecieron sobre el manto de la noche.

—¿Crees que están juntos? —dijo Marina, observando la repentina seriedad de Draco.

—No lo sé —se limitó a decir. No tenía ni idea de si Kilyan y Judas estaban juntos, pero lo que sí sabía era que antes de cruzar el portal, se había encontrado con los ojos de su amigo, y lo que vio en su expresión fue... algo demasiado parecido al miedo. Y Draco jamás había visto al Anacreón asustado—. Estoy preocupado por Kenra.

—¿La niña nueva de Bershat? ¿Por qué?

—Judas la estaba mirando raro en la arena. Me preocupa que quiera hacerle daño, sobre todo después de lo de ayer.

—Arvel está con ella.

Draco asintió, pero en aquel momento, hubo una segunda explosión.

—De todas formas, deberíamos acercarnos a ver con quién está peleando —dijo, reemprendiendo el paso—. Con suerte podemos robarle los puntos y hacer que se rinda. Llevo un tiempo queriendo la revancha.

La pareja corrió a través del prado y se subieron al tejado de la primera casa que alcanzaron. Hubo unas cuantas explosiones más, por lo que no les costó demasiado llegar hasta Judas y, cuando lo hicieron, Draco no se sorprendió demasiado ante la escena que se encontraron: Kenra, tendida sobre un suelo cubierto de piedra y escombros, su capa deshilachada y quemada de los hombros para abajo, y la piel que su armadura dejaba a la vista, forrada de mugre y cenizas.

Judas levantó a la joven de lo que quedaba de su capa mientras Draco se sentaba sobre el bordillo del tejado frente a ellos, fingiendo una diversión y soltura que no sentía. A su lado, Marina comenzó a condensar el aire, envolviéndolos en una niebla fría y cubriéndolos con una nube grisácea, lista para dejar caer sus lágrimas. Draco observó con un nudo en la garganta el rostro de Kenra, sucio y magullado, sus cejas arqueadas hacia el cielo, los ojos brillantes, el labio partido e hinchado... y lo único que consiguió ver fue una niña aterrada cuyos ojos se cerraron, sometida.

Nunca había respetado a Judas, pero ahora, más que nunca, quería aplastarle y restregar la suela de su zapato contra el suelo.

Un par de gotas dejaron el cielo y pronto, la lluvia cayó en torrente, deslizándose alrededor de Marina y él como si estuviesen bajo una repisa invisible. Su compañera dio un paso hacia delante, sus pies apenas asomando más allá del tejado.

Podía notar la ira que irradiaba de su amiga y pudo imaginarse con facilidad lo que estaba pensando; lo mucho que Kenra le recordaba a su hermana pequeña, Pacífica, que a pesar de ser solo un año más joven que Marina, tenía un alma mucho más blanda, más dulce, y una juventud que muchos de sus compañeros anhelaban y que ella protegería a toda costa.

En cuando empezó a llover, Judas arrojó a Kenra sobre el suelo. Ella se encogió sobre sí misma, igual que lo haría un niño bajo sus sábanas al escuchar sonidos siniestros en la noche, y su atacante alzó una mano en su dirección. Draco supuso que había intentado crear una explosión que como mínimo la dejase inconsciente, puede que incluso le arrebatase alguna extremidad, pero el ambiente, ahora tan cargado de agua y vapor, impidió que ocurriese nada.

—Judas, amigo mío, hace tiempo que no nos vemos —habló Draco, levantando la voz por encima del repiqueteo de la lluvia. Alargó los labios, enseñando sus perfectos dientes blancos, y se deleitó con los ojos de Judas, que se movieron como látigos en su dirección. El rostro del joven se oscureció, su ceño se frunció—. ¿Qué haces con la mano levantada de semejante...? Oh, no. No me digas, ¿está demasiado húmedo? ¿Te está costando hacer tus petarditos?

Se sostuvieron la mirada el uno al otro. Un reto. Una amenaza.

Draco sabía muy bien cuál era su ventaja en aquella situación: Marina. Sin ella, él había peleado aquella batalla dos veces y había perdido ambas. Judas era consciente de ello. En el fondo más profundo de su estómago, se permitió sentir una pizca de miedo, porque sabía que si en algún momento él y Judas volvían a pelear el uno contra el otro, el miembro de Millien haría que se arrepintiese de su descaro, pero eso no importaba. Le despreciaba con tal pasión que le era imposible de ocultar, y no iba a ignorar la oportunidad perfecta para humillarle, no cuando la única misión en su vida era herir y humillar a otros.

El cuerpo de Judas se calentó y, poco a poco, el vapor comenzó a escapar de su ropa.

—Corre —susurró Marina, y por bajo que lo dijese, pareció despertar a Kenra como una bofetada.

La chica, que había estado observando con los ojos abiertos de par en par, se dio la vuelta, todavía de rodillas sobre el suelo, y sus pies resbalaron entre los escombros un par de veces antes de que saliese corriendo, tan rápido que Draco no pudo evitar alzar las cejas de forma casi imperceptible.

Judas devolvió su atención a Kenra y estuvo a punto de perseguirla, pero solo dio un par de pasos antes de que una leve corriente eléctrica trepase del suelo, bajo sus pies, enviando espasmos por todo su cuerpo. Gruñó, un sonido tan gutural como frustrado, y devolvió su atención a la pareja.

—Quieto, ni siquiera me has saludado todavía —dijo Draco, volviendo a forzar una sonrisa. Se reclinó hacia atrás sobre sus manos, acentuando su postura relajada, y observó cómo los músculos de Judas se tensaban, como si estuviese haciendo todo el esfuerzo del mundo para no ponerse a patalear y gritar como un niño pequeño.

Un trueno retumbó desde la nube.

—Ríndete —dijo Marina, hablando por primera vez—. Y te dejaremos sin ningún daño.

Judas bufó.

—Solos no tendríais ninguna posibilidad de vencerme. Cobardes. —El joven escupió la última palabra con desdén, pero la expresión de Marina no titubeó.

Draco miró a su compañera de reojo y supo que no le tenía ningún miedo. Alguien como Judas, que utilizaba el gran poder que se le había otorgado de nacimiento, no era nada bajo los ojos inquisitivos de Marina, una chica que desde pequeña había peleado por expandir y fortalecer su magia y que todavía, día tras día, entrenaba sin descanso.

Ella no era un talento nacido, sino forjado.

—Nos llamas cobardes, pero no somos nosotros los que estábamos torturando a una niña —le dijo—. El Torneo terminará pronto, y entonces no podrás abusar de otros sin sufrir las consecuencias. Nadie aplaudirá tu crueldad.

—Me juzgas demasiado, charquito. El mundo está lleno de gente como yo, y lo sabes.

—Si yo fuese tú, empezaría a reflexionar sobre por qué no pareces capaz de sentir nada más que odio. —Marina dejó escapar un suspiro y sus siguientes palabras perdieron algo de severidad—. Tu futuro está lleno de dolor y soledad.

Judas no dijo nada más. Su expresión se contorsionó con un rencor puro y, con un ágil girar de brazos, el aire dentro de la cúpula que protegía a la pareja del agua comenzó a calentarse. Marina no pestañeó. El agua corrió al encuentro de sus manos y cuando la explosión estalló, no hubo más que el chisporroteo del líquido al evaporarse y una nube blanca tan espesa que durante varios segundos, Draco no consiguió ver a su compañera, pero no esperó. Se había levantado de un salto y apuntó con todos los dedos de su mano hacia el suelo, donde Judas todavía se mantenía de pie.

Entre la explosión y la descarga que Draco hizo caer sobre su enemigo hubo apenas un par de segundos.

—¡Draco! —gritó Marina, mientras se deslizaba del techo hasta el suelo. Dejó de llover de forma casi instantánea y la joven se apresuró hasta donde Judas había caído al suelo. Se inclinó sobre su cuerpo y le puso una mano sobre la boca—. Pensé que íbamos a hacer que se rindiese.

—Lo sé, pero estaba empezando a molestarme.

Draco se detuvo al lado de su compañera y miró Judas, ahora inconsciente, con el rostro arrugado.

—Todo esto por solo cinco puntos. —Marina sacudió la cabeza—. Kenra ya debe de estar al otro lado del pueblo.

—Estaremos bien —dijo el líder de gremio con un suspiro, y levantó uno de los brazos flácidos de Judas con el pie antes de dejarlo caer con algo de brusquedad—. Ahora sabemos que Kilyan está solo, si le encontramos deberíamos poder vencerle sin mayores problemas.

—Bien, pues marchémonos, no creo que sea buena idea quedarse aquí más tiempo.

Draco asintió y ambos se alejaron de Judas, caminando hacia la calle principal sin notar el frío que había empezado a reptar a sus espaldas.

Marina fue la primera en percatarse.

Se le puso la piel de gallina, un escalofrío la recorrió de arriba abajo y tuvo que contener las ganas de rodearse el cuerpo con los brazos. Cuando se dio la vuelta, sus labios prensados en una fina línea, Draco todavía no se había dado cuenta. No fue hasta que vio la expresión de su compañera que él mismo se giró y le vio: una sombra alzada allí donde él había estado hacía unos minutos. Tenía las alas desplegadas a cada lado de su cuerpo, de un blanco fantasmagórico en mitad de la noche. A sus pies, el edificio había comenzado a congelarse, helando toda la lluvia que Marina había hecho caer del cielo.

Con el corazón bombeando con fuerza en el pecho, Draco se interpuso entre Arvel y su compañera.

—Vete —dijo, sin molestarse en mantener la voz baja. A su espalda, los ojos de Marina volaron de Arvel a su líder de gremio, sin saber qué hacer. Tal vez, si se quedaban juntos tendrían una oportunidad de ganar—. ¡Rápido!

El alarido de Draco hizo que Marina diese un respingo y, a pesar de la firmeza de su orden, la joven dudó un segundo de más. Una corriente eléctrica lo recorrió desde el estómago. Sus venas brillaron bajo la piel, sus ojos centellearon y su pelo se alzó como si hubiese estado frotando los pies sobre una alfombra, pero a pesar de toda la energía que fluía a través de su cuerpo, llenándole de poder y vigor, no fue lo suficientemente rápido. Y Marina tampoco.

Draco avanzó solo un par de pasos antes de que toda el agua que cubría el suelo se congelase con una sola onda de frío enviada por un simple aliento de Arvel. Los charcos se expandieron, volviéndose sólidos al instante, y treparon por los pies de la pareja antes de que Arvel terminase de exhalar aquel soplido. Draco estuvo a punto de perder el equilibrio por la repentina falta de impulso, aunque sus pies, ahora congelados al suelo hasta las rodillas, le impidieron caer.

Marina alzó ambos brazos y con un gruñido desesperado, hizo que una gran ola trepase por un lado de la casa, pero antes de que llegase hasta Arvel y le tirase del techo, el joven levantó una mano y el agua se congeló, haciéndose añicos con un ruido estrepitoso al caer al suelo. Draco aprovechó la distracción de su compañera para centrarse en Arvel. Con toda la energía que estaba concentrada en su interior, amenazando con desgarrarle los músculos y quemarle los nervios al recorrerle el cuerpo, disparó un rayo del grosor de un árbol joven directamente hacia su contrincante.

Dejó escapar todo el aire de los pulmones y por un instante, tuvo miedo de que su ataque fuese desmesurado, pero aquella preocupación se disipó tan rápido como había aparecido.

El rayo había acertado su blanco, uno que ya no era Arvel. Draco observó, atónito, una estatua de hielo cuya silueta se asemejaba a la del joven, pero cuyas facciones podían haber sido las de cualquiera. El estómago de la escultura estaba hundido y varias salpicaduras de hielo se arremolinaban a su alrededor, como si alguien hubiese tirado una piedra sobre la superficie de un lago. Entonces, el hielo se resquebrajó y Arvel retrocedió un par de pasos, descosiendo su túnica de la escarcha al dejar atrás la estatua, una cáscara vacía que había emanado de él al encuentro del rayo, protegiéndolo del impacto.

Marina observó cómo Draco se doblaba sobre sí mismo, reposando las manos sobre sus rodillas, y supo que no tenían oportunidad alguna de ganar. Había estado intentando mover el hielo que los retenía, pero aquella agua no parecía querer obedecerla. Su líder de gremio resolló, cansado y dolorido, mientras Arvel bajaba del tejado, batiendo sus alas una sola vez para suavizar el choque de sus pies con el suelo.

El aire se enfrió aún más, convirtiéndose en cuchillas al entrar por las gargantas de la pareja. Marina se frotó los brazos con vehemencia, en busca de cualquier tipo de calor. Un cansancio repentino hizo que sus párpados se volviesen pesados, sus pestañas ahora escarchadas, y pronto dejó de notar lo mucho que le dolían los dedos, lo mucho que le ardía la nariz.

Arvel se acercó hasta Draco y lo sujetó cuando sucumbió al sueño, evitando que cayese. Tenía los labios violáceos y una fina capa de hielo le cubría la ropa. Arvel le liberó los pies con un rápido gesto de mano y le tendió sobre el suelo. Entonces, devolvió su atención a Marina, cuyas piernas habían pasado de temblar con violencia a hormiguear.

La sombra de Arvel acercándose fue lo último que la joven vio antes de dejarse vencer por el frío, que le susurraba al oído que cerrase los ojos y descansase.

Chi escapó del pueblo y cruzó la pradera sin dejar de correr en ningún momento. Estaba agotada hasta tal punto que no podía evitar tropezarse con sus propios pies, y tan dolorida que apenas podía pensar. Quiso preocuparse de que la viesen al adentrarse en el bosque, pero no lo consiguió; quiso ocultar sus huellas para que no la siguiesen, pero no pudo. Cada vez que un pensamiento racional parpadeaba en el ojo de su mente, ella lo empujaba a un lado, distraída por el constante foco del dolor en cada uno de sus nervios.

Se desplomó a los pies de un árbol y se encogió sobre sí misma, apretándose el pecho con las piernas y los brazos con las manos, e intentando sofocar las quejas de sus músculos, la quemazón de sus pies. Se quedó hecha un ovillo hasta que apenas pudo mantener los ojos abiertos y entonces, por mucho que intentó batallar contra el cansancio, cayó en un sueño profundo.

Durante varias horas, durmió y dejó que su cuerpo curase las heridas, pero cuando despertó, no lo hizo porque su cansancio hubiese menguado. No abrió los ojos, ni siquiera se movió.

Algo la había alertado.

No tardó en escuchar el ruido que la había arrancado de su sueño; un corazón que le latía en los oídos, cerca, desbocado. Chi sintió algo tirando con cuidado de su bota, enroscándose por su pierna, y no quiso esperar a saber de qué se trataba antes de levantarse de un salto. Escuchó una leve exclamación a su derecha y cuando se giró vio a Camille apoyada contra un árbol a varios metros de distancia. Chi se fijó en la mano de la joven, cuyos dedos parecían haberse fundido con la corteza.

Su expresión de sorpresa no tardó en oscurecerse. Sus labios desaparecieron y su ceño se frunció con profundidad. Chi vio en sus ojos el mismo odio de siempre, el mismo resentimiento, el mismo asco, y aunque no intercambiaron ninguna palabra, ella sintió lo mismo. Había visto esa expresión muchas veces: en sus profesores, en sus compañeros de sector, en Landom, en Isis, en Nitocris, en Judas. Siempre lo mismo. La juzgaban tan bajo, con tal severidad, que cuando Chi se ponía a la altura del desafío y demostraba su valía, ellos se sentían humillados, pues era imposible ignorar una derrota si el ganador es alguien que se considera insignificante.

¿Cuántas veces tenía que vencerlos antes de que dejasen de subestimarla?

No conocía a Camille y, aunque solo hubiese escuchado su voz un par de veces, sabía cómo sonarían las palabras al salir de sus labios.

«Me das asco».

«Deshonras a la Academia con tu presencia».

«Eres débil».

«No te mereces estar entre nosotros».

«Engendro».

«Con razón eres una huérfana».

Camille no había abierto la boca y aun así sus palabras le escocían, la herían, la enfadaban. Y Chi la odiaba por ello.

Dio un paso al frente e inmediatamente, Camille se inclinó aún más contra el árbol, irguiendo la espalda. Sobre sus cabezas, las ramas se frotaron entre ellas, las hojas sacudiéndose. Sin querer apartar la atención de su contrincante, Chi no vio cómo las docenas de brazos de los árboles se cernían sobre ella como si tuviesen vida propia.

Un par de raíces salieron de la tierra, trenzándose alrededor de las botas de Chi como látigos. Su mano voló hasta una de las agujas que descansaban sobre su pecho, pero antes de que pudiese alcanzarla, una rama le rodeó el codo y tiró de ella hacia atrás. Pronto se vio envuelta en ramas y raíces que la encadenaban sin descanso. Chi se resistió y partió rama tras rama, cubriendo el suelo en una alfombra de hojas y astillas. Aun así, se encontraba en el centro de un bosque y todavía estaba exhausta después de su encuentro con Judas.

Unas enredaderas cubiertas de espinas descendieron de los árboles y le rodearon el cuello. Dejó escapar un quejido y tan rápido como las enredaderas se enroscaron alrededor de su piel, cortándola, dejó de intentar liberarse de las ramas y se centró en lo hondo que aquella planta estaba cortando.

—Las espinas están impregnadas de un veneno mortífero —dijo Camille, hablando por primera vez. El hombro que Chi había atravesado con su aguja había dejado de sangrar, pero la palidez de su rostro no mentía, y tampoco la forma en la que ladeaba el cuerpo, ocultando la herida. Camille se acercó un par de pasos mientras las enredaderas florecían alrededor de Chi. Los pétalos, de un violeta profundo, se desplegaron con gracia y lentitud, desprendiendo un aroma tan dulce y embriagador que, por un instante, una sensación de paz la inundó por dentro, calmando sus músculos—. En cuestión de minutos, dejarás de sentir tus extremidades y poco después tu corazón dejará de latir. Ríndete y te daré el antídoto; declina mi oferta y morirás.

—¿Estás dispuesta a perder diez puntos?

—¿Estás dispuesta a perder tu vida? —contraatacó la joven. Se sostuvieron la mirada un par de segundos más y entonces, segura de que había vencido, los hombros de Camille cayeron y su semblante se relajó. Una sonrisa se extendió con su rostro, una expresión que no terminó de llegarle a los ojos—. Por mucho que me esfuerce, mi gremio no va a ganar el Torneo, no soy lo suficientemente ingenua como para no darme cuenta. Pero tengo amigos en otros gremios que se beneficiarían de que Bershat perdiese un miembro más, aunque ese miembro seas solo tú.

Chi frunció los labios. Camille cerró la distancia que las separaba y le agarró el rostro con una mano, observándola con ojos entrecerrados.

—No me puedo creer que por un momento haya pensado que no podría vencerte. —La joven suspiró aquellas palabras como si un gran peso hubiese desaparecido de sus hombros. El peso de la vergüenza. Una vez más, la puerta que Chi mantenía cerrada a conciencia empezó a sacudirse, resquebrajándose—. Ríndete o no volverás a ver la luz del día, aunque entendería que quisieras morir antes de seguir viviendo una vida como la tuya.

Entonces, para el horror de Camille, Chi flexionó el brazo derecho y tiró con todas sus fuerzas. Las ramas que la habían estado manteniendo sujeta se partieron y en cuestión de segundos, había rodeado el cuello de su oponente con una mano. Apretó los dedos y el resto de las ramas aflojaron su agarre en cuanto el aire dejó de circular por los pulmones de su ama. Ambas jóvenes cayeron al suelo y, aunque las enredaderas no habían dejado de aferrarse a su cuello, perforándola más y más, a Chi no le importó.

Cerró la mandíbula con fuerza, tirando hacia delante, y se cernió sobre Camille, que la observaba con ojos desbocados. Intentó soltar la mano de Chi a base de golpes y arañazos, aunque cuando el agarre por fin se liberó no fue porque los ataques de Camille hubiesen funcionado, sino porque Chi escuchó un susurro y sintió un terrible deseo. El deseo de hacerle daño.

Camille tosió, jadeó y forcejeó como pudo, intentando detener los golpes de la joven que la mantenía atrapada sobre el suelo, en vano. Pronto el dolor dio paso al miedo, un miedo que ella jamás había sentido. Cada vez que conseguía abrir los ojos se encontraba con aquellos pozos rojos que la taladraban y, al mismo tiempo, parecían no verla. Camille lloró, gritó, gimió y suplicó, pero con cada golpe, su voz se hizo más y más pequeña, rompiéndose al igual que ella.

Chi no pestañeó mientras la golpeaba, ni cuando sintió su mandíbula crujir o su nariz hundirse o su pómulo desgarrarse. Entre los sonidos que escarbaban su boca mientras la golpeaba hubo súplicas.

«Para».

«Por favor».

«Para».

«Lo siento».

Pero no le importó. Lo único que deseaba era hacer desaparecer ese rostro que la juzgaba.

Si en algún momento Camille dijo que se rendía, Chi no la escuchó. Sus oídos no oían, sus ojos no veían y sus puños no sentían. Lo único que había en ella era una ira que la quemaba con un calor irracional, incontrolable, y si hubiese tenido la perspicacia y la claridad como para intentar cerrar la puerta, no habría conseguido encontrarla.

Sus puños continuaron golpeando y los sonidos húmedos, amortiguados, de cada impacto llenaron el silencio del bosque.

Chi estaba tan perdida en su tarea que no le escuchó acercándose, ni siquiera cuando se arrodilló a su espalda. Una mano enguantada le rodeó el torso, deteniendo sus puños, y la otra le tapó la boca y la nariz.

—Chi, estás bien, estás bien —susurró Kilyan antes de que ella se revolviese, mientras la arrastraba lejos del lugar donde yacía Camille—. Finge que te resistes —añadió segundos después, al ver que la chica no se movía.

En cuanto escuchó esas palabras, la joven intentó desembarazarse del abrazo del joven y sacudió la cabeza, pero en el fondo estaba cansada. Pataleó sobre la tierra, empujando ramas y raíces, levantando pedazos de hierba del suelo. Los pulmones no tardaron en empezar a quemarle, pues cuando Kilyan la había sorprendido, ella ya estaba sin aliento.

Mientras su mirada se oscurecía y su cuerpo quedaba entumecido, Chi observó el rostro deformado de Camille y, por primera vez, vio lo que le había hecho. Estaba prácticamente irreconocible, ensangrentada, hinchada y destrozada, y aunque sabía cómo debía sentirse, no consiguió lamentarse. Había disfrutado cada minuto de lo que le había hecho a esa chica, cada golpe, cada hueso roto, y si Kilyan no la hubiese apartado, Chi habría continuado hasta que el corazón de Camille se diese por vencido.

Porque la detestaba, la odiaba con cada centímetro de su cuerpo, y porque si podía infligirle semejante daño a ella, podía hacérselo a muchos otros, otros que también se lo merecían, que la habían menospreciado y subestimado.

«Nunca más», pensó Chi. «Nunca más volverán a pisotearme».

A partir de ahora, le tendrían miedo.

Capítulo 19

E than suspiró, *su mirada* deambulando al otro lado de la ventana, donde el sol comenzaba a ponerse. Había estado pasando más tiempo allí del que le gustaría.

El viaje de ida y vuelta entre la Zona Central y el Sector de Sabiduría, donde se encontraba el hospital de la Academia, era uno que duraba demasiado. Siempre tenía que sentarse y esperar a que los guardias fuesen en busca del capitán, estuviese donde estuviese, ya que aquel hombre renqueante era el único que podía aprobar las salidas de los alumnos de la Zona Central en los sectores, aunque dicha salida fuese para ir a visitar a sus compañeros heridos.

Ethan estaba convencido de que al capitán le molestaban las constantes visitas del joven y por eso se demoraba tanto en aparecer y garabatear su firma en el permiso de salida. Pero todo aquello no le importaba tanto como el hecho de que

sus compañeros parecían no poder evitar terminar malheri-
dos y confinados en una cama de hospital.

Hacía un par de horas desde que las semifinales habían
llegado a su fin y desde entonces, había estado paseándose
por el hospital esperando a que Chi despertase. A pesar de
haber quedado primeros, con una gran ventaja de puntos, no
conseguía relajarse y disfrutar de la victoria. Tenía una extraña tirantez en el pecho que le impedía respirar hondo, una
tirantez que se había formado al ver cómo Chi atacaba a
Camille, al ver sus gigantescas expresiones plasmadas en lo
alto del estadio; una contorsionada por la rabia y la otra surcada por el miedo. Y aquella sensación en su interior crecía
más y más con cada minuto que pasaba.

Ethan miró a Chi de reojo.

La niña que había reclutado hacía casi dos meses no era
capaz de la violencia que había presenciado aquel día, y
ahora, allí dormida, no parecía haber cambiado nada, pero
Ethan sabía que eso no era cierto. Había cambiado mucho
durante las últimas semanas, tanto que si la hubiese conocido ahora en vez de entonces, no estaba seguro de que la hubiese reclutado. Sobre todo después del ritual de Alessia y de
las sospechas que bullían en su interior.

El líder de gremio devolvió su atención a la ventana,
aguantándose un segundo suspiro. Pronto sería de noche y
tendría todo el día siguiente para descansar. Tal vez inten-
taría visitar a Naeko una vez más mientras esperaba.

«Una semana más», se dijo a sí mismo. No estaba del
todo seguro de lo que quería hacer después del Torneo, o qué
tipo de posiciones se le ofrecerían si ganasen, pero lo que sí
sabía era que no podía esperar a volver con sus padres.

—¿Ethan?

El joven dio un respingo y se giró hacia su compañera, que se había incorporado sobre la cama y le miraba, ligeramente aturdida por el sueño.

—¡Chi! —exclamó él, intentando calmar su corazón. Ella le observó, entrecerrando los ojos, y por un instante, Ethan vio resquicios de la expresión que había tenido durante su última pelea; una pequeña arruga entre las cejas, un brillo venenoso en los ojos... Chi parpadeó y el gesto desapareció. Ethan se frotó los ojos con una mano, intentando sacudirse aquella repentina paranoia—. ¿Cómo te encuentras? ¿Te duele algo?

Después de unos segundos en silencio, Chi se tanteó la garganta, cubierta de vendas, y luego se ojeó los brazos. Todas las quemaduras habían desaparecido. Por último, se miró los nudillos. Cuando Kilyan la había dejado inconsciente, los tenía en carne viva, pero ahora su piel estaba cenicienta, sin un solo rastro de los actos que había cometido.

—Estoy bien —dijo, quitándose las vendas—. ¿Cómo terminó la semifinal?

—Arvel fue el único que quedó en pie. Ganamos con veinte puntos, Millien y Ziyoú terminaron con cinco cada uno. Chestána no consiguió ningún punto.

—¿Camille? —inquirió Chi, sin ningún matiz en la voz.

Ethan tardó unos instantes en darse cuenta de lo que su compañera estaba preguntando.

—Viva —dijo, y su respuesta no cambió el semblante de Chi—. No sé mucho más, pero creo que los sanadores todavía están intentando determinar los... —el líder de gremio hizo una mueca—, daños.

Chi salió de debajo de las sábanas y se sentó al borde de la cama. Estiró las piernas, abriendo y cerrando los dedos de los pies, y recogió su ropa de la mesilla de noche antes de levantarse.

—No sé si deberías estar levantándote, los sanadores dijeron que esa planta que tenías alrededor del cuello era venenosa...

—No me afecta ningún veneno —interrumpió Chi, caminando hacia la puerta—. ¿Puedes coger mis botas?

—Aun así —objetó Ethan, aunque obedeció de inmediato y agarró las botas que descansaban a los pies de la cama—. Deberíamos dejar que los sanadores te vean una vez más, aunque sea solo...

Ella no le estaba escuchando. Salieron de la habitación y cruzaron un par de pasillos, prácticamente desiertos, hasta la recepción de la planta, donde un hombre vestido de blanco los observó de arriba abajo con el ceño fruncido. Chi le dedicó un par de palabras rápidas y, aunque el sanador intentó disuadir a la joven de marcharse, en menos de un minuto la había dado de alta.

Para cuando llegaron de vuelta a la ciudadela, el sol se había ocultado por completo. Ethan se dirigió hacia la taberna, cansado y hambriento. Se dio la vuelta para preguntarle a su compañera si quería comer, pero ella ya había desaparecido.

Un par de horas más tarde, después de cenar y celebrar la victoria del día con algunos de sus compañeros, Ethan y Nahuel se excusaron de la taberna y se escabulleron hasta la biblioteca. En cuanto cerraron las puertas del edificio, bañados por la luz dorada de las hadas, Nahuel sacó un sobre de su chaqueta. Ethan lo reconoció de inmediato.

—¿Es una carta de tu familia? ¿La has leído?

Nahuel asintió y le tendió el sobre. Ethan lo abrió, sacó la carta y ojeó los párrafos con rapidez, demasiado ansioso por las respuestas que había estado esperando toda la semana como para leer las letras con detenimiento.

Vio palabras que le alertaron: asesinato, investigación, inconcluso... hermana.

Sus ojos se detuvieron y buscaron el principio de aquella frase. La leyó una vez, en silencio, y luego otra vez para asegurarse de que sus ojos no le mentían.

—¿Hikami es la hermana pequeña de Arethe?

Ambos jóvenes cruzaron miradas. ¿Qué significaba aquello? ¿Que sus sospechas de que Hikami había asesinado a Arethe eran erróneas... o más probables? Y ahora más que nunca, ¿qué pintaba Chi en aquella historia? ¿Cómo estaba relacionada con las hermanas y cuál había sido su papel en lo sucedido?

—Esto no responde ninguna de nuestras preguntas —dijo Ethan, llevándose una mano a la frente—. Fuera de la Academia es de dominio público que Arethe fue asesinada, pero ¿nunca encontraron al culpable? ¿Su familia simplemente... aceptó esa respuesta?

—No tenemos ni idea de lo que Hikami pudiese haberles dicho. A lo mejor no pensaron que tenían que preocuparse de la integridad de la investigación porque su otra hija tenía un pie dentro de la administración y porque su yerno era el director.

—Eso no explica por qué no hay ningún tipo de archivo sobre la causa de su muerte en la Academia o por qué en ningún sitio dice que Hikami sea su hermana.

Las puertas de la biblioteca se abrieron de golpe, haciendo que Nahuel y Ethan diesen un respingo y retrocediesen un paso. El grupo de hadas que habían estado flotando alrededor de ambos jóvenes se vieron zarandeadas por la repentina corriente de aire. Arvel cruzó el umbral, cerrando las puertas a su espalda, y antes de que sus compañeros pudiesen decir nada, habló:

—Tenéis que parar.

—¿Parar qué? —preguntó Ethan, metiendo la carta en el bolsillo de su chaqueta.

Arvel entrecerró los ojos.

—De husmear —se limitó a decir, como si sus compañeros hubiesen pasado las últimas semanas cotilleando y mirando por los armarios de otras personas. Ethan arrugó la nariz—. Estáis yendo por una senda peligrosa.

—Fuiste tú el que me dijo que encontrase respuestas por mi cuenta, ¿o acaso te has olvidado?

—No me he olvidado, pero he cambiado de opinión. Empujarte a que investigaras fue un error. —Cerró los puños, lo cual dejó escapar un pequeño tintineo de su túnica—. Es demasiado peligroso.

—¿Por qué? —insistió Ethan, poco convencido de la repentina preocupación de su compañero—. ¿A quién le tienes tanto miedo?

Arvel comenzó a negar con la cabeza, pero se quedó completamente quieto cuando Nahuel habló.

—¿Hikami?

Sus pupilas se encogieron hasta ser apenas rendijas. Los tres contuvieron el aliento. Durante aquellos momentos de silencio, mientras los ojos de Nahuel volaban entre sus dos compañeros en busca de reacciones, el erudito sintió un deseo casi doloroso de abalanzarse sobre Arvel y descubrir, sin incertidumbre alguna, todo lo que su compañero sabía, pero controló aquel impulso.

—Es Hikami —dijo Nahuel entonces, cansado de esperar respuestas—. ¿Verdad? De alguna forma te enteraste de que ella asesinó a Arethe, su hermana, la mujer del director. ¿Te está amenazando? ¿Es por eso por lo que no has querido decirnos lo que sabes?

—Arvel, podemos ayudarte, encontraremos más pruebas y cuando estemos seguros, sin ninguna sombra de duda, revelaremos sus secretos, expondremos sus crímenes al mundo y ya no será una magistrada. —Ethan dio un paso hacia delante y su compañero retrocedió—. No tendrás que tenerle miedo nunca más.

Arvel negó con la cabeza y sin decir nada más, se dio la vuelta y salió de la biblioteca igual de rápido que había llegado. Ethan fue el primero en reaccionar. Hizo ademán de seguirle cuando Nahuel le agarró del brazo.

—No te molestes —se limitó a decir—. No nos va a contar nada.

—Tenemos que hacerle entender que estamos de su lado, que no está solo...

—Pero eso no es cierto, ¿verdad? Arvel no es un jugador de equipo. No sabemos cómo está involucrado ni lo que sabe, y desde luego, sepa lo que sepa, no parece querer compartirlo con nosotros, así que dudo mucho que podamos ayudarle.

—¿Y qué propones? ¿Que sigamos aquí encerrados, haciendo montañas de nada? No tenemos nada aparte del recuerdo que le robaste a Hikami, necesitamos más que conjeturas.

Nahuel negó con la cabeza, se dio la vuelta y comenzó a pasearse de un lado a otro de las estanterías, con una mano en el mentón.

—¡No lo sé! No lo sé... —dijo el erudito, mientras giraba sobre sus talones para continuar su andadura nerviosa—. Todo lo que tenemos es circunstancial. Ha pasado demasiado tiempo para encontrar pruebas físicas y no tenemos ni idea de si hubo más testigos aparte de Chi, y ella no se acuerda de nada. —Negó con la cabeza, sonando más y más exasperado con cada palabra. Volvió a caminar de un lado a otro de la estantería antes de parar y girarse hacia Ethan—. Podríamos emboscar a Arvel y, si le sujetamos el tiempo suficiente, sabré todo lo que él sabe.

El líder de gremio negó con la cabeza, perplejo.

—Dudo que sepa mucho más que nosotros. Además, todavía es nuestro compañero y esa sería una gran violación de su privacidad.

Nahuel frunció el ceño.

—¿De verdad te preocupa su privacidad? ¿Después de todo lo que hemos hecho? —Sus palabras no hicieron titubear la expresión estoica de Ethan, por lo que suspiró y continuó pensando en alguna otra forma de obtener más información—. La única otra persona que se me ocurre que podría saber algo es el director. Tuvo que hacer preguntas durante la investigación y alguien tuvo que darle respuestas. Podríamos averiguar qué es lo que Hikami maquinó para ocultar su implicación en la muerte de su hermana y si alguien más estuvo involucrado. Puede que incluso sepa quién es Chi y de dónde viene.

—Tienes razón, y sería relativamente simple saludarle con un apretón de manos. —Ethan asintió—. Volaremos hasta el palacio mañana.

Con un plan en mente y el cansancio del día royéndoles el cuerpo, ambos jóvenes volvieron al hotel y se despidieron en las escaleras.

El líder de gremio cruzó el pasillo en silencio, y antes de entrar en su habitación, se detuvo, observando la luz que se escapaba por debajo de la puerta de Alessia y la falta de luz que había un par de puertas más allá, donde se encontraba la habitación de Arvel.

Con la forma abrupta en la que se había marchado todavía fresca en la mente, Ethan caminó con cuidado hasta el cuarto del joven y dio un par de toques quedos contra la madera. A pesar de lo que Nahuel había dicho, tenía que hablar con él; necesitaba hacerle entender que no estaba solo y que precisaban de su ayuda para destapar todos los secretos que los rodeaban.

Esperó una eternidad, con el corazón desbocado en el pecho, y cuando supo que no iba a recibir una respuesta, rodeó el pomo de la puerta. El metal se sintió frío contra su mano, tanto que por un momento Ethan tuvo la sensación de que quemaba. Alzó su mano libre y se sacudió el cuello de la camisa, intentando calmar el calor que le enrojecía la piel.

Sin pensárselo más, abrió la puerta, casi golpeando la pared opuesta, y vio una habitación vacía. Entrecerró los ojos en la oscuridad. La cama estaba deshecha y las puertas del armario abiertas de par en par, escupiendo túnicas negras por el suelo.

¿A dónde podía haber ido a semejantes horas de la noche?

Una puerta se abrió a su derecha y, sobresaltado, Ethan cerró la habitación de Arvel de un portazo y se giró hacia Alessia, que le observaba con ojos entrecerrados.

—¿Qué estás haciendo?

—¿Has visto a Arvel? —preguntó. Ella negó con la cabeza—. Le estaba buscando.

—Eso veo. —Se miraron durante unos segundos. Alessia se recostó contra el marco de su puerta y relajó los hombros—. Ha estado durmiendo en su habitación los últimos días, es un poco extraño que no esté aquí todavía.

—¿Y eso cómo lo sabes?

—Nada pasa desapercibido para mí —se limitó a contestar la salvaje. La mitad de su rostro estaba oscurecido por las sombras del pasillo y la otra mitad iluminada por las velas, suavizando su tez roja y haciendo centellear sus ojos—. Has tardado bastante en volver.

—Lo sé, estaba...

—¿En la biblioteca? —interrumpió ella, apartando la mirada. Alessia le había dejado clara su opinión en lo que a la investigación se refería, y a diferencia de Ethan, ella le tenía más miedo a la verdad que a la ignorancia. Él asintió—. Ten cuidado —fue lo único que dijo antes de volver a entrar a su habitación, dejando la puerta abierta.

Ethan se acercó y se asomó a tiempo de ver a la joven metiendo su cinturón y todos los pequeños sacos de cuero que colgaban de él en el cajón de su mesilla de noche.

—¿Vienes?

Alessia sopló las velas que iluminaban el cuarto, y minutos después, los dos se recostaron en la habitación de Ethan, él sobre un montón de mantas y almohadas en el suelo y ella en su cama, el único sitio donde conseguía dormir, todavía con miedo, pero al menos no sola.

Ethan y Nahuel descendieron sobre la plataforma de entrada al palacio. Durante las últimas horas de la mañana, con el sol ya alto en el cielo y sin nubes en el horizonte, se hacía difícil mirar directamente a la magnífica construcción de cristal. La luz se reflejaba con tal intensidad que desde lejos parecía una estrella atrapada dentro de un diamante con mil caras y desde cerca era imposible levantar los ojos del suelo.

Caminaron a paso rápido hacia la entrada y los guardias, igual de relucientes que el palacio que custodiaban, asintieron en su dirección. Dentro, Ethan parpadeó un par de veces. La recepción estaba inundada por el sol, pero al menos allí, a pesar de los suelos de mármol y las paredes blancas, el joven podía dejar de admirar sus zapatos.

Se detuvieron frente al escritorio de la recepción. Nahuel levantó el portapapeles, el único objeto que yacía en la mesa, y comenzó a firmar su nombre.

—Buenas tardes —le dijo Ethan al recepcionista que se sentaba frente a ellos, un hombre de pelo blanco, esbelto, y con una sonrisa amigable, igual de brillante que la sala en la que se encontraban. El anciano le saludó de vuelta—. Nos gustaría tener una audiencia con el director.

La sonrisa del hombre no vaciló, pero su ceño se frunció ligeramente.

—¿Tenéis una cita?

—No.

—¿Y cuál es el motivo para la audiencia?

Ambos jóvenes se quedaron en silencio durante unos instantes.

—Es sobre el Torneo —dijo Nahuel, pasándole el portapapeles a su compañero.

—Lo siento, pero voy a necesitar más información que esa para poder justificar una cita. El tiempo del director es muy valioso.

—Es personal —dijo Ethan, posando las manos sobre el escritorio—. No llevará mucho, lo prometo.

El líder de gremio se mantuvo firme frente al anciano, cuya sonrisa se había invertido. El corazón de Nahuel palpitaba con fuerza en su pecho, como si estuviese intentando romperle las costillas. No iban a conseguir hablar con el director, no sin una razón considerable. La angustia del erudito se acentuó por el repentino silencio que se había formado entre los tres presentes. Alzó los ojos, examinando las escaleras imperiales que se levantaban al final de la recepción y las barandillas que adornaban el segundo piso.

No había nadie aparte de ellos tres, ninguna sombra en aquel baño de luz, y aun así, a Nahuel le costó bajar la mirada. El recepcionista volvió a hablar y, aunque no levanto la voz más que antes, a Nahuel le sonó estridente.

—Lo siento mucho —repitió—, pero estoy seguro de que cualquiera de nuestros consejeros podría ayudaros con lo que sea que necesitéis, o incluso un sanador cualificado. Si queréis, puedo concertar una cita con alguno de ellos ahora mismo.

—No, no necesitamos ningún consejero o sanador, solo queremos hablar con el director —insistió Ethan—. Un par de minutos es todo lo que necesitamos.

Entonces, el recepcionista se levantó, cruzándose de brazos.

—Eso no va a ser posible, el director tiene el día entero reservado. Mis disculpas.

Detrás de los jóvenes, los dos guardias que se alzaban a aquel lado de la puerta principal dieron un paso al frente. El corazón de Nahuel se saltó un latido.

—Lo entendemos —dijo el erudito, retrocediendo—. Sentimos mucho las molestias, gracias por su tiempo.

Ethan negó con la cabeza, listo para continuar discutiendo, pero Nahuel ya había comenzado a marchar hacia la salida, deseando volar de vuelta a la seguridad de su ciudadela. El líder de gremio miró a su amigo, luego al recepcionista y otra vez a Nahuel, y con un suspiro exasperado, se apresuró a seguirle.

Salieron bajo el gran celeste y se alejaron varios metros de los guardias antes de que Ethan le agarrase del brazo, deteniéndole.

—No podemos darnos por vencidos, nos estamos quedando sin opciones.

—¿Y qué propones exactamente? ¿Conseguir una audiencia con el director a pulso con el abuelo? —Nahuel negó con la cabeza—. No podemos permitirnos levantar sospechas —susurró, y cuando terminó de hablar, su mirada vagó hasta las puertas del palacio, donde los guardias los observaban tras sus cascos de oro.

—¿Qué quieres que te diga? Me estoy quedando sin ideas. Necesitamos conseguir información del director.

—Lo sé, así que ¿por qué no empezar con Arvel? Puede que a él sí podamos sacarle algo, cualquier cosa, ya sea para responder nuestras preguntas o al menos una razón sólida para hablar con Yule.

—Pero es nuestro compañero...

—Chi también lo es y con ella no tuviste tanto problema al violar su privacidad y hurgar en su pasado.

—Eso no es justo, todo esto lo estamos haciendo tanto por nuestra seguridad como por la de nuestros compañeros.

—¿Estás seguro de que no ha sido por curiosidad? —insinuó Nahuel, obligándose a mantener su voz baja—. Porque de momento, Chi no ha hecho nada que me haga pensar que es un peligro para el gremio. No puedo decir lo mismo de Arvel.

Ethan se pasó los dedos por el pelo, destrozando el cuidado peinado que se había hecho antes de volar hasta el palacio. Le dedicó una última mirada entrecerrada al edificio y luego devolvió su atención a Nahuel. No podía negar sus palabras. Hasta hacía poco, él también había pensado que Arvel era una mayor amenaza que Chi, aunque por desgracia ya no se sentía así.

Nahuel no podía verlo, pero Ethan sabía que Chi no era lo que aparentaba. Por muy poca información que tuviese para justificar aquel sentimiento, por muy enfermo que se hiciese sentir a sí mismo al pensar de aquella manera, no estaba dispuesto a dejar ir esa sensación que se había asentado en su corazón la noche del ritual.

Chi era peligrosa y Ethan lo sabía, Alessia lo sabía, Arvel lo sabía.

Y aunque no estaba de acuerdo con todo lo que Nahuel tenía que decir, al menos tenía que darle algo de razón, porque si Ethan de verdad pensaba que su compañera era una amenaza, entonces haría todo lo que estuviese en su mano para estar preparado. Aunque eso significase cruzar la línea con Arvel.

Hacía horas que el sol había desaparecido del cielo y, por primera vez en todo el día, Ethan se dejó caer sobre su cama, exhausto.

En cuanto él y Nahuel volvieron a la ciudadela, Ethan se marchó en busca de Alessia. Habían decidido emboscar a Arvel, pues estaban seguros de que el joven jamás dejaría que Nahuel utilizase su magia con él por voluntad propia. Para asegurarse de que sus esfuerzos no fallasen, Ethan había decidido reclutar a la salvaje una vez más.

En cuanto la encontró y empezó a contarle sus planes, Alessia se negó con más vehemencia y palabras de las que Ethan la hubiese visto usar nunca. No porque pensase que era mejor idea robarle los recuerdos al director, sino porque, según ella, no debían indagar en asuntos que no les convenían, sobre todo unos que involucraban a las dos personas más poderosas de la Academia, uno de los cuales era el principal sospechoso de un asesinato.

—Vais a terminar muertos los dos —había sentenciado la joven.

Sin embargo, después de discutir en círculos hasta que ambos estaban hambrientos y cansados, Alessia por fin pareció darse por vencida. Se llevó una mano al rostro, masajeándose la sien, y cerró los ojos con fuerza. Ethan la observó y de alguna forma supo exactamente lo que estaba sintiendo. Podía ver el miedo que se escondía bajo su piel y lo mucho que le costaba sacudir los horrores que plagaban su mente. Quiso cerrar el espacio que los separaba entre las estanterías de la biblioteca y poner una mano sobre su espalda, cederle su calidez..., pero no lo hizo, porque no era más que un cobarde que la había arrastrado a una situación que la perseguiría durante el resto de su vida y porque la estaba forzando a hacerlo de nuevo.

En la íntima penumbra de la biblioteca, arropados por el silencio de miles de libros, trazaron un plan para robarle los recuerdos a Arvel esa misma noche. En cuanto sintieron que habían maquinado lo suficiente y repasado punto por punto todas las contingencias, ambos fueron juntos hasta la taberna, donde saludaron al resto de sus compañeros, comieron y le explicaron a Nahuel, en susurros, lo que iban a llevar a cabo aquella noche.

Con Ethan ahora desplomado sobre sus sábanas, las cuales ya no olían a él, lo único que quedaba era esperar a que su compañero apareciese a pasar la noche en su habitación. Repasó el plan una vez más en su cabeza, más por nerviosismo que por miedo de que no fuese a funcionar.

«Con suerte», pensó, «mañana estaremos todos ilesos».

Cerró los ojos y dejó que sus músculos se relajasen, liberando toda la tensión del día. Se quedó allí tumbado, con los brazos extendidos a sus costados como un espantapájaros, hasta que escuchó un chirrido casi imperceptible desde el pasillo, cuyo suelo de madera delataba incluso al más silencioso de los espectros, incluido Arvel.

Ethan se levantó, sintiendo que toda la tensión volvía a oprimir su pecho. Se acercó hasta la puerta de dos zancadas y la abrió de par en par, pero antes de que pudiese salir de su habitación y buscar la silueta negra de Arvel en las sombras del pasillo, alguien le detuvo. La mano de una figura encapuchada le rodeó el cuello, atenazándole la garganta con unos dedos largos y delgados. El joven trastabilló y la figura redirigió su peso y le empotró contra la pared.

Un dolor instantáneo empezó a punzar su cabeza.

La figura cerró la puerta con un rápido puntapié y, sin aflojar el agarre que limitaba las bocanadas de aire de Ethan, se quitó la capucha. Los perfilados ojos negros de Hikami penetraron los suyos. Su expresión era tan agresiva como seria.

—Ma-magistrada —balbuceó Ethan, apenas consiguiendo empujar las palabras por su garganta.

El miedo que invadió al joven no fue inmediato, pero en ningún momento dejó de crecer a medida que los segundos pasaban. Durante días, él y Nahuel habían pasado las horas especulando sobre un asesinato del que ella era la mayor sospechosa, y ahora esa misma mujer estaba en su habitación, en mitad de la noche, asfixiándole con un agarre de acero. La última vez que había matado a alguien, nadie había sospechado de ella, así que Ethan supo, en el mismo instante en el que el palpitar de su corazón se tornó doloroso, que si planeaba matarle, a nadie se le ocurriría mirar en su dirección.

—Cállate —dijo Hikami, entre dientes—. ¿De verdad pensabas que podíais pavonearos por el palacio haciendo preguntas y pidiendo audiencias sin que me diese cuenta? —La mujer tiró de su cuello antes de volver a empujarlo contra la pared. Ethan se ahogó en una tos que quedó atrapada en su pecho. El pánico sacudió su mente, evitando que formase ningún pensamiento coherente—. ¿O que no me iba a dar cuenta de ese roce tan sutil de tu compañero? Malditos niñatos estúpidos. —Masculló los últimos insultos como si tuviese la boca llena y la mandíbula tan tensa que apenas podía mantenerla encajada—. No vuelvas a aparecer por el palacio, no vuelvas a acercarte a mí o al director y deja de meter las narices donde no te conviene. Si no, que Ankoku me ayude, porque mataré al ladrón de recuerdos y sin él, jamás podrás demostrar nada.

Al final del pasillo, Alessia salió de su habitación, con Nahuel pisándole los talones, y observó con ojos entrecerrados la oscuridad. Se giró hacia el dormitorio de Arvel y luego hacia el de Ethan. Le hizo una seña a Nahuel para que no se moviese y a continuación, con la agilidad y destreza de un ciervo, recorrió el pasillo hasta el cuarto de su líder de gremio, esquivando todos los tablones del suelo que habrían delatado sus movimientos al ser pisados. Inspiró y aguantó el aliento antes de inclinarse hacia delante, girando la cabeza hasta que su oreja estuvo a centímetros de la puerta.

Nahuel observó cómo los labios de Alessia, antes una fina línea, se convertían rápidamente en una mueca, y cómo sus ojos se abrían de par en par, sin pestañear. El erudito dio un paso hacia delante, pero la mirada de su compañera se disparó en su dirección. Una advertencia. Nahuel volvió a quedarse quieto.

Alessia desenganchó un saco de su cinturón y comenzó a derramar sal frente a la puerta, creando una barrera perfecta. En dirección opuesta a la puerta dibujó tres líneas más, como un abanico, las cuales terminaron en círculos, y luego sacó de su chaqueta tres pequeñas botellas de cristal, posando cada una de ellas dentro de los círculos que acababa de dibujar sobre el suelo.

El primer frasco estaba vacío, el segundo lleno de agua y el tercero, de tierra.

Susurró unas palabras y se hizo un corte en la palma de la mano con una de sus uñas, dejando que un par de gotas cayesen sobre la sal. Alessia se levantó de un salto cuando la puerta se abrió de golpe, dejándola a centímetros del rostro de Hikami, que la observaba con relámpagos de ira en los ojos. Con el corazón en un puño, Alessia miró más allá de la mujer. Ethan se encontraba encorvado contra la pared, sujetándose el cuello con una mano.

No tardó en comenzar a toser.

—Muévete —ladró la magistrada. Al intentar salir de la habitación, chocó contra una pared invisible con tanta fuerza que trastabilló un par de pasos. Frunció el ceño y fue entonces cuando pareció darse cuenta de quién se encontraba frente a ella. Sus labios desaparecieron en una línea tensa mientras sus ojos rodaban hasta el suelo, donde la sal permanecía imperturbable—. ¿Qué es esto?

Nahuel apareció al lado de Alessia y en cuanto vio a la mujer, sus labios se entreabrieron por el espanto. Hikami dio un paso atrás.

—Si yo fuese vosotros, pensaría con mucho cuidado lo siguiente que vais a hacer —amenazó Hikami, alejándose de la puerta, de Nahuel.

El aire empezó a condensarse y en el techo aparecieron goteras, cuya agua caía sobre el suelo con un sonido mudo, esporádico. Alessia se fijó en las manos de la mujer, cerradas como rocas a sus costados. Si la magistrada decidía atacar utilizando su magia, ella y Nahuel estarían a salvo, pues nada podía traspasar la barrera que había creado, pero no protegería a Ethan, el cual todavía no había terminado de toser detrás de la mujer.

Nahuel dio un paso hacia delante, quedando al lado de Alessia, y en sus ojos ya no había ningún miedo, aunque debajo de su coleta dorada su cuello estuviese cubierto de perlas de sudor.

—No, magistrada, creo que es usted la que tiene que pensar con cuidado —dijo Nahuel. Ethan se enderezó una vez que su ataque de tos llegó a su fin, y cuando dejó de sujetarse el cuello, sus compañeros vieron con claridad la huella rojiza de una mano sobre su piel—. Acabamos de verla agrediendo físicamente a un alumno en mitad de la noche. —Hikami empezó a negar con la cabeza despacio. Las contraventanas de la habitación se sacudieron, golpeando el cristal con violencia. Se acababa de desatar una tormenta—. Alessia, ¿puedes avisar a los guardias, por favor?

La joven asintió e hizo ademán de empezar a correr por el pasillo, pero se detuvo cuando escuchó la exclamación de Ethan. Un látigo de agua emergió de la mano de Hikami, que temblaba de pies a cabeza como si se encontrase extraviada en medio de un invierno frysterro, y se enredó alrededor del cuello del joven.

—No des un paso más... Ninguno de los dos. —Su voz tembló fuera de sus labios. Su rostro había adquirido un tono pálido, enfermizo, que destacaba las venas azuladas alrededor de sus ojos. Ethan soltó un gemido ahogado, sus dedos hundiéndose en el agua, incapaz de desatarla—. Sabéis de lo que soy capaz, no me hagáis demostrarlo. Dejadme salir de esta habitación ahora mismo y no os haré daño a ninguno.

Alessia la miró, con ojos entrecerrados, y volvió a detenerse frente a la puerta, ahora con una expresión mucho más desafiante, casi iracunda. Nahuel observó el rostro de su compañero, el cual perdía más y más color con cada segundo que pasaba. Sabía que tenían a la magistrada acorralada y que hiciesen lo que hiciesen, ella saldría perdiendo, pero no estaba seguro de querer arriesgar la vida de Ethan a esa certeza, aun sabiendo que no podían confiar en que Hikami les dejase en paz después de todo aquello.

Abrió la boca, sin haber decidido aún cómo iba a jugar sus cartas, pero Alessia se le adelantó. Metió la mano en uno de sus sacos y la alzó hasta su rostro, soplando un polvo azulado sobre la mujer. Inmediatamente, el látigo de agua que apresaba a Ethan empezó a temblar antes de desmoronarse, salpicando el suelo.

La salvaje, con la nariz arrugada y los dientes expuestos, pasó la línea de sal que la protegía de la magistrada y le cruzó el rostro de una bofetada, haciéndola caer. Hikami se sostuvo la mejilla y gateó hacia atrás, empujando las sábanas y almohadas sobre el suelo. Sus ojos, empañados por la confusión, volaron entre Alessia y el charco de agua que ahora mojaba la madera, pero no tardaron en aclararse.

—¿Cómo te atreves...? —dijo Hikami, dejando la frase en el aire. Intentó sacudirse el polvo de encima con movimientos rápidos, frenéticos. Se detuvo en cuanto vio a Nahuel entrar en la habitación. Tenía las mangas de su camisa remangadas y las manos abiertas mientras se le acercaba. La magistrada abrió los ojos de par en par—. No te muevas —le amenazó, aunque su voz ya no sonaba tan severa como antes. Retrocedió aún más, hasta que su espalda chocó contra la pared. Sobre su cabeza, las contraventanas habían dejado de dar golpes; la tormenta había desaparecido—. ¡No me toques! —gritó, y aunque Nahuel sintió que sus pies vacilaban, supo que no podía parar.

Jamás tendrían una oportunidad mejor que aquella para conseguir respuestas.

Hikami intentó levantarse, intentó atacarle, pero Alessia y Ethan se abalanzaron sobre ella y la inmovilizaron. Se retorció como una lagartija, tratando de escabullirse de las manos que la apresaban, y no paró en ningún momento, ni cuando Nahuel se arrodilló frente a ella ni cuando puso ambas manos contra su sien.

A pesar de sus forcejeos y patadas, de sus quejas y gruñidos, el erudito entró en su mente y, por fin, lo vio todo.

Capítulo 20

Chi abrió los ojos y lo primero que vio fue blanco.

Suave, tranquilo, agradable.

Sensaciones que le resultaban familiares, al igual que el tacto de la seda de su vestido y la luz que se filtraba a través de las finas cortinas que ondeaban a su alrededor. Notó la mesa de madera a un par de metros de distancia, repleta de todo tipo de manjares.

Era la hora de comer, supo, aunque todavía no tenía hambre.

A pesar de la altura, el viento soplaba con cuidado por las puertas de cristal que daban al jardín. No se estaba paseando entre las flores y los árboles de fruta, pero supo exactamente cuál era su lugar favorito en aquella pequeña selva en el cielo: una fuente de piedra clara, a la sombra de los árboles, cuya agua había dejado de fluir, reemplazada por hiedras mucho mayores que ella.

Mientras pensaba en aquel rincón secreto del jardín y lo mucho que le gustaría estar allí, jugando, un pequeño murmullo de irritación creció, poco a poco, hasta convertirse en una tormenta furiosa, inverosímil, tan vasta que su pequeño cuerpo no pudo contenerla.

Su corazón temblaba, sus dedos hormigueaban.

Chi bajó la mirada y vio sus manos, pequeñas y rechonchas, descansando sobre su regazo. Tenía un poco de tierra debajo de las uñas, pero su vestido blanco permanecía impoluto, o eso pensaba hasta que sus ojos vagaron más allá de sus manos y su regazo, hasta el dobladillo de su vestido, el cual empezaba a teñirse de rojo.

Iracundo, impaciente, caótico.

Siguió el charco rojo que se extendía por el suelo, contaminando todo a su paso, hasta que sus ojos se toparon con los de una mujer que la observaba como si fuese invisible. Sus ojos, vidriosos, estaban demasiado abiertos. Cuatro riachuelos rojos, ahora secos, caían desde sus ojos y orejas. Chi sabía que aquellas eran las lágrimas más dolorosas que la mujer frente a ella hubiese derramado nunca.

Sintió cómo su estómago se retorcía, pues ver a aquella desconocida tendida en el suelo, con una expresión helada en un momento que ya había pasado, le causaba un dolor indescriptible. Su corazón luchaba desde su cárcel de costillas, enviando angustia y tormento por sus venas.

No dejó de observar aquel rostro que poco a poco se volvía más y más familiar, y con cada paso que su mente daba hacia la verdad, más sentía que su corazón iba a reventar en mil pedazos, hasta que, por fin, sus labios se entreabrieron. Y, aunque ningún sonido escapó de ellos, cuando Chi volvió a abrir los ojos, estaba gritando.

Despertó con un alarido rasgándole la garganta. Se incorporó de inmediato y cerró la boca en cuanto sintió bilis trepando desde su estómago. Corrió hasta el baño y se arrodilló frente al inodoro. Se quedó allí, temblando sobre las baldosas, hasta que no le quedó nada más en el cuerpo y las arcadas dejaron de mantenerla doblada sobre sí misma.

Arrastró los pies por el pasillo hasta su habitación y se derrumbó sobre la cama. No consiguió cerrar los ojos y volver a dormir, porque cada vez que lo hacía, veía a aquella mujer cuya expresión y palidez se asemejaban tanto a las de Melibea.

Esa pesadilla había sido muy diferente de las muchas otras que había tenido. Había sido nítida, pues mirase donde mirase, el mundo no se había hecho borroso; y, por encima de todo, se había sentido presente, despierta, como si fuese dueña de su cuerpo en vez de estar sufriendo los movimientos orquestados de una mente dormida.

Recordaba cada detalle, cada sensación e incluso los olores que la rodeaban, pero por mucho que lo intentase, no consiguió recordar lo que estaba ocurriendo. ¿Por qué estaba allí sentada? ¿Quién era la mujer? ¿Y... por qué estaba muerta? Sus pensamientos hicieron que las náuseas volviesen a gatear por su garganta, por lo que apartó las imágenes de su mente y cerró los ojos.

Se hizo un ovillo al borde de la cama, apretándose a sí misma como si eso fuese a ahogar el dolor. En algún momento de la noche, a pesar de estar despierta, su mente dejó de formar pensamientos coherentes y unos brazos fríos, invisibles, la acunaron por detrás, rodeándole el torso con fuerza. Chi dejó escapar un suspiro tembloroso. Se le había erizado el cuerpo entero.

Cuando volvió a inspirar, reconoció el perfume de Melibea impregnando su nariz. Su olor era exactamente como recordaba: metálico, como el sabor de la sangre, y ácido como el alcohol que bebía.

Si tan solo Kilyan estuviese allí....

Desde que habían dejado de verse por las noches, Chi sentía que su vida se estaba agrietando poco a poco y que pronto todo se vendría abajo. Sin Kilyan ahí para recoger sus pedazos del suelo, no había control. Se sentía como una extraña dentro de su propio cuerpo, sufriendo de unas emociones que no comprendía y siendo acribillada por unos pensamientos que la asustaban.

Sin él, no había luz.

El primer día de la última semana de Torneo empezó con un giro inesperado. Tanto los alumnos como el público habían esperado que los próximos cinco días fuesen más peleas individuales, puede que incluso en parejas, como preámbulo de un grandioso final, igual que había ocurrido en docenas de ediciones anteriores, pero este año, decidieron los organizadores, iba a ser diferente.

Wilson, que siempre hacía frente al público con una sonrisa y una disposición orgullosa, se detuvo en el centro de la arena más aturullado de lo que Chi le hubiese visto nunca. Tenía un par de mechones sueltos sobre su frente y, a pesar de la distancia entre él y el palco, la joven se fijó en el sonrojo en su piel, que reptaba por su cuello y orejas como un mal sarpullido. Forzó una sonrisa mientras saludaba al público, con un sobre en la mano, y durante un momento, sus ojos se detuvieron sobre el palco presidencial antes de darle la espalda.

—Querido público, creo que hablo por todos cuando digo que este ha sido uno de los Torneos más fascinantes que hemos tenido en años. Hemos presenciado peleas cuyos resultados nos dejaron atónitos, eventos que exigieron de nuestros alumnos su todo y, desde luego, hemos visto un potencial y una grandeza inigualables en los gremios de esta temporada. —El público aplaudió las palabras del presentador cuando este hizo una pausa, abriendo el sobre que sostenía con manos temblorosas. Se pasó el hombro de su chaqueta contra la mejilla—. Por eso, el consejo ha decidido que, para celebrar este increíble año, esta última semana será especial. En vez de un simple evento durante el último día de Torneo, las finales durarán toda esta semana y la atracción principal será una jamás vista, algo en lo que nuestros sabios ingenieros han estado trabajando durante incontables horas. —Wilson inspiró hondo, sus ojos cayeron sobre el papel y no volvieron a alzarse mientras hablaba—. Ahora, sin más dilación, os presento al único en su especie, la criatura que revolucionará este y todos los Torneos por venir: ¡la Quimera!

Los aplausos del público fueron tímidos mientras Wilson se giraba hacia la puerta por la que siempre entraba y salía para mirar al ser que acababa de presentar al mundo. La criatura que salió de las sombras del túnel hizo que los aplausos cesasen y que los alumnos se levantasen de sus asientos para acercarse. Su forma se asemejaba, a duras penas, a la de una persona sumamente encorvada, cuyos pies se arrastraban sobre la arena como si no supiese cómo caminar, pero ahí era donde terminaban sus similitudes con cualquier ser reconocible. Su cuerpo estaba hecho de algo que parecía tan líquido como espeso, de un negro profundo, que cambiaba de forma y ondeaba como si estuviese respirando.

La criatura se detuvo al lado de Wilson, el cual dio un paso atrás de manera instintiva. Se había olvidado de sonreír. De nuevo, los ojos del presentador volaron hasta el palco presidencial, donde el director se había levantado de su asiento. A su lado, Hikami observaba la arena con los ojos abiertos de par en par y una mano sobre el rostro.

Chi frunció el ceño hacia su madre adoptiva, notando las bolsas bajo sus ojos, la palidez de su piel y su peinado descuidado. ¿Estaba tan horrorizada con la criatura que había puesto los pies en el estadio o le había ocurrido alguna otra cosa? Cuando movió su atención de la magistrada al resto de los presentes, Chi se fijó en que el director había desaparecido, al igual que varios miembros de su consejo.

—¿Qué es eso? —Mael fue el primero en romper el silencio que se había asentado sobre el palco de Bershat, pero nadie contestó.

—Hoy daremos comienzo a las Pruebas del Terror —anunció Wilson en cuanto el público se calmó lo suficiente como para dejarle hablar. No había gritos ni vítores, sino conversaciones a voz alzada, gente entrando y saliendo, confusión, perplejidad, recelo—. Esta Quimera, creada a base de magia, es capaz de identificar y tomar la forma de cualquiera de nuestros peores miedos. Durante estas pruebas y gracias a esta magnífica creación, nuestros alumnos tendrán que demostrar su valentía y aptitud al derrotar a sus peores pesadillas, aquellas cosas que les persiguen tanto en sueños como en su día a día. Y al final de esta semana, solo el gremio capaz de enfrentar y vencer sus miedos será coronado ganador del Torneo.

El final de su discurso fue suficiente para reavivar la agitación de las gradas, recibiendo una gran oleada de aplausos.

Los gremios, por otra parte, no parecieron tan felices con la revelación de la Quimera. Los alumnos cayeron en un pánico repentino. Todos y cada uno de ellos habían demostrado una vez tras otra que eran los más fuertes y poderosos de la Academia entera y, aun así, nadie parecía demasiado dispuesto a pelear contra sus mayores miedos. Pero por mucho que discutiesen, nadie les había pedido su opinión, y desde luego no esperaban su consentimiento.

Esa era la última prueba que tenían que pasar para llegar a la cima del Torneo, y tendrían que superarla o aceptar su derrota.

Dos miembros de cada gremio pelearían contra la Quimera cada día. La primera en ser seleccionada fue Pacífica de Ziyoú. La joven, a pesar de compartir la tez oscura de su hermana, palideció ante el anuncio de Wilson. Sus compañeros le dedicaron palabras de apoyo, pero la preocupación en sus rostros era evidente, sobre todo la de Marina, quien sabía con exactitud cuál era el peor miedo de su hermana pequeña.

El público no tardó en descubrirlo.

La Quimera se transformó no en una persona o en un monstruo, sino en un inmenso océano. Las barreras de protección del estadio se activaron en cuanto la arena fue inundada por olas gigantescas y pronto, todos los palcos quedaron aislados por agua salada. Chi observó, con los labios entreabiertos y bajo una luz débil, la pared de agua que ahora se erguía frente a ellos, sujeta únicamente por el resplandor azul de la barrera.

El peor miedo de Pacífica, la elemental de agua, era ahogarse.

La primera Prueba de Terror no duró demasiado y, para el alivio de todos los presentes, Pacífica no se ahogó en aquella masa de algo que se parecía al agua, pero que ella no podía manipular. La Volkai tuvo que transformarse para vencer las poderosas corrientes marinas que se habían formado y, en cuanto consiguió orientarse, nadó hasta la superficie y alzó el vuelo. Sus escamas, de todos los colores de un arrecife de coral, brillaron mojadas bajo el sol, y al sacudir las alas, la insinuación de un arcoíris tiñó el aire.

La Quimera regresó a su estado original, viscoso e indefinido, en cuanto la dragona escapó de sus fauces líquidas. Los tambores sonaron y él publicó aclamó aquel espectáculo inesperado.

La nueva atracción del Torneo había hecho su gran entrada con éxito.

Pocos de sus compañeros pasaron por la taberna aquella tarde.

Mael y Kobu habían sido los elegidos del día para pelear contra la Quimera y desde que habían vuelto a la ciudadela ninguno de los dos había dado la cara.

Kobu se había enfrentado a un Volkai Zú, un lobo como él, pero más grande y cuyo pelaje marrón estaba jaspeado de gris. No habían compartido ninguna palabra, ni siquiera un gruñido, antes de que Kobu se transformase y arremetiese contra la Quimera. Después de una pelea feroz, llena de garras, dientes y sangre, Kobu había rodeado el cuello del dragón con su mandíbula y la había cerrado con tanta fuerza que el estadio entero escuchó el lloro de su adversario y el crujido de su cuello al romperse.

La Quimera volvió a su forma original, ilesa, y Kobu, que se encontraba gravemente herido, fue cargado fuera de la arena por un grupo de sanadores.

La pelea de Mael fue muy diferente. No hubo sangre, ni gruñidos, ni magia, ni... nada más que un joven enfrentándose a la realidad de que su peor miedo, el que se escondía en la profundidad de su ser acechando cada noche y cada día, era decepcionar a sus padres. Compartió palabras mudas, que solo Chi consiguió escuchar, con la Quimera, la cual había adoptado la viva imagen de su madre, y cuando unas lágrimas silenciosas comenzaron a rodar por sus mejillas y la mujer ladeó el cuerpo, dando la espalda a Mael, los tambores sonaron y él se quedó allí, temblando, hasta que Leon abrió un portal a su lado y le guio lejos de la arena, arropándole con un brazo.

Nadie dijo nada cuando ambos jóvenes se marcharon por el túnel, ni cuando fueron los primeros en desaparecer después de que el día llegase a su fin.

—Todavía no termino de creer que de verdad estén haciendo esto —dijo Ebony en voz baja. Ella y Ethan estaban sentados a la barra, hablando frente a sus platos vacíos—. Están exponiendo nuestros miedos más profundos al mundo, ¿y para qué? ¿Para hacer más dinero? —Sonó débil, como si le costase mantener la voz en un susurro y sus emociones bajo control al mismo tiempo.

—Yo tampoco termino de creérmelo —respondió Ethan.

A pesar de estar sentada en una de las mesas al otro lado de la habitación, frente a Rhonda, Chi podía escuchar la conversación con claridad. Se metió una última cucharada de estofado en la boca antes de alzar la mirada. Rhonda había estado apuñalando el mismo trozo solitario de carne con su tenedor desde hacía un par de minutos y Chi supo, a juzgar por la profundidad con la que estaba frunciendo el ceño y la ligera mueca en sus labios, que no estaba de humor para conversaciones.

Sus ojos recorrieron la taberna, pasando por encima de las espaldas de Ethan, Ebony, y Zafrina —que se estaba pintando las uñas en el lado opuesto de la barra— para detenerse sobre Nahuel, que a pesar de estar sentado en su asiento de siempre, bajo la ventana, y de tener un libro en la mano, la estaba observando.

Sus miradas se encontraron durante un instante y entonces, el erudito devolvió su atención al libro que sujetaba. Aquel gesto habría pasado por desapercibido para Chi si no fuese porque, a continuación, el corazón de Nahuel empezó a galopar en su pecho. Le observó con atención y aunque él hizo todo lo que pudo por mantener su atención en las páginas, después de un par de minutos, sus instintos vencieron y levantó los ojos una vez más. Tenía las pupilas dilatadas.

¿Estaba nervioso por los eventos del día? ¿O le ocurría alguna otra cosa?

Arvel entró en la taberna y de inmediato sus ojos se encontraron con los de Chi. Ella sintió un picor exasperante en las manos al observarle cruzar la estancia hacia Ethan.

—Necesito hablar contigo —se limitó a decirle al líder de gremio.

—¿Pasa algo? —preguntó Ebony, levantándose de su taburete a la vez que Ethan.

—No, no pasa nada —dijo él, siguiendo a Arvel—. ¿Seguimos hablando luego?

Ebony asintió mientras volvía a sentarse, apenas consiguiendo disimular su confusión. De camino a la salida, Arvel miró a Nahuel de reojo y este se levantó también, siguiéndolos.

Chi no se movió de su silla hasta que las pisadas de sus tres compañeros desaparecieron calle abajo y, por fin, sintió que tenía suficiente control como para respirar.

—¿Sabes lo que están haciendo? —le preguntó a Rhonda, la cual le dedicó un gesto algo molesto antes de hablar.

—No —sentenció, y después de que Chi imitara su expresión agria durante unos segundos, suspiró—. Llevan días subiendo y bajando a la biblioteca y haciendo un ruido increíble en el hotel. No tengo ni idea de lo que andan maquinando y tampoco es que me importe demasiado.

Chi asintió y, aunque había dado la conversación por finalizada, su compañera no tardó en volver a hablar.

—Sé que eso de estar enfadada es algo nuevo para ti, pero tienes que aprender a procesarlo un poco mejor.

—¿Qué?

—Parece que estás a punto de estallar. Una pequeña gota más y lo mismo se te revienta una vena.

—Hace un par de días me dijiste que aceptase cómo me siento, que me ayudaría.

—Sí —dijo, punzando la carne una vez más—. Pero el secreto es canalizar esa agresión cuando la necesitas, no ahogarte en ella.

—Eso díselo a tu comida —masculló Chi. Agarró su plato y lo llevó hasta la cocina antes de marcharse de la taberna.

Ahora más que nunca, le costaba mantener a raya la furia que bullía en su interior. Lo que le había hecho a Camille no había sido un simple pensamiento mezquino, como muchos otros que se presentaban sin invitación en su mente. No. Lo que le había hecho a Camille había sido real. Todavía podía sentirla bajo su cuerpo, intentando escapar de sus puños con el terror surcándole el rostro, como si no la estuviese mirando a ella, a una persona como cualquier otra, sino a un monstruo que la atacaba con malicia, sin una gota de remordimiento ni escrúpulos.

Algo que podía dejarla viva o muerta sin inmutarse.

Sintió un escalofrío recorrerle el cuerpo al revivir aquel encuentro y en cuanto un ligero malestar comenzó a revolverle el estómago, recordó todo lo que Camille le había dicho, su condescendencia, su asco..., y tan rápido como había aparecido, el malestar se apagó, dejando atrás las brasas de su ira.

No se arrepentía de nada.

Capítulo 21

Lo primero que vio al abrir los ojos fue el cielo, de un azul imposible, enmarcado por docenas de hojas que bailaban con cuidado al ritmo de la brisa, proyectando suaves sombras sobre ella. Allí donde el sol se colaba entre las ramas, su piel se sentía cálida.

Se encontraba tumbada sobre la hierba. Al ladear la cabeza se topó con unos ojos iguales a los suyos, pero de un celeste pálido, medio escondidos detrás de una manta de rizos rubios. El niño sonrió al ver que se había despertado por fin. Había estado durmiendo sobre su regazo. Chi le devolvió la sonrisa de forma instintiva. El niño alzó una mano al cielo, sobre su rostro, y las docenas de aros plateados que adornaban su brazo cayeron hasta su hombro, añadiendo un tintineo melodioso al susurro de las hojas. Sin decir nada, el niño sacudió los dedos, manteniéndolos por encima del rostro de la pequeña, y poco a poco, unos *finos copos de nieve escaparon de su palma, resplandeciendo en mil colores bajo los rayos de sol intermitentes.*

Los copos bailaron por el aire hasta el rostro de Chi, tocándole primero la frente, luego las mejillas y la nariz, y en aquel momento, una felicidad infantil, sin límites, la llenó por dentro y se desbordó en una risa que carecía de preocupación.

Alegría pura, inocente, simple.

La risa de ambos niños se deslizó entre los árboles, más allá de la fuente cuya estatua vertía plantas a sus espaldas, cubriendo el jardín entero.

Cuando Chi se despertó, de vuelta en su edificio de la ciudadela, todavía podía sentir el cosquilleo de esa felicidad sin filtro recorriéndole el cuerpo, aunque no tardó en disiparse hasta no ser más que la sensación de algo vagamente familiar, algo que no estaba del todo segura de conocer o de haber sentido nunca.

El segundo día de las Pruebas del Terror fue mucho más popular que el primero. Alumno tras alumno, cada pelea era un soplo de aire fresco para el público, pues era imposible prever qué tipo de espectáculo estaban a punto de presenciar.

Rhonda fue la primera de su gremio en ser llamada y su actitud fue muy diferente a la que solía vestir durante sus combates. No había ni rastro de aquel frenesí en el que solía estar, esa fogosidad con la que bajaba a la arena, lista para romper huesos. Esta vez, su rostro estaba serio, surcado por un ceño que se fruncía con irritación. Nadie le preguntó cuál era su peor miedo y ella no dijo nada mientras saltaba por encima de la barandilla y se acercaba a Wilson.

Alzó las manos hacia la Quimera y esta hizo lo mismo, envolviendo las de Rhonda con su cuerpo acuoso. La joven se encogió ligeramente, asqueada, mientras la Quimera acariciaba su mente en busca de sus más profundos terrores.

Wilson se alejó y cuando la Quimera encontró lo que estaba buscando, retrocedió un par de pasos y los tambores sonaron. La persona en la que el ser se transformó a continuación envió una ola de exclamaciones por el estadio. Hasta aquel momento, cada vez que la Quimera se había transformado en una persona, había sido alguien relacionado con el alumno, pero esta vez, el público reconoció la figura.

Rhonda inspiró con fuerza, sus ojos abriéndose como si ella misma no terminase de creer lo que estaba viendo. Su rostro se vio plasmado por encima de la arena y, para los que no la conocían, su expresión habría sido una de miedo.

Frente a ella se alzaba un hombre pálido, cuyos rizos azabache se encontraban ligeramente aplastados por el peso de una corona de oro blanco surcada por diamantes, con la forma de afilados carámbanos de hielo que apuntaban hacia el cielo. Eran un rostro y una corona inconfundibles.

El rey de Frysterra tenía la expresión de un muñeco sin vida. Vestía una pesada capa de terciopelo azul y un traje negro, y sobre su pecho descansaban varios medallones de aspecto pesado. Era un hombre alto, corpulento, que inspiraba respeto con la misma eficiencia con la que intimidaba. Sin ningún cambio en su rostro, el rey alargó una mano hasta la espada que yacía contra su cintura y la desenvainó con una lentitud dolorosa.

Kobu se acercó hasta la barandilla. Arvel se irguió bajo su túnica.

El estadio entero estaba en silencio. No era solo el rey de una de las tres naciones: también había sido ganador del Torneo en su época, gran amigo del director y, en cualquier aspecto que se pudiera pensar, un hombre adorado por sus súbditos.

La invisibilidad de las escamas de Rhonda titiló durante un instante antes de que sus extremidades se volviesen visibles. Tenía seis en total, que escapaban por la espalda descubierta de su camiseta, y todas ellas parecían estar temblando como la cola de un gato que observaba a un pájaro desde el suelo.

El rey empuñó la espada con ambas manos y la giró sobre sí misma, arrancando exclamaciones y susurros horrorizados al público. La punta de la espada estaba inclinada hacia su estómago. La espalda de Rhonda se crispó y, sin perder un instante, se lanzó hacia el hombre con movimientos desesperados, dos de sus escamas perforando el suelo a medida que la impulsaban hacia delante y otras dos frente a ella, intentando alcanzar al rey. Antes de que él pudiese penetrar su estómago con el filo de su propia arma, una de las escamas se enroscó alrededor de su brazo y se lo retorció, obligándolo a dejar caer la espada, aunque aquello no pareció disuadirlo.

Con la mano libre, el rey sacó una daga de su cinto y la llevó a su cuello con un movimiento rápido y fluido, dispuesto a rebanárselo sin siquiera pestañear. Rhonda se abalanzó sobre él, arrancándole el filo de las manos. Cayeron sobre la arena, levantando una pequeña nube de polvo. El público observó, con bocas abiertas y manos sobre el pecho, cómo la alumna conocida como «la Castigadora» hacía todo lo posible por mantener al rey con vida.

Forcejearon durante unos segundos rápidos, durante los cuales el rey continuó intentando alcanzar diferentes armas escondidas bajo su capa, aunque pronto, Rhonda le redujo por completo. La joven se quedó allí, sentada sobre el rey de Frysterra, que estaba inmovilizado bajo sus poderosas extremidades, como si estuviese absorbiendo cada detalle de la imagen del hombre. Nadie en aquel estadio conocía la relación que compartían o por qué el peor miedo de la alumna era que el rey muriese, pero todos esos pensamientos fueron arrancados de las mentes de los presentes cuando Rhonda le rodeó el rostro con las manos temblorosas y acunó sus mejillas.

La joven acercó su rostro al del hombre, mirándole a los ojos, tan cerca el uno del otro que sus expresiones apenas podían captarse. Sus escamas temblaron desde su espalda hasta sus puntas, todavía enroscadas alrededor del rey, y entonces, hizo girar sus manos con brusquedad, rompiéndole el cuello.

Los tambores ahogaron miles de gritos horrorizados provenientes de las gradas. Los pies de Arvel perdieron algo de equilibrio, por lo que tuvo que reclinarse contra la pared detrás de él. Kobu se llevó una mano a la boca, ahogando unas arcadas.

El mundo entero parecía haberse olvidado de que aquella criatura no era el rey de Frysterra, e incluso cuando la Quimera volvió a su forma original, muchos no consiguieron ver más allá del crimen que Rhonda acababa de cometer.

Su peor miedo no era que el rey muriese. Su peor miedo era que no fuese ella quien lo matase.

Rhonda se levantó del suelo y su rostro vistió una sonrisa incrédula que bailaba entre la alegría y el desconcierto. Se miró las manos, que todavía no habían dejado de temblar. Devolvió su atención a la Quimera, la cual ya no parecía un hombre, y aunque sabía que el rey de Frysterra seguía vivo en alguna parte del mundo, se sintió completa. Como si la púa que había tenido incrustada en las profundidades de su ser, haciendo que cada día fuese tortuoso, se hubiese disuelto por fin.

Cuando subió de vuelta a su palco, sus compañeros se apartaron a su paso, algo que ella no pareció notar. Seguía mirándose las manos mientras desaparecía en las sombras del túnel, sintiendo cómo sus pulmones se ensanchaban, dejándola respirar como nunca antes.

Una sorpresa los recibió en la ciudadela aquella tarde.

Naeko se encontraba sentada en los escalones de uno de los edificios cerca de las puertas de entrada. Cuando la vieron, varios de sus compañeros corrieron a su encuentro. Mael y Leon le dieron un gran abrazo, seguidos por Ebony, Ethan y Nahuel. Chi se mantuvo al margen del grupo, esperando a que terminasen de celebrar el regreso de su compañera.

Rhonda y Arvel habían desaparecido.

Habiéndose olvidado por completo del horror que habían sido aquellos últimos dos días de Torneo, sus compañeros emprendieron la marcha hacia la taberna, listos para festejar.

Chi se acercó a Naeko, aprovechando que caminaba más lento que los demás, y al verla, la clarividente sonrió.

—¿Cómo... te encuentras? —Chi carraspeó, dándose cuenta de que llevaba sin hablar desde la noche anterior.

—Mejor, cansada, pero mejor.

Chi la miró de reojo. Era cierto que tenía mejor aspecto; ya no estaba tan pálida y marchita y sus ojeras habían desaparecido, aunque aún conservaba un aire delicado, como si un viento demasiado fuerte pudiese romperla en mil pedazos.

Chi sabía lo que podía pasarle a un Volkai que abusaba de sus poderes.

No era algo común en el resto del mundo, pero en la Academia las cosas eran diferentes. Había escuchado de muchos alumnos que se habían forzado por encima de sus límites para superar exámenes, pruebas y clases, y las consecuencias eran siempre graves. Cuando un Volkai abusaba de sus poderes, igual que un músculo desgarrado, a veces un largo periodo de descanso solucionaba el problema. Otras veces, esos poderes jamás volvían a ser lo que eran. En el peor de los casos, el sobreuso de magia terminaba con la muerte.

—¿Y tú? —añadió Naeko después de unos segundos de silencio.

Sus miradas se encontraron y Chi negó con la cabeza.

—Lo siento —dijo, esquivando su pregunta—. No sé lo que hubiese pasado si no me hubieses parado aquella noche; desde luego, Kilyan no seguiría en la Zona Central si no fuese por ti y… me di cuenta del aspecto que tenías, de que no te encontrabas bien, y lo ignoré. Debería haberte ayudado y ni siquiera pregunté.

—Oh, Chi —susurró su compañera, pasándole un brazo por los hombros y dándole un apretón. Un escalofrío recorrió la piel de Chi—. Aprecio tu disculpa, pero no deberías dejar que esto pese sobre tus hombros. No es tu trabajo preocuparte por mí o por ninguno de nosotros. Creo que estaba destinada a terminar en el hospital, sin importar cuántos de mis compañeros intentasen intervenir.

—Aun así. Nunca has hecho nada más que ayudarme, y cuando tuve la oportunidad de devolverte el favor, no lo hice.

—Estás perdonada, ¿entendido? No te culpes por nada.

Chi frunció los labios, a sabiendas de que si la situación hubiese ocurrido al revés, ella no estaría tan dispuesta a perdonar a su compañera.

Una vez más, como le había pasado varias veces en las últimas semanas, sintió un profundo malestar en el estómago. Se preguntó en qué momento había cambiado tanto, cuándo se había vuelto tan amarga y por qué se sentía esclava de las oleadas de odio y resentimiento que la azotaban cada minuto de cada día. Le faltaban las fuerzas para resistir esas emociones y sacar la cabeza del agua a pesar de que sabía, *sabía*, que podía hacerlo.

Ahora, mientras caminaba hacia la taberna con Naeko a su lado, ese resquemor había desaparecido por completo, dejando solamente un nauseabundo sentimiento de vergüenza.

Capítulo 22

Kilyan *fue el primero* en ser seleccionado para el tercer día de las Pruebas del Terror, y como muchos de los otros alumnos de la Zona Central, quedó petrificado al escuchar su nombre resonar por el estadio.

Se sintió igual que lo había hecho el primer día del Torneo, como si la más estridente de las orquestas estuviese haciendo chirriar notas dentro de su cabeza. De repente, era muy consciente de lo llenas que se hallaban las gradas y de la cantidad de gente que debía de estar observando desde sus casas, desde tabernas, calles y terrazas.

Desde que habían comenzado esas pruebas había sentido un profundo dolor en el pecho, temiendo el momento en el que llegase su turno. No estaba seguro de cuál era su peor miedo y, aunque no le asustasen ni la oscuridad ni los monstruos, le temía a muchas otras cosas.

Se detuvo al lado de Wilson, sin ni siquiera ser consciente de haber bajado de su palco o de haber hecho desaparecer sus alas. Podía ver los labios del presentador moviéndose, pero le resultaba imposible escuchar nada que no fuese la desafinada sinfonía del público. Sus ojos cayeron sobre la Quimera, que de cerca era aún más grotesca de lo que aparentaba. La forma en la que la superficie de su cuerpo ondeaba, demasiado espesa como para ser agua, y cómo la luz era incapaz de penetrarla... Ese era un ser que jamás debió haber sido creado.

Inspiró con fuerza y se obligó a sí mismo a alzar las manos hacia la criatura, que le ahogó los brazos con su viscosidad. Por un instante, Kilyan pensó que a lo mejor su veneno lo mataría, aunque no tardó en darse cuenta de que la Quimera no estaba viva y, por lo tanto, si su piel le estaba corroyendo por dentro, no parecía importarle.

Mientras la criatura sondeaba su mente intentando determinar cuál de sus miedos era el peor de todos, Kilyan ladeó el rostro hacia el palco de Bershat y sus ojos se encontraron con los de Chi.

Desde las semifinales, la joven apenas había mirado en su dirección y cuando lo hacía, había mil emociones en sus ojos sofocándose las unas a las otras. Ahora mismo, sus pupilas estaban afiladas con preocupación. Sabía que había un estadio entero a su alrededor, pero no pudo evitar que sus labios se curvasen ligeramente.

Pasase lo que pasase, ella estaría allí. Una vez que las Pruebas del Terror llegasen a su fin y un gremio fuese nombrado vencedor, ya no tendrían que esconderse.

Dejó que esa certeza le llenase los pulmones y apaciguase su corazón, y cuando la Quimera soltó sus manos, ya no se sentía preso de su miedo.

Mientras los tambores tronaban, la criatura comenzó a cambiar de forma y Kilyan tuvo tiempo de respirar hondo y serenarse. Aunque se convirtiese en un gigantesco monstruo de dientes afilados y piel de sapo, o en el mismísimo obispo de Ratheria, pasase lo que pasase, nunca sería más que una ilusión que obedecía las órdenes de un muñeco sin alma.

Pero la Quimera no se transformó en un monstruo de pesadilla, sino en una mujer que acababa de entrar en sus primeros años de vejez, cuyo pelo gris estaba jaspeado por el negro que en su día solía teñir su melena entera y cuyas arrugas empezaban a no pasar desapercibidas, sobre todo alrededor de su boca, donde los años de sonrisas habían estirado su piel.

La reconoció de inmediato, pues lucía exactamente igual que la recordaba, como si no hubiese pasado un solo día desde la última vez que se vieron, como si el brillo dulce en su mirada y su constante sonrisa, tan relajada como su respiración, no se hubiesen desvanecido nunca.

Se olvidó por completo de todo lo que había estado pensando. Su determinación, su seguridad y su calma se evaporaron sin dejar rastro, como si no hubiesen sido más que un sueño tan dulce que su realidad se había vuelto de un agrio punzante.

El palpitar de su corazón se tornó doloroso, y cuando la mujer dio un par de pasos hacia él, no consiguió reunir las fuerzas suficientes como para moverse. Se perdió en los tonos dorados de sus ojos marrones, preguntándose si de verdad recordaba todos esos detalles, cada peca que manchaba su piel, o si la Quimera podía ver su pasado con más claridad que él mismo.

La anciana alzó una mano, dispuesta a acunar su rostro, y entonces, los recuerdos le abofetearon. Agarró la muñeca de la mujer, deteniéndola a centímetros de su mejilla.

Si la estaba sujetando con demasiada fuerza, ella no lo delató.

—No me toques.

Kilyan habló con tal dureza que la mayoría lo habrían escuchado como una amenaza. La sonrisa de la mujer desapareció, al igual que el brillo risueño en sus ojos. Al ver su expresión, el estómago del joven se retorció. La soltó con brusquedad y retrocedió un par de pasos.

—Fuiste igual de ingrato cuando te encontré en la calle, sin zapatos, en una de las noches más frías del año —dijo ella, y Kilyan apenas reconoció su voz, oscurecida por sus palabras. La mujer que él recordaba le había hablado con dulzura, con cariño—. Me diste pena, por eso dejé que entrases en mi casa y comieses mi comida, aunque mentiría si dijese que no me arrepiento.

De pronto, se sintió como si fuese un niño otra vez. Recordaba esa noche con detalle; jamás conseguiría olvidarla. Siempre había creído, en lo más profundo de su ser, que lo ocurrido había sido culpa suya y que si terminaba encontrándose con ella en el más allá, ella le recibiría con rencor, odio, reproche. Si no fuese por él, puede que la mujer siguiese viva en aquel momento, disfrutando de la tranquilidad de sus últimos años antes de que su vida comenzase a menguar.

Él le había robado ese futuro. Jamás se perdonaría por ello y durante años supo con certeza que ella tampoco le perdonaría nunca, pero ahora, viendo la expresión llena de odio con la que le observaba, se sintió enfermo.

—¿No vas a decir nada? —inquirió la mujer, cruzándose de brazos y ladeando la cabeza para mirarle de reojo, con un asco que hizo que sus rodillas flaqueasen—. ¿Ni siquiera vas a disculparte? Y pensar que debajo de toda la mugre y los ojos saltones se escondía un asesino a sangre fría.

—Lo siento —susurró.

Durante años se había repetido esas palabras, tanto a sí mismo como a otros, pero nunca a ella. Jamás pensó que tendría la oportunidad de disculparse y, aunque no esperaba ser perdonado por su transgresión, las siguientes palabras de la anciana le azotaron como un látigo en carne viva.

—Ojalá hubiese sido capaz de hablar antes de que Shomei acudiese a por mi alma. Te habría maldito con una muerte injusta y prematura, como la mía.

Kilyan sacudió la cabeza. Las palabras le atacaron como el sonido de uñas contra pizarra. Aquella no era la mujer que recordaba, la que le acogió en su casa y le dio ropa y comida, la que esperó a que estuviese distraído engullendo trozos de pan para tocarle la frente y asegurarse de que no tenía fiebre. Toda su vida había estado equivocado, cegado por la culpa, porque ahora sabía que ella jamás le guardaría rencor, jamás le odiaría, jamás le dedicaría palabras tan crueles.

Lo recordaba todo con detalle, aunque no fue hasta aquel momento, de pie bajo las miradas atentas de cientos de miles de personas y un monstruo vestido de anciana, que se dio cuenta de que se había olvidado de parte de aquella noche, la parte justo después de que la mujer se derrumbase sobre el suelo, agonizante.

Había intentado olvidarlo, por los gritos que interrumpían sus palabras, pero ahora lo recordaba.

«No pasa nada, no pasa nada», dijo ella, ronca. «Ha sido un accidente, no te preocupes, por favor, no te culpes».

Incluso entonces, él se había disculpado. Una vez tras otra había pronunciado las mismas palabras que acaba de pronunciar, sumido en el más profundo de los pánicos, mientras intentaba levantar a la mujer con las manos, ya cubiertas con guantecitos repletos de agujeros y trozos desgastados. Cada vez que sus pieles se tocaban, los aullidos de la mujer se hacían más ásperos y sus disculpas más chillonas y desesperadas.

Fue entonces cuando comprendió que la mujer que se alzaba frente a él no era la misma que recordaba, sino la que vivía en su mente, atormentándole cada día. Su peor miedo eran unos grilletes que él mismo había cerrado alrededor de sus muñecas y que llevaba cargando desde hacía más de trece años. Lo que le acechaba era la realidad de no poder disculparse, de que ella le odiase desde su asiento en el reino de Shomei, de jamás ser perdonado.

Kilyan inspiró con fuerza, reprimiendo la acidez que le impregnaba la parte alta de la nariz, amenazando con traer lágrimas a sus ojos. Había crecido creyendo que a los ojos de la iglesia él era un pecador; que si no les dedicaba su devoción más absoluta, jamás pagaría la deuda de tomar una vida, y que cuando la suya llegase a su fin, Ankoku devoraría su alma.

Ese había sido el castigo con el que le habían amenazado desde ese día.

Se había convencido de que ella opinaría lo mismo que la iglesia, pero ahora sabía que esa no era la verdad. Fue un simple accidente, culpa de nadie. Ella había utilizado su último aliento para decírselo y él lo había olvidado, consumido por la culpa y apresado por su iglesia. Ahora sabía que no era tan culpable como el obispo le quería hacer pensar.

—Ahora lo comprendo —dijo él. La Quimera le observó a través de esos ojos castaños, frunciendo el ceño ligeramente—. Me dejé convencer, tanto por ellos como por mí mismo, de que jamás me habrías perdonado y de que no soy más que un pecador cuya única salvación era una vida de servidumbre, pero ahora me acuerdo. He tenido que ver a una marioneta con su aspecto, escupiendo palabras que pensaba que ella diría, para darme cuenta de que ella jamás pensaría de semejante manera. —La expresión de la anciana se suavizó y poco a poco, el desprecio fue drenado de sus ojos—. Lo siento muchísimo, tanto por lo que te hice como por haber mancillado tu recuerdo al pensar que me guardarías rencor. Perdóname. —Le costó empujar esa última palabra por su garganta, sabiendo que si volvía a hablar, su máscara se agrietaría del todo.

La mujer se acercó y alzó ambas manos hasta el rostro del joven, acunando sus mejillas, y esta vez, él no la detuvo.

—Te perdono —dijo, con una sonrisa cándida tirando de las comisuras arrugadas de sus labios.

Al escuchar las palabras, Kilyan sintió cómo su pecho se deshinchaba. Sin dejar de batallar con las lágrimas, metió una mano por el cuello de su camisa y sacó la cruz de Ratheira que siempre se ocultaba bajo su ropa. Mientras los tambores sonaban, anunciando su victoria, el joven se arrancó el colgante del cuello, lo tiró sobre la arena y, por fin, fue libre.

Chi suspiró con los pies colgando sobre el abismo. Después de la prueba de Kilyan y de todo lo que había escuchado, necesitaba alejarse, aunque fuese solo un poco, del ruido del estadio. Ahora, más que nunca, deseaba poder ir a verle y preguntarle cómo se encontraba, abrazarle, protegerle.

Unos pasos se acercaron desde el túnel hasta la plataforma, pero no se dio la vuelta para ver quién era. Naeko se sentó a su lado, sin dejar que sus piernas se acercasen al borde.

—¿Estás bien? —preguntó, y Chi la miró de reojo, sin saber qué contestar—. Sé que tú y Kilyan... tenéis una relación cercana.

—No sé si estoy bien —dijo, después de unos largos momentos de silencio—. Me siento perdida. Él siempre ha estado ahí para mí, me ha ayudado desde el día que pisé este estadio por primera vez, y ahora que él me necesita a mí, no puedo acercarme.

—Es una situación muy desafortunada, pero el malestar pasará. Estamos tan atascados en el presente que a veces se nos olvida que el Torneo es solo una corta fase de nuestras vidas, por muy importante que sea. —Naeko sonrió y, aunque fue un gesto genuino que le iluminó los ojos, Chi sabía que solo estaba intentando reconfortarla—. Un par de días más y seremos libres. Todo va a salir bien.

Chi inspiró con fuerza y se irguió al escuchar sus últimas palabras, volviéndose hacia la clarividente con brusquedad.

—¿Lo dices de verdad? ¿Lo has visto?

—Oh. —Naeko se inclinó hacia atrás, consciente de su error—. No, no lo decía de esa manera. No he podido controlar mis poderes desde que me ingresaron en el hospital.

Un latigazo de ira la sacudió por dentro. Sin dejar de observar a su compañera, que se disculpaba con la mirada, Chi no tardó en decirse a sí misma que había sido un malentendido inocente. Devolvió la vista al horizonte, ahora con el ceño fruncido, sin terminar de comprender por qué le resultaba tan fácil llegar a conclusiones tan disparatadas.

—Lo siento.

—No pasa nada, no se lo he dicho a nadie todavía —dijo la clarividente, malinterpretando la disculpa—. Debería estar agradecida de que no los he perdido del todo. Ya no puedo ver el futuro a voluntad, solo visiones que van y vienen de vez en cuando.

—Lo siento —repitió Chi, apretando las manos sobre sus muslos.

Naeko negó.

—Estoy segura de que este tipo de quejas te suenan bastante estúpidas.

—No. Yo nunca he tenido magia y la única razón por la que me gustaría tenerla es porque odio ser diferente, odio ser inferior. —Chi frunció los labios—. No puedo echar de menos algo que nunca he tenido.

Al pronunciar esas últimas palabras, sus dedos comenzaron a hormiguear. Ladeó la cabeza al escuchar los tambores y, a continuación, el nombre que fue llamado. Le hizo un gesto a Naeko para que se levantasen y caminaron de vuelta hasta el palco, donde sus compañeros observaban la arena con muecas de disgusto. Ebony ya caminaba hacia la Quimera, que esperaba pacientemente al lado de Wilson. Chi entrecerró los ojos, creyendo ver pequeñas volutas de humo escapando de las ropas de su compañera.

Ebony había sido una de las que peor había llevado la noticia de las Pruebas del Terror, pero Chi no terminó de comprender por qué hasta que la Quimera tomó forma y varios de sus compañeros se inclinaron sobre la barandilla, con los ojos abiertos de par en par.

La criatura se había transformado en un hombre que lucía una impresionante armadura plateada, digna de los guardias del palacio, pero como ninguna que Chi hubiese visto jamás. Su rostro estaba oculto bajo su casco, aunque aquello no pareció confundir a sus compañeros. Todos los corazones que la rodeaban se aceleraron. El público dejó de aplaudir. Ebony dio un par de pasos temblorosos hacia atrás.

El caballero sujetaba una pica del mismo color plateado. Tenía un aspecto estoico, reluciente bajo el sol, y si no fuese porque la Quimera alzó una mano después de unos segundos, Chi habría pensado que se trataba de una simple estatua. Se quitó el casco, dejando al descubierto un rostro bronceado, surcado por brochazos de pecas y una sonrisa tímida.

El público comenzó a abuchear.

—¿Qué está pasando? —se atrevió a preguntar Chi.

Naeko se giró para mirarla, con un asomo de lágrimas en los ojos. Kobu fue el primero en contestar.

—Es Samuel —gruñó.

—Eso no es Sam —murmuró Leon.

Samuel, el paladín. La razón por la que Chi estaba allí en aquel momento.

El joven dio un par de pasos hacia Ebony, en silencio, y sin decir una palabra, la abrazó. Ella se hundió en la fría dureza de su armadura. Su rostro encajó en el hueco de su cuello, donde la armadura terminaba, como lo había hecho siempre. Olía igual que él. Ebony sintió todo el trabajo que había hecho durante los últimos dos meses desmoronándose. Sus ojos se llenaron de lágrimas y en un abrir y cerrar de ojos, ambos se encontraban de rodillas en el suelo, abrazados el uno al otro.

Jamás habría soñado que podría volver a ser acunada por sus brazos.

Había sobrevivido cada día a base de ignorar el agujero que crecía en su estómago, la certeza de que si admitía que no volvería a verle nunca más, su mundo se vendría abajo. Sam era su única familia, su mejor amigo, el objeto de todos sus pensamientos, miradas y sonrisas. Había estado a su lado después de la muerte de su madre, después del rechazo de su padre y durante todos los días en la Academia.

Sin él, ella no era nada más que un cascarón vacío, pero todo iba a estar bien. Ebony se dejó derretir por el alivio, sollozando contra el hombro de Sam.

Él estaba allí, juntos una vez más.

El resto de los miembros de Bershat observaron cómo su compañera se dejaba llevar por aquella fantasía, conscientes de que se habían dejado engañar por los esfuerzos de su compañera para fingir que un pedazo de su alma no había muerto con su líder de gremio.

Ella era la que más rota estaba de todos ellos, y hoy, la cortina que escondía su corazón resquebrajado había desaparecido.

La prueba no duró mucho más.

Samuel se desembarazó de Ebony y se alejó un par de pasos antes de volver a mostrar lo que era en realidad, un monstruo artificial. La joven no se levantó en ningún momento. Se quedó de rodillas en el suelo, con las manos sobre la arena, y observó el cambio con horror, como si realmente se hubiese olvidado de que aquel no era el Sam de verdad. Su rostro se contorsionó y sus sollozos se volvieron mucho más violentos, desesperados, como si acabasen de arrancarle el corazón.

Los tambores sonaron, revelando lo que todos sospechaban: que la joven no había vencido su miedo, sino que había sucumbido a él.

Ethan fue excusado del Torneo después de la prueba de Ebony para seguirla a ella y a los sanadores hasta el hospital, pues la joven parecía haber caído en un estado catatónico.

Con una derrota más, Bershat había solidificado su posición debajo detrás de los otros dos gremios con dos míseros puntos, mientras que Millien y Ziyóu se mantenían empatados con cuatro puntos cada uno. A pesar de la terrible racha de pérdidas y el aura sombría que los rodeaba, los miembros de Bershat se aferraron con todas sus fuerzas a la esperanza de que ganarían el último combate del día; no estaban listos para darse por vencidos.

Su optimismo vaciló cuando el nombre de Naeko fue llamado.

La clarividente dio un respingo. Era consciente de que sería su turno en algún momento, pero sin la habilidad de ojear el futuro, tenía que recibir todas las noticias con sorpresa. Con un suspiro tembloroso, se levantó y Leon le abrió un portal. En cuanto puso los pies sobre la arena y vio a la Quimera, su estómago se revolvió. Su corazón latía de forma dolorosa y la incertidumbre hacía que quisiese hacerse un ovillo allí mismo y desaparecer.

Como muchos otros que habían sido sometidos a las Pruebas del Terror, Naeko tenía demasiados miedos como para saber con certeza lo que aparecería frente a ella, y eso la aterraba.

La Quimera le tomó las manos y segundos después, retrocedió, transformándose en un búho negro del tamaño de un dragón común. El animal estiró las alas, sus plumas agitándose ligeramente, y sus ojos amarillos se centraron en la joven. Naeko no se movió. Su rostro se mantuvo inexpresivo a excepción de una arruga que apareció entre sus cejas.

—Niña... —La voz del búho, sonora y pesada, reverberó por el estadio e hizo que muchos se sobresaltasen. Aquello no era un animal o un Zú, sino una criatura de fantasía—. ¿Conoces el presagio que conllevan los búhos en el norte?

Naeko tragó saliva; de repente, su boca estaba seca. Enlazó sus manos contra la espalda, ocultando su temblor.

—El de la muerte —dijo, forzando en su voz una seguridad que no sentía.

—Entonces debes de sospechar por qué he escogido esta forma para representar el peor de tus miedos. —Naeko no dijo nada, no se movió. El búho replegó las alas, ladeando la cabeza igual que lo haría cualquier otro pájaro. Sus ojos eran demasiado grandes, demasiado brillantes—. ¿Qué se siente al saber que tu peor miedo es la muerte?

Algo cambió en la expresión de la clarividente. La dulzura y cordialidad que solía vestir fueron drenadas de su rostro. Cruzó los brazos sobre su pecho y se encogió de hombros. Un muro mental se había alzado entre ella y la Quimera.

—Todo el mundo le tiene miedo a morir.

—Pero no tanto como tú —replicó el búho, inclinándose sobre la joven. Su tamaño era tal que podría engullir a Naeko entera sin esfuerzo—. Todos los Volkai de tu tipo sufrís de la misma maldición, condenados a prever la muerte de todos los que os rodean, excepto la vuestra. Dime, ¿es cierto que no puedes verte a ti misma en el futuro? En cualquier momento podrías estar adivinando el porvenir, incapaz de saber si vas a ser parte de él o no... Una verdadera injusticia, ¿no crees?

—Es mejor que saber cuándo o cómo voy a morir.

—¿Es eso lo que crees o lo que te has repetido a ti misma desde tu niñez?

Naeko entrecerró los ojos. No tenía sentido discutir con una criatura que la había visto tanto por dentro como por fuera.

—¿Cómo se supone que puedo vencer mi miedo a la muerte?

No tenía que ser una clarividente o usar su magia para adivinar el curso de aquella prueba. Hizo todo lo que pudo para mantener la calma, pero cada segundo que pasaba hacía que se sintiese más y más en peligro.

—Puedes aceptar que tu tiempo llegará tarde o temprano, puede que mañana o quizás en cincuenta años, o puedes matarme.

—No puedo transformarme —replicó la joven. Lo había intentado.

Las alas del búho se despegaron un poco de su cuerpo.

—Ese no es mi problema. Simplemente estoy respondiendo tu pregunta.

—No puedes esperar que deje de tenerle miedo a la muerte. No es algo que se pueda vencer, es un miedo que se suaviza o se solidifica con los años...

—Ese no es mi problema —repitió la criatura, pronunciando cada palabra con cuidado—. Tu pánico te consume día tras día, niña, y por mucho que te esfuerces en centrarte en el futuro de otros, solo lo haces porque tienes miedo de ver ese vacío negro que te espera a ti. ¿Qué será? ¿Una escalera resbaladiza, la esquina de una mesa, una enfermedad, el Torneo, tus compañeros? Te carcome, ¿verdad?

La mirada del búho trepó hasta el palco y, por un instante, Chi pensó que le estaba contemplando el alma.

—No puedes esperar que supere este miedo. —La voz de Naeko se rompió—. No es justo.

—Lo sé. —El búho desplegó las alas, plantando una sombra espesa sobre Naeko.

La joven dio un paso atrás. Cerró los ojos e intentó invocar su magia, su dragón, pero no hubo respuesta. Una garra le rodeó el corazón, fría y afilada. Volvió a abrir los ojos y los detuvo sobre la puerta del muro, cerrada por barrotes. Se encontró con la mirada preocupada de Wilson. El hombre se dio la vuelta, haciéndole señas a alguien que ella no podía ver. Naeko no era la única que entendía la severidad de las palabras de la Quimera. Muchos de los miembros del público se levantaron de sus asientos.

—Y por eso has perdido —sentenció el búho.

Naeko echó a correr hacia la puerta. Los barrotes se alzaron y un grupo de sanadores asomó entre las sombras, pero era demasiado tarde. La quimera batió sus alas una sola vez, despegándose del suelo, y al volver a aterrizar, lo hizo con sus patas, de uñas largas y afiladas, sobre la clarividente. El impacto apenas hizo ruido alguno. Cuando la criatura replegó las alas, incontables gritos llenaron el estadio. Wilson y los sanadores corrieron a través de la arena. El director y los miembros del consejo se levantaron. Miles de manos cubrieron bocas horrorizadas.

Naeko yacía inmóvil, atravesada de lado a lado por las garras de la criatura.

Capítulo 23

El día terminó en caos.

Cuando los guardias aparecieron para escoltarlos de vuelta a su ciudadela, Rhonda se interpuso entre ellos y el resto de sus compañeros, con el rostro contraído por la rabia. Sus escamas los empujaron a ambos mientras la joven exigía respuestas. Los sanadores se habían llevado a Naeko segundos después del ataque de la Quimera; si estaba viva o muerta, ellos no lo sabían.

Wilson se había marchado con los sanadores, el palco presidencial estaba vacío, docenas de guardias empujaban al público fuera del estadio.

A nadie, ni alumno ni civil, se le había ocurrido que la Quimera fuese capaz de matar.

—¡No nos vamos a ir a ningún sitio hasta que nos digáis si nuestra compañera está viva! —ladró Rhonda. Los guardias no parecían dispuestos a arriesgarse a una pelea contra ella, por lo que retrocedían con cada paso que Rhonda daba hacia delante—. ¿Qué os creéis que somos? ¡¿Perros?!

Uno de los guardias se llevó una mano al cuello. Sus pies dejaron de tocar el suelo y no tardó en comenzar a toser. Rhonda se encorvó hacia adelante, los músculos de sus brazos perfilados, dedos crispados, lista para saltar sobre los dos hombres. Ninguno de los miembros del gremio intervino, aún demasiado conmocionados por lo que acababa de ocurrir. Chi todavía observaba la arena, con una mirada distante; Ebony y Ethan seguían en el hospital; Nahuel y Alessia todavía no habían terminado de procesar los eventos y Kobu se estaba esforzando por no reaccionar como Rhonda.

Leon alzó la vista. Tenía a Mael entre sus brazos, cuya espalda se sacudía entre sollozos. Tenía que hacer algo, cualquier cosa, para evitar que Rhonda terminase expulsada de la Academia o peor, y aun así, no consiguió obligarse a sí mismo a soltar a Mael.

Arvel dio un paso al frente. Sus ojos, afilados, estaban enmarcados por la rojez que acompañaba la tristeza. Pasó a sus compañeros de largo y se detuvo al lado de Rhonda, agarrándola del codo. La joven se giró hacia él y le enseñó los dientes. Cualquier otro se habría apartado al instante, pero él no.

—Suéltalos —dijo Arvel sin vacilar. La piel de Rhonda se puso de gallina, sintiendo un frío repentino—. Ya hemos sufrido demasiadas pérdidas, no necesitamos que termines expulsada.

Rhonda cuadró los hombros. No era tan alta como Arvel, aunque no dudaba en poder tumbarle, sin importar lo que ocultase su túnica.

—¿Y qué propones? ¿Dejar que nos envíen a la ciudadela sin respuestas? —El guardia que estaba siendo estrangulado cayó al suelo, tosiendo. A pesar de no poder verlas, Arvel sintió las extremidades de su compañera cerniéndose sobre él como garras—. Estoy cansada de que nos traten como rebaño, enviándonos al matadero cada vez que les pican los bolsillos. No es suficiente que nos matemos entre nosotros, ahora crean engendros para hacerlo.

Arvel se mantuvo firme, todavía sujetando el brazo de Rhonda.

—Voy a ir al palacio. Conseguiré respuestas —se limitó a decir.

—¿Qué te hace pensar que van a escucharte?

—No pueden ignorarme.

El segundo guardia ayudó a su compañero a ponerse en pie y juntos retrocedieron un par de pasos, atrayendo la atención de Rhonda. La joven hizo ademán de girarse hacia ellos, pero Arvel no la dejó marchar.

Pasaron unos momentos tensos, durante los cuales tanto los guardias como el resto de los alumnos observaron a sus compañeros con preocupación.

—No te molestes en volver hasta que sepas si está viva o no —gruñó ella entre dientes.

Se zafó del agarre del joven y pasó a los guardias de largo. Minutos después, el gremio entero regresó a la ciudadela, con la incertidumbre de si habían perdido a una amiga más colgando sobre sus cabezas como nubes de tormenta.

Arvel tardó un par de horas en aparecer de nuevo y las noticias que trajo consigo del palacio no fueron bien recibidas. Naeko había muerto minutos después de que los sanadores la sacasen de la arena, sin ninguna posibilidad de salvarle la vida. A pesar de que todos habían presenciado la brutalidad con la que la Quimera la había atacado y cómo su cuerpo había sido agujereado por las garras del monstruo, las palabras de Arvel crearon sorpresa y desconcierto.

La mesa de madera maciza frente a la que Chi estaba sentada, con la mirada perdida al otro lado de la ventana, se hizo añicos en cuanto Rhonda se levantó. La silla que había estado utilizando se partió por la mitad. Sin decir nada, la joven pasó a Arvel de largo y se marchó de la taberna.

Chi observó sus zapatos, cubiertos de astillas. No estaba en total control de su cuerpo, se había dado cuenta, pues llevaba allí sentada sin moverse varias horas, e incluso ahora que la mesa frente a ella había desaparecido, sus músculos seguían entumecidos. No sabía qué hacer. Si conseguía levantarse, ¿a dónde iría? ¿A su casa, donde nadie la esperaba, donde el silencio la engulliría, donde lo único que podía hacer era destrozar muebles o esperar a un nuevo día de Torneo?

Alzó los ojos en busca de las reacciones de sus compañeros, cualquier cosa que la distrajese de los susurros que la plagaban. Nahuel estaba de espaldas a ella, contra la barra, sujetando un vaso vacío entre las manos. Sus hombros subían y bajaban cada vez que inspiraba, intentando reprimir las lágrimas. Durante semanas, Chi lo había visto igual que a Naeko, como un amigo, un aliado, un mentor, pero algo había cambiado. No lo había notado al principio, aunque ahora resultaba evidente. Ya no la trataba como solía hacerlo, no la miraba ni se le acercaba por las tardes en busca de charlas sin importancia.

También había notado un cambio en Ethan, pero eso creía comprenderlo. Supuso que su líder de gremio se sentía culpable por arrastrarla hasta el Torneo, sobre todo después de lo mucho que había sufrido cada pelea, cada herida, cada pérdida. Nahuel no tenía nada de lo que sentirse culpable. Había alguna otra razón por la que su comportamiento había cambiado y en aquel momento, Chi haría cualquier cosa por no pensar en la muerte de Naeko, aunque eso significase obsesionarse con corazones acelerados y miradas ansiosas.

Arvel caminó hasta el erudito y se inclinó a su lado. Chi escuchó sus palabras como si fuese su oído al que le susurraba.

—¿Ethan ha vuelto?

—Todavía no —respondió Nahuel—. Debe de estar todavía en el hospital.

—¿Sabemos algo de ella?

Nahuel negó con la cabeza. Sus ojos vagaron hasta Mael, cuyos sollozos se habían hecho algo más sonoros.

—Voy a ir al hospital —dijo el erudito, levantándose. Arvel dio un paso atrás—. No sabemos si Ethan se ha enterado de lo ocurrido y no quiero que lo haga mientras está en el hospital preocupándose por Bony.

—Te acompaño...

—No, no —interrumpió Nahuel—. Deberías descansar y... bueno, preferiría pasar algo de tiempo solo.

Arvel asintió y dejó que su compañero se marchase. Chi esperó un par de segundos después de que Nahuel saliese de la taberna para seguirle, pasando por encima de la mesa, cuyos restos crujieron bajo sus pies.

Se encontró al erudito de pie frente a la fuente de la plaza, con la mirada perdida en las ondulaciones del agua. El sol había comenzado a menguar en el cielo, pero todavía les quedaban un par de horas más de luz antes de que los guardias cerrasen el paso entre los sectores.

Nahuel debió de percibir a Chi acercándose, porque se irguió de pronto y miró en su dirección.

—Chi —dijo, sin conseguir forzar una sonrisa. Su corazón se aceleró—. ¿Necesitas algo?

La joven le observó largo y tendido. No sabía lo que quería preguntarle.

«¿Me odias? ¿Te doy asco? ¿Por qué has dejado de ser mi amigo?», aunque ninguno de esos pensamientos parecía correcto. Conocía a Nahuel lo suficiente como para saber que él no suponía lo peor de ella por lo que era y no era. No, tenía que haber otra razón. Algo que tenía que ver con cómo se estaba sintiendo o incluso con los sueños que estaba teniendo.

—¿Qué sabes? —se limitó a preguntar.

Sabía, gracias a sus años en el Sector del Sigilo, que la mejor forma de conseguir cualquier tipo de información era con preguntas abiertas a interpretación, preguntas que no delatasen la verdad que estaba persiguiendo.

Las fosas nasales del joven aletearon.

Una confirmación.

—¿Qué? —preguntó el erudito, y a pesar de que solo había pronunciado una palabra, estuvo a punto de atragantarse con ella. No pareció darse cuenta de que había dado un paso atrás.

Ella avanzó.

—Sabes algo —afirmó.

—No sé de qué me estás hablando, Chi.

Fue entonces cuando vio un destello en los ojos azules del joven. Miedo, puro y expresivo. Sus instintos no le mentían.

—¿Quién es la mujer en el charco de sangre?

Nahuel entreabrió los labios. Retrocedió otro par de pasos, pero Chi cerró la distancia de nuevo. No estaba segura de cómo iba a hacer que el erudito compartiese lo que fuese que estaba escondiendo, aunque sus dedos hormigueaban y cada segundo que pasaba, estaba más y más segura de que haría cualquier cosa para forzarle a hablar.

La puerta de la taberna se abrió y un viento gélido erizó la piel de Chi. La joven se giró y vio a Arvel, que avanzaba hacia ellos con rapidez.

—Nahuel —dijo, deteniéndose a un par de pasos de Chi. Ella cerró los puños, clavándose las uñas contra su palma—. ¿No ibas a ir al hospital?

—Sí, estaba a punto de irme.

—Estábamos hablando —replicó Chi.

Quiso acercarse al erudito, nerviosa por que fuese a alzar el vuelo en cualquier momento, pero la presencia de Arvel la detuvo. El frío no había desaparecido. Los primeros indicios de sangre brotaron de sus palmas.

—Tiene que irse antes de que se haga de noche —dijo Arvel, su voz mucho más oscura de lo normal. Una amenaza. Chi fijó sus ojos en los de él, desafiante—. Podéis hablar en cualquier otro momento.

Nahuel no esperó, hizo crecer sus alas y se alejó del alcance de la joven, su corazón palpitando con tal fuerza que resonaba como tambores en los oídos de Chi. Ella y Arvel se miraron durante unos segundos antes de que la chica se marchase. El esfuerzo que tuvo que hacer para darle la espalda y poner un pie delante del otro rivalizó con el que había tenido que hacer para no sucumbir a la magia de Michael durante el laberinto. Su cuerpo quería cerrar la distancia que la separaba de Arvel como si él fuese un astro en el cielo. Quería abalanzarse sobre él y arrancarle las respuestas a la fuerza. Pero una pequeña parte de ella sabía que atacarle en ese momento podría terminar siendo una de las últimas decisiones que tomase en su vida.

Por la noche, una vez que toda la ira de su encuentro con Arvel se hubo evaporado, Chi se quedó sola con los sucesos del día, y cuando por fin consiguió caer dormida, lo hizo con lágrimas en los ojos.

El cuarto día de la última semana del Torneo comenzó con una disculpa.

El director salió del túnel que daba a la arena, inspirando un silencio únicamente interrumpido por murmullos curiosos. El hombre, vestido con sus ropas más ornamentales, se detuvo en el centro del estadio, seguido por Wilson, y con rostro serio, habló:

—Buenos días a todos —dijo, asintiendo hacia las gradas. Su boca formaba una media luna invertida que creaba líneas tensas alrededor de las comisuras de sus labios. Nadie le había visto tan serio desde hacía una década—. Quería, en nombre de la Academia y de mi administración, disculparme por los terribles sucesos de ayer. La muerte de una de nuestras queridas alumnas fue algo... que ninguno de nosotros había previsto o aprobado.

»La Quimera lleva años en desarrollo y pensamos, erróneamente, que estaba lista para su introducción en el Torneo como una herramienta más para examinar a nuestros alumnos y asegurarnos de que su victoria sea, sin duda alguna, merecida. Nunca se nos ocurrió que fuese capaz de matar y por eso, me disculpo.

»Queríamos revolucionar el Torneo y desafiar las capacidades de nuestros mejores alumnos, pero lo único que hemos conseguido es fallaros. —El director hizo una pausa, inspirando hondo y dejando que el público absorbiese sus palabras—. Para no causarles más dolor a nuestros gremios, el consejo y yo hemos decidido que las Pruebas del Terror serán reemplazadas por combates individuales hasta que llegue el fin del Torneo.

Después de su discurso, el lamento por la muerte de Naeko de casi todos los alumnos fue reemplazado por una profunda sensación de alivio. «Al menos», se dijeron a sí mismos, «nadie más tendrá que pasar por eso».

Chi, por su parte, no consiguió compartir ese sentimiento, pues todavía no había terminado de asimilar lo que significaba para ella pelear contra la Quimera, o siquiera imaginarse qué tipo de miedo tendría que enfrentar.

Después de que el director volviese al palco presidencial, Wilson recitó los puntos con los que las Pruebas del Terror habían llegado a su fin:

$$Ziyoú - 4 \qquad Millien - 4$$
$$Bershat - 2$$

A pesar de la atmósfera que ensombrecía el palco de Bershat y del tiempo nulo que habían recibido para recuperarse de la inesperada muerte de su compañera, cuando fue el turno de Zafrina de acudir a la arena, lo hizo con la espalda recta y la barbilla alta, igual que Alessia. Cada una de ellas peleó con uñas y dientes, y ambas salieron victoriosas.

Chi intentó prestar atención a los combates, intentó reconocer contra qué miembros de cada gremio estaban peleando, pero no conseguía centrarse en nada. Se sentía fuera de lugar, como si estuviese observando desde fuera de su cuerpo.

Una disculpa era todo lo que habían recibido en respuesta a la muerte de Naeko y así, sin más, el Torneo continuaba y los alumnos seguían bailando una danza mortal, conscientes de que si perdían la vida en un enfermizo modo de entretenimiento, tendrían suerte de ser recordados durante más de un par de días.

Bershat y Millien quedaron empatados con seis puntos cada uno y Ziyoú, en último lugar con cuatro. Por la tarde, un guardia apareció para entregar el correo y anunciar que la familia de Naeko había optado por un funeral privado en Yamagora, su nación natal. Igual que había ocurrido con Samuel, el gremio no tendría la oportunidad de asistir a la ceremonia.

Al día siguiente, y por primera vez desde las primeras semanas del Torneo, las gradas no se llenaron del todo.

Isis y Oscar empezaron la mañana con un combate que cubrió la arena de una neblina espesa. Ni siquiera desde los palcos se podía apreciar la pelea. Varios rugidos llenaron el estadio, seguidos por varios golpes que sacudieron ligeramente el suelo. Los tambores sonaron y la niebla se disipó segundos después, revelando a Oscar levantándose de donde había estado sujetando a Isis contra el suelo. El joven tenía un brazo ensangrentado y las ropas hechas jirones, pero la araña parecía haber recibido la mayor parte de los daños, suficientes como para que los sanadores tuviesen que llevársela de la arena en camilla.

Leon y Lorelei fueron los siguientes en ser llamados. Las gradas parecieron reanimarse por el anuncio. Desde el principio, fue un combate de destreza. Leon se puso en guardia, desenvainando su espada, y su adversaria le imitó a pesar de no estar armada.

Desde el primer instante de la pelea, Leon hizo uso de su magia, entrando y saliendo de sus portales con estocadas rápidas y limpias. Lorelei esquivó sus ataques con una habilidad con la que muy pocos podían compararse. A pesar de su baja estatura, la joven rebosaba poder con cada uno de sus movimientos. En ningún momento se acobardó por el filo de la espada; simplemente esquivó y buscó aperturas en la coreografía de Leon, alargando los dedos hacia él.

Después de varios minutos, los movimientos de ambos se volvieron más torpes, hasta que, por fin, pareció haber un indicio de quién ganaría. La espada de Leon cogió a Lorelei por sorpresa, pues la blandió con su mano no dominante. El filo se clavó en el costado de la joven, obligándola a hincar una rodilla al suelo. El público exclamó. Lorelei bajó el brazo, aprisionando el arma entre sus costillas. Su rostro estaba contorsionado por el dolor, aunque su expresión y la forma en la que sus labios se arrugaban, mostrando sus dientes, era desafiante. Leon tiró de la espada, pero la joven no cedió y antes de poder reaccionar, Lorelei agarró la piel descubierta de la mano con la que sujetaba la espada.

La quietud fue palpable en el aire.

El único movimiento proveniente de los dos alumnos fue el de sus hombros, que subían y bajaban por el cansancio. Los labios de Lorelei se abrieron, pronunciando palabras mudas. Leon la miraba con ojos grandes, jadeante, y segundos después, se rindió.

Dos puntos para Millien.

La última pelea del día fue entre Ethan y Alba. El combate estuvo decidido mucho más rápido que su predecesor, pues la magia de la joven, capaz de condensar y manipular luz, poco podía hacer contra la arena de Ethan. El líder de gremio consiguió dos puntos más para Bershat, manteniéndolos empatados con Millien.

Cuando volvieron a su ciudadela, a pesar de un día de triunfos, nadie quiso celebrar.

Capítulo 24

La sala era gigantesca, con una pared entera de cristal por la que el sol se desbordaba, reflejándose en el suelo de mármol. Chi se fijó en la alfombra que cubría gran parte de la habitación y que mostraba un paisaje de cerezos en flor, tigres y garzas que parecían bailar las unas con las otras en un intento por ocupar cada centímetro del tapiz. Le encantaba tumbarse sobre esa superficie y estirarse para ver si por fin superaba en tamaño a los felinos.

Con una sonrisa tímida tirando de las comisuras de sus labios, la niña alzó los ojos hacia el lado opuesto de la sala, donde un hombre se encontraba detrás de un gran escritorio. La estaba mirando, sonriente. A su lado, sentada al borde de la mesa, una mujer envuelta en sedas blancas se inclinaba sobre él. La mujer reía y ese sonido, tan suave y melodioso, hizo que el estómago de Chi cosquillease, ensanchando su sonrisa.

Sintió un tirón y fue entonces cuando se dio cuenta de por qué se sentía tan alta. La niña volvió la cabeza, encontrándose a centímetros de un rostro que conocía a la perfección. Hikami la zarandeó en sus brazos, arrancándole un par de carcajadas, y se inclinó hacia delante, juntando sus frentes. Chi observó los ojos almendrados de la mujer y se vio a sí misma reflejada en sus iris negros. Era igual de bella que siempre, su pelo tan suave y liso como recordaba, pero había una juventud en ella que Chi jamás había visto, un brillo risueño en la mirada.

—¿Me has echado de menos? —susurró la mujer antes de soplar contra la cara de la niña, apartando un mechón de pelo que se había deslizado sobre sus ojos.

Chi rio. La sonrisa de Hikami se ensanchó.

Le rodeó el cuello con los brazos, tan cortos como rechonchos, y Hikami se dio la vuelta, caminando hacia la salida. Sin dejar de abrazarla, Chi alzó la mirada hacia la pareja al otro lado de la sala, que se despedían de ella con las manos.

Los ojos de la niña se fijaron en la mujer, aquel rostro tan familiar. Se percató de que llevaba un collar del cual colgaba una piedra preciosa con la forma de una lágrima perfecta. Un rayo de sol cayó sobre la superficie violácea de la joya, arrancando destellos carmesí y encapotando las sombras de índigo.

Chi pestañeó y, cuando volvió a abrir los ojos, ya no se encontraba en una gran sala de mármol y cristal, sino en su habitación. Se sentó y se llevó una mano al corazón, que latía contra sus costillas con una fuerza dolorosa. Gateó hasta el final de la cama y extendió una mano debajo del colchón, palpando la oscuridad hasta encontrar la caja en la que guardaba su pequeña colección de tesoros. Abrió el joyero sobre las sábanas, apartando el sobre que contenía el medio millón de soles que Leon le había conseguido, y levantó el colgante.

Incluso en mitad de la noche, sin nada más que un poco de pálida luz de luna, Chi supo que aquel era el mismo collar que la mujer de su sueño llevaba alrededor del cuello.

Su pulso se aceleró aún más.

Recordaba el sueño con claridad y las emociones que había sentido en él no parecían querer difuminarse como muchas otras noches. Recordó al hombre, que ahora reconocía como Yule, el director de la Academia, y reconoció a la mujer como la misma que había yacido muerta en sus sueños.

Chi observó el colgante y un par de lágrimas amenazaron con caer de sus mejillas.

«Es un tesoro».

A pesar de todos los años que habían pasado, recordó las palabras de Hikami con claridad.

«Una reliquia familiar...».

Un destello llamó la atención de Chi y sobre su escritorio vio sus agujas, exactamente donde las dejaba todos los días después de volver a la ciudadela. «Fue el arma preferida de mi hermana cuando participó en el Torneo», le dijo Hikami, hacía solo un mes. «Murió hace años».

Chi se llevó el colgante al pecho y dejó escapar un jadeo. Era cierto que la hermana de Hikami había muerto; ella misma lo había presenciado.

Nahuel se despertó en mitad de la noche al escuchar la puerta de su habitación cerrarse. No tuvo tiempo de incorporarse antes de que la sombra que acababa de entrar, rápida y silenciosa, se abalanzase sobre su cama y le tapase la boca con una mano, empujándole de vuelta a su almohada.

Debajo de la capa de su atacante brillaron unos ojos del color de la sangre.

—¿Es Hikami mi madre? —susurró Chi.

El erudito no consiguió reaccionar a la pregunta, aún demasiado aturdido por el letargo. Agarró la muñeca de la joven, intentando destapar su boca. Aun así, ni con ambas manos consiguió moverla. Los muslos de Chi le mantuvieron apresado bajo las sábanas y cuando notó que no podía ver su otro brazo, Nahuel bajó la mirada y vio que estaba sujetando la empuñadura de una daga que colgaba de su cinturón.

Intentó gritar, pero su voz no consiguió escapar de su agarre de hierro.

—Estoy cansada —musitó con una voz apenas audible, y pese a que la noche le escondía el rostro casi por completo, Nahuel sintió el peligro que oscurecía sus facciones y cualquier rastro de neblina se disipó de su mente. La joven podría haber pronunciado palabras mucho más amenazantes, aunque no hizo falta—. Enséñame lo que sabes.

Nahuel dudó, sabiendo el daño que podía causar si obedecía. Sopesó la posibilidad de darle recuerdos falsos o enseñarle solo cierta parte de la historia, pero ¿y si se daba cuenta de la conspiración? ¿Cuáles serían las consecuencias de traicionar a alguien como ella? La mano se apretó aún más alrededor de su boca, clavando las uñas en la sien.

Se fijó en las pupilas afiladas que le taladraban y sintió un peso brutal sobre su pecho. Agarró la muñeca de la joven con aún más fuerza y dejó fluir los recuerdos. A diferencia de buscarlos en mentes ajenas, darlos era algo que Nahuel podía hacer de forma casi instantánea.

Chi ni siquiera tuvo tiempo de inspirar y cerrar los ojos antes de saltar lejos del erudito, apartándose de su tacto. Su espalda chocó contra la estantería que había al lado del armario y varios libros cayeron al suelo. Ninguno de los dos pareció perturbarse por el ruido. Nahuel se incorporó y contuvo el aliento. Chi se mantuvo pegada a la estantería, sus ojos moviéndose de un lado a otro como si estuviese leyendo un libro sin detenerse a ver las palabras.

—Son mis padres —susurró. Su cuerpo entero temblaba—. Yule y... ¿Arethe? —Su voz se rompió al pronunciar aquel nombre; uno que, hasta hacía unos minutos, ella jamás había escuchado. Sus ojos se llenaron de lágrimas y sus rodillas cedieron, dejándola caer con un golpe sordo—. ¿La maté?

Se dobló hacia delante, cubriéndose el pecho con los brazos, y lloró. Cada sollozo que fue arrancado de sus labios hizo que Nahuel se encogiese, evaporando cualquier miedo que tuviese de ella y reemplazándolo con pena. Se acercó a su compañera y se arrodilló a su lado, pasándole una mano por encima de los hombros.

Ella no le sintió.

No sintió, ni escuchó, ni pensó en nada más allá de los recuerdos que su mente estaba abarcando por primera vez. Ninguno de ellos eran suyos, pero estaba en muchos.

Estaba sentada sobre la sangre de su propia madre, observando lo que acababa de hacer sin un ápice de remordimiento en el rostro. Contempló a su padre, el director, llorando la muerte de su mujer y abrazando a su hija, una niña de apenas cuatro o cinco años capaz de horrores inimaginables. Se vio a sí misma alzando una mano hacia un pájaro que revoloteaba sobre su cabeza y cómo aquella pequeña criatura quedaba suspendida en el aire, sus alas petrificadas. Cayó al suelo, moribundo, mientras ella volvía a girar una mano, regalándole un nuevo soplo de vida antes de arrancársela una vez más.

—¿De quién... son... estos recuerdos? —dijo, empujando las palabras entre sollozos.

—De la magistrada.

Hikami, la hermana pequeña de Arethe; su tía. Aquella revelación fue eclipsada por otra mucho más grande. Poco a poco la verdad sobre su linaje y su origen se hizo más clara en su mente, al igual que el hecho de que no había nacido siendo el engendro que era ahora.

Había nacido con el pelo y los ojos del mismo rojo que la sangre, y con una magia que ningún otro poseía, una magia que no ocurría en la naturaleza; la magia de sangre.

Chi dejó de llorar, todavía con los brazos arropándole el pecho y la frente contra el suelo, y reflexionó sobre el descubrimiento. Los espíritus eran mucho más reales de lo que las leyendas daban a entender, igual que las cuatro magias originales cuyas esencias se habían reencarnado desde el principio de los tiempos.

Arvel era la magia original de hielo: la magia de la belleza y la desolación. Y ella era la magia original de sangre: la magia de la vida y la muerte.

Chi, el engendro, la niña sin magia, la huérfana, hija de uno de los hombres más poderosos del mundo, portadora de la esencia de los espíritus, una criatura de leyenda.

Se incorporó lo suficiente como para mirarse las manos, y en los recuerdos de la mujer que había querido como a una madre vio una escena que reavivó la ira en su interior. Vio a su padre declarar que tenían que arrebatarle la memoria, al igual que sus poderes, y que era demasiado peligrosa. Vio al mismo guardia que la había encontrado en aquel parque volando desde el palacio con ella en brazos y abandonándola.

Notó por primera vez la mano de Nahuel sobre su espalda y se irguió para mirarle, con el peligro bullendo en sus ojos.

—Me estabas ocultando la verdad. —La amenaza no le llegó a la voz, ronca por los lloros, y aun así, fue suficiente para reavivar el miedo que había perdido al verla romperse—. ¿Cuánto tiempo pensabas esconder esto de mí?

—Perdóname, quería decírtelo, pero Hikami... —Nahuel enmudeció, consciente de cómo Chi se tensó al escuchar el nombre de su tía—. Nos hizo jurar que no diríamos nada y que ella y el director se encargarían de contarte la verdad después del Torneo.

—¿Quién más lo sabe? Aparte de Arvel.

—Ethan y Alessia.

Si estaba mintiendo, Chi no pudo discernirlo, pues su corazón había estado galopando en sus oídos desde que le había despertado. Frunció los labios, sin terminar de creerse lo cerca que había estado de la verdad todo aquel tiempo. Arvel supo quién era desde el principio y aun así la miró cada día y guardó silencio; optó por llamarla por su nombre de asignación y odiarla por cosas que ella había olvidado.

—¿Estos son todos los recuerdos que tienes? ¿Los de Hikami? —Nahuel asintió. Chi revivió cada una de aquellas imágenes, sin encontrar las respuestas que buscaba—. ¿Cómo puedo recuperar mi magia?

Nahuel abrió y cerró la boca un par de veces. Ningún sonido escapó de sus labios.

—No creo que eso sea posible —musitó por fin, apartando la mirada—. Hikami dijo... que se deshicieron de tus poderes para siempre.

Chi se levantó y Nahuel la imitó, con el pulso todavía palpitándole en la garganta.

—Necesito que me lleves hasta el palacio.

—Chi, no creo que eso sea una buena...

—No era una pregunta —gruñó. La claridad con la que había decidido que necesitaba respuestas se estaba disipando con rapidez.

—Lo sé. —Nahuel inspiró, intentando hacer desaparecer el temblor en su voz—. Sé que estás enfadada, pero solo queda un día más de Torneo y después de las finales tendrás la oportunidad de hablar no solo con Hikami, sino también con el director.

—No me importa el Torneo, nunca lo ha hecho.

—A Naeko y a Melibea sí. —Los labios de Chi se convirtieron en una fina línea, sus ojos centellearon. Nahuel tragó saliva, sintiendo un fogonazo de determinación—. Nos queda solo un día. Por favor, ayúdanos a terminar para que no haya sido todo en vano, eso es lo único que pido, y cuando el Torneo haya llegado a su fin haré lo que sea, te ayudaré a hablar con el director o a asegurarnos de que no te está mintiendo o lo que sea.

Chi se giró hacia la puerta, sin querer considerar las palabras de su compañero. Sus manos temblaban con fuerza y lo único en lo que podía pensar era en lo injusto que era todo. Quería ir al palacio y mirar a Hikami a la cara mientras la mujer fingía no saber quién era ni lo que le habían hecho; quería exigir una explicación, quería dejar escapar las emociones que ardían en su interior y quemar a otros con ellas.

Mientras se debatía, sintió unos brazos sobre los hombros y una exhalación en la oreja que hizo que su cuerpo entero se erizase. Sabía que no había nadie recostándose sobre ella, ningún rostro a centímetros del suyo; sabía que aquel olor metálico no era real, pero de pronto sintió la culpa asentándose en su estómago como una roca, haciendo desaparecer el picor en sus manos y las ansias de buscar vindicación.

Miró a Nahuel de reojo, que seguía tenso a su lado.

—¿De verdad me ayudarás?

—Sí —respondió el erudito, tal vez demasiado rápido—. Lo prometo.

Chi suspiró, sus hombros cayeron y, sin decir nada más, se marchó.

Los fuegos artificiales comenzaron antes de que los alumnos abandonasen sus ciudadelas y se podían apreciar desde cualquier rincón de la Academia. Había columnas de humo de todos los colores pintando el aire desde la entrada del Sector de la Sabiduría hasta la pasarela de aterrizaje del estadio.

El mundo pareció olvidarse de las decepciones de los últimos días, pues decenas de miles de civiles visitaron la escuela aquel día, llenando tanto los edificios como los parques y las calles de Sabiduría, y atestando tanto el estadio como su entrada. Había tantos dragones surcando el cielo en camino a la Zona Central que formaban un río de sombras sobre el suelo.

Cuando los alumnos llegaron hasta sus palcos, el aire ya olía a fritanga, acompañado por una extraña mezcla de dulces y salados. Los tambores golpeaban una melodía tan ágil como festiva, ahogando las conversaciones de muchos.

Wilson no tardó en aparecer en la arena, vestido de pies a cabeza con un traje dorado que centelleaba bajo el sol. Su sonrisa ya no vacilaba. Las estatuas de dragón que decoraban los picos más altos del estadio escupieron llamaradas de confeti y los tambores fueron menguando hasta desaparecer, indicando al público que era hora de tomar asiento.

—¡Bienvenidos, señoras y señores, dragones y dragonas, al día final del Torneo! —Wilson aplaudió con las gradas y tardó casi un minuto entero en poder continuar hablando—. Hoy prometemos unas peleas sensacionales con las cuales remataremos los últimos meses de competición y con las cuales se decidirá el gremio vencedor. ¡Empecemos anunciando las puntuaciones actuales! —El hombre apuntó hacia los nombres de los tres gremios que se reflejaron en el cielo—. Millien y Bershat están empatados por el primer puesto con ocho puntos cada uno, así que cualquiera de ellos es perfectamente capaz de quitarle la victoria al otro. Ziyoú está en último lugar con seis puntos y, ahora mismo, su única oportunidad de robar el primer puesto sería ganando ambos combates, y después el desempate con el gremio que gane su segunda pelea. —El rostro de Draco, que se alzaba estoico frente a la barandilla de su palco, no cambió bajo la presión del presentador. Incluso sus compañeros poseían un aire decidido. Ninguno de ellos se había dado por vencido—. ¡Después de meses de pruebas y peleas, todavía es imposible predecir qué gremio triunfará! ¡Qué emoción!

El público estalló en aplausos y en cuanto Wilson pudo volver a hacerse oír por encima del griterío, el primer combate del día fue anunciado.

Michael contra Kami.

Ambos jóvenes se reunieron en la arena, acogidos por las miles de voces que aclamaban sus nombres. Durante la mayor parte del combate, nadie supo quién iba a ganar, pero poco a poco la joven de Ziyoú comenzó a perder energía, mientras que Michael no parecía sufrir por el esfuerzo. Fue entonces cuando el miembro de Millien hizo uso de su magia y una presión enorme cayó sobre la arena, dejando a Kami planchada contra el suelo, incapaz de levantar ni una pestaña.

Cuando la joven se rindió, lo hizo con el peso de todo su gremio temblando en su voz.

El siguiente combate fue entre Arvel y Draco, y a pesar de ser dos de los mayores nombres del Torneo, su enfrentamiento durante las semifinales todavía estaba fresco tanto en la mente del público como en la de los alumnos. El encuentro fue mucho más rápido que el anterior, pero aun así, fue un espectáculo de los elementos.

El Raisaar no perdió ni un instante en transformarse y crear un campo eléctrico por toda la arena. La barrera que protegía los palcos y las gradas se encendió, desviando latigazos de electricidad que al chocar contra el escudo emitían unos chasquidos ensordecedores.

Draco era un gran dragón cuyo cuerpo parecía atraer y enviar zumbidos de electricidad con cada sacudida de sus alas emplumadas. Cuando abrió las fauces para rugir, un fulgor azulado proveniente de su garganta tiñó sus dientes. Su torso se iluminó del mismo azul, marcando la silueta de sus costillas.

El aire, tan cargado de energía, hizo que el cuerpo de Arvel cosquillease como si tuviese miles de hormigas bajo la piel. Consciente de que no podía subestimar a su adversario, Arvel hizo algo que no había hecho en ningún momento del Torneo: se transformó.

Prácticamente doblaba a Draco en tamaño. Su cuerpo, largo y sinuoso, estaba cubierto de escamas afiladas, que se extendían como si cientos de témpanos se hubiesen formado sobre él mientras volaba a través de los desiertos gélidos de Frysterra. Tres pares de alas emergían de su espalda, batiendo a diferentes velocidades. Daba la sensación de que, en vez de volar, el dragón flotaba, inmune a la gravedad. Su rugido se escuchó por la Academia entera, haciendo que los presentes se acongojasen, pero Draco no se encogió, sino que abrió aún más sus alas y le devolvió el rugido, haciendo temblar el cielo con sus truenos.

Nada ocurrió durante unos segundos, hasta que ambos dragones se abalanzaron el uno sobre el otro. Docenas de rayos descendieron del cielo, oscureciendo el estadio, y aunque algunos parecieron caer directamente sobre Arvel, el dragón no se inmutó. Su cola rodeó el cuerpo de Draco casi por completo, asegurándose de que no conseguiría escapar, y a continuación, cerró sus fauces alrededor de su hombro.

Un chillido estridente rasgó el aire.

Ambas bestias chocaron contra el suelo. Las barreras refulgieron, delatando la electricidad que cubría la arena. Los alumnos forcejearon, levantando nubes de polvo con cada extremidad que azotaba el suelo. Arvel no había soltado el hombro de Draco y desde sus reflejos acrecentados sobre la arena, los presentes advirtieron que allí donde los dientes perforaban su carne, las escamas y plumas del Raisaar habían comenzado a congelarse.

Un último rayo descendió del cielo, haciendo temblar el estadio con su trueno, y cayó sobre una de las alas de Arvel, la cual quedó inerte a su costado. Al ver que su adversario no parecía afectado por el golpe, Draco forcejeó durante unos momentos más antes de soltar un quejido derrotado, una súplica.

Los tambores sonaron y un grupo numeroso de sanadores entró en la arena, llegando hasta ambos jóvenes a la vez que estos volvían a su forma Volkai. La mayoría de los sanadores se arremolinaron alrededor de Draco y tiraron del cuello de su camisa, desgarrándola para revelar un hombro cuya piel se había vuelto negra y unas heridas de las cuales no manaba ninguna sangre. Arvel caminó renqueante hasta el líder de Ziyoú y se inclinó a su lado, alzando una mano a centímetros de su hombro. La mueca de dolor de Draco se hizo más prominente durante unos instantes antes de desaparecer poco a poco, al igual que la negrura de su piel.

Pronto, la sangre comenzó a brotar de sus heridas.

Minutos después, el grupo de sanadores se llevó a ambos jóvenes, dejando a Wilson solo en la arena.

—¡Qué encuentro más emocionante! —exclamó el hombre—. ¡No se podía esperar menos de dos de los miembros más poderosos de la Zona Central! Un verdadero espectáculo de la naturaleza! —Una ola de aplausos acompañó sus palabras—. Por desgracia, debido al resultado de estas últimas dos peleas, es imposible para Ziyoú conseguir suficientes puntos para ganar el Torneo, así que quedan oficialmente descalificados. ¡Por favor, dadles un gran aplauso a todos y cada uno de sus miembros! —Las gradas se alzaron, aplaudiendo y gritando a coro el nombre del gremio—. ¡Gracias a todos vosotros por vuestros esfuerzos! —dijo, girándose hacia el palco de Ziyoú, donde varios se habían echado a llorar y otros saludaban al público, que todavía entonaba su nombre, con sonrisas tan tristes como aliviadas—. Estad orgullosos de lo lejos que habéis llegado y por haber forjado vuestro nombre con un honor feroz.

Los vítores continuaron durante varios minutos en los que limpiaron la arena de todo el cristal que se había formado allí donde los rayos de Draco habían chocado contra el suelo. En algún momento Arvel volvió a su palco y fue felicitado por sus compañeros. Chi no se giró para mirarle. No se había movido de donde se encontraba frente a la barandilla desde que habían llegado, sabiendo que si cedía, aunque fuese solo un centímetro, perdería la batalla contra las ganas que tenía de atacarle y exigirle más respuestas.

—Espero que todos hayáis tenido tiempo de estirar las piernas y conseguir algo más de picar, porque ha llegado la hora de anunciar el último combate del día. Millien y Bershat continúan empatados en puntos, lo cual quiere decir que todo depende de este encuentro. —Wilson alzó una mano al cielo, donde los rostros de los miembros de ambos gremios comenzaron a pasar uno tras otro—. Como todos los demás combates de esta semana, los participantes se decidirán de forma aleatoria, así que veamos quiénes serán los alumnos cuyo desempeño determinará el gremio ganador.

El estadio quedó sumido en silencio mientras todos, tanto alumnos como miembros del público, esperaban ansiosos a que los rostros dejasen de parpadear frente a sus ojos y se decretara el combate que lo decidiría todo.

Meses de dolor, esfuerzo y pérdida colgando del cuello de un par arbitrario.

Los rostros se detuvieron en el cielo, claros como si se estuviesen mirando a un espejo, y una exclamación colectiva se alzó desde las gradas. Detrás de Chi, varios de sus compañeros se quedaron sin aliento. Alguien dejó escapar un lamento ahogado, la insinuación de un lloro.

Los asesinatos de Samuel y Melibea jamás serían honrados. La muerte de Naeko sería en vano.

Wilson carraspeó desde la arena y, cuando habló, un retazo de pena tiñó su voz. Ese año no habría ningún espectáculo más, ningún giro inesperado, ningún ganador de última hora.

—Y aquí tenemos a nuestros últimos competidores... ¡Judas contra Kenra!

Capítulo 25

El público hizo una ovación y Chi sintió su corazón latiendo de forma dolorosa. Sus ojos rodaron hasta el palco de Millien. Judas ya había comenzado a saltar la barandilla, con una sonrisa de oreja a oreja. Sus ojos se encontraron con los de Kilyan, cuyo rostro había perdido cualquier indicio de color. Detrás de él, incluso Isis, una de las arañas, la observaba con los labios fruncidos hacia abajo.

—Tienes que rendirte. —Kobu agarró a Chi del hombro y la obligó a girarse, de forma que fue capaz de ver todos y cada uno de los rostros de sus compañeros—. No merece la pena.

—¿Y tirar a la basura todo nuestro esfuerzo? —La voz de Zafrina fue poco menos que un chillido. Había mil emociones cruzando su rostro y ninguna de ellas era buena. Un par de lágrimas asomaron por las comisuras de sus ojos—. Lo mínimo que puedes hacer es pelear, como llevamos haciendo todos durante meses —dijo, prácticamente escupiendo las palabras.

—Judas la matará —dijo Mael—. Solo necesita un punto para ganar y después de las semifinales...

—¡No me importa! —gritó Zafrina.

Chi dejó escapar un suspiro tembloroso, sintiendo cómo los segundos se le escurrían de las manos. En la arena, Judas esperaba con paciencia al lado de Wilson.

Leon abrió uno de sus portales y Ethan se colocó al lado de Chi, posando una mano contra su espalda. Observó los rostros de todos los presentes y se centró en la única que no la miraba con decepción, ni miedo, ni frustración. Rhonda la contemplaba en silencio, de brazos cruzados.

—Nadie te culpa de esto —dijo Ethan, pero Chi apenas le escuchó. No apartó sus ojos de los de Rhonda, los cuales brillaban con una calma salvaje—. Tu vida es más importante que este Torneo.

—No hemos perdido todavía —susurró la chica de rastas rubias.

Sintió un latigazo en el estómago y la mano de Ethan pareció quemar contra su espalda. Después de todo lo que había sufrido, todo lo que se había esforzado, ¿no iban a concederle ni una sola gota de fe? Estuvo a punto de ganar contra el Raisaar, Camille apenas había sido un obstáculo, había sobrevivido a Judas en otra ocasión, había vencido al mismísimo director de la Academia...

Su rostro se crispó.

Apartó a su líder de gremio de un empujón y pasó el portal de Leon de largo, aferrándose al metal de la baranda. Saltó del palco sin pensárselo dos veces. Su trenza azotó el aire al caer. Antes de impactar contra el suelo, dobló las rodillas hasta el pecho y cuando tocó la arena con los pies y los dedos de las manos, lo hizo con suavidad, levantando nada más que una pequeña nube de polvo. Ni siquiera había sentido la fuerza de la caída.

Se acercó a Wilson y a su adversario con lentitud, sin prestarle atención al silencio del público. Sus nervios le vibraban debajo de la piel.

¿Cómo podría vencer a Judas, portador de una magia tan absoluta, tan devastadora, capaz de crear explosiones de la nada, donde fuese y con la potencia que él quisiese? Una magia abrumadora y codiciada por todos. No eran pocos los que se atrevían a decir que Judas era, sin duda, una de las personas más peligrosas del mundo.

«Perdió contra Ethan», susurró una voz en la parte trasera de su mente, y aunque las palabras de Rhonda habían despertado una rabia burbujeante en ella, Chi no se dejó llevar por la insinuación. Se había enfrentado a él en el pasado y había perdido. La realidad era que Judas podía terminar la pelea cómo y cuándo le diese la gana. Si Chi conseguía atacarle o incluso herirle, sería porque él lo había permitido. Y aun así, una parte de ella se regocijaba ante la oportunidad de enfrentarse a él y demostrar de lo que era capaz, de humillarle, de hacerle daño. Una parte pequeña..., pero ruidosa.

Wilson puso una mano sobre su hombro, devolviéndola a la realidad.

—¿Estás lista? —preguntó, como si realmente le importase su respuesta.

Chi alzó la vista hasta el palco presidencial, donde Hikami se había levantado de su asiento. Sus ojos se encontraron y la mujer movió los labios.

«Ríndete».

—Estoy lista.

—Bien, entonces demos comienzo al último combate del Torneo.

Los tambores sonaron y Wilson se marchó tan rápido como pudo.

—Creo que en el fondo me das pena —dijo Judas una vez el público y los tambores callaron—. Tienes que haberles hecho algo serio a los espíritus para que te traten de esta manera.

—No han sido los espíritus los que me han puesto aquí —murmuró, todavía con la mirada fija en la mujer que había considerado su madre durante años.

Sacó dos agujas de su tahalí.

El aire se contrajo frente a ella. Lo sintió una milésima de segundo antes de que ocurriese. Cerró los ojos a la vez que una docena de pequeñas explosiones reventaban a su alrededor como petardos. Sus oídos pitaron de forma dolorosa, pero no tardó en darse cuenta de que nada más le dolía. Cuando abrió los ojos, Judas se encontraba frente a ella. La agarró del pelo, tirando de su trenza hacia abajo, y le dio un rodillazo en la cara.

Chi escuchó su nariz crujir y sus ojos se llenaron de lágrimas. Resistió el instinto de taparse el rostro con las manos para intentar contener el fogonazo de dolor que le entumeció el rostro y, a cambio, alzó una de sus agujas. Sin un solo segundo de vacilación, hundió el arma en el antebrazo de su oponente, atravesándolo de lado a lado.

Se dejó caer al suelo y barrió los pies de Judas de una patada rápida. Levantó su mano izquierda, la cual sujetaba su segunda aguja, y la suspendió por encima del pecho de su oponente, lista para hacer lo que tuviese que hacer para acabar con él.

Una gran explosión se formó en el espacio entre ellos, tan potente que incluso Judas se vio lanzado a varios metros de distancia. Chi cayó de espaldas sobre la arena, gimiendo. Su armadura se había calentado por el estallido y, a pesar de que había absorbido gran parte del impacto, su cuerpo estaba rígido y dolorido, sus huesos pastosos. Sus brazos, cuello y parte del rostro estaban en carne viva allí donde la explosión había hecho desaparecer varias capas de su piel. Un par de lágrimas cayeron de sus ojos y al tocar sus mejillas, el escozor que sintió le arrancó un sollozo gutural.

Escuchó un gruñido, seguido por una maldición.

Intentó levantarse, posando las manos sobre la arena, la cual se pegó a su piel inexistente, cuando una explosión reventó a su espalda, tumbándola por segunda vez. Un terrible olor a carne y cuero quemado hizo que su nariz escociera.

—¿Esto es todo lo que tenías en la manga? —Judas cerró la distancia que los separaba. Desde donde se encontraba en el suelo, no pudo verle el rostro, aunque escuchó cómo su voz temblaba ligeramente. Se arrancó la aguja del brazo con un gruñido, acompañado por un par de jadeos—. Levántate —bramó, tirando de su trenza hasta que Chi se puso de rodillas.

Poco a poco el pitido de sus oídos menguó. Alzó la mirada más allá de Judas y vio al director. Los recuerdos que Nahuel le había dado no mentían: aquel hombre era su padre, pero ¿acaso no estaba preocupado por ella? ¿Qué haría si moría durante aquel combate? ¿Lloraría su pérdida? Chi supuso que no, pues su rostro se mantuvo indiferente en todo momento, o al menos eso era lo que ella veía en él, indiferencia.

—Venga, no pongas esa cara —dijo Judas, y a pesar de la naturaleza juguetona de sus palabras, su voz sonó seca. Le soltó el pelo antes de darle una patada en el pecho, obligándola a sentarse—. Apenas acabamos de empezar.

Chi escuchó unos gritos mucho más cercanos y angustiados que los del público. Desde su palco, varios de sus compañeros se habían asomado sobre la barandilla, gritando palabras que la joven no terminaba de comprender. Sentía una extraña mezcla de cansancio y dolor, tan agudo y perforante que aunque hubiese querido cerrar los ojos y dejarse ir, no habría podido hacerlo.

«Eres débil», susurró una voz en su mente. «Patética. Inútil. Penosa». Cerró los ojos con fuerza, intentando ahuyentar los pensamientos. «Un pedazo insignificante de lo que deberías ser».

En su mente, algo aporreó al otro lado de la puerta.

Judas dejó escapar un bufido.

—Esperaba un poco más de ti —murmuró, como si estuviese pensando en voz alta. La pura indiferencia en su voz hizo que las manos de Chi hormigueasen—. No sé por qué, la verdad. No eres más que un engendro de la naturaleza. Supongo que solo necesitamos un punto más para ganar y desde luego te estaría haciendo un favor al matarte. —Se inclinó sobre ella, le golpeó la frente con un dedo y, pronto, sus labios se fruncieron. Cuando volvió a hablar lo hizo con irritación—. Un favor a ti y al mundo.

Antes de que Judas pudiese volver a erguirse, Chi agarró su muñeca y tiró de él hacia abajo. Escuchó un chasquido ahogado y el joven soltó un grito. Le había dislocado el hombro. Judas cayó de bruces sobre el suelo y sin darle tiempo a reaccionar, Chi se subió a su espalda y amenazó con agarrarle la cabeza con ambas manos.

Iba a romperle el cuello, lo sabía, y ninguna parte de ella quiso que se detuviese.

Ya no le importaba.

Sus dedos apenas llegaron a rozarle el pelo antes de que su brazo izquierdo se calentase. Duró solo un instante, un cosquilleo, una presión, un fogonazo, y de repente, ya no se encontraba sobre Judas, sino tirada sobre la arena.

El mundo enmudeció, se volvió blanco y brillante, y si la quietud duró meros instantes o largas horas, ella no lo supo. Lo único que sabía era que no podía moverse, o tal vez no quería. Si tenía un cuerpo, no lo sentía.

El blanco empezó a tomar un tono celeste y poco a poco el silencio se convirtió en un silbido y, después, en un ruido estruendoso.

No supo en qué momento se incorporó ni cuánto tiempo pasó allí sentada, con los ojos tan nublados como su mente, hasta que la neblina comenzó a disiparse poco a poco. Judas se encontraba a unos metros de distancia, todavía levantándose del suelo, distraído por su propio dolor. Debía de ser consciente de la magnitud de su ataque contra Chi, pues en ningún momento se giró hacia ella, seguro de que ya no era una amenaza.

Bajó la mirada al suelo, a sus piernas, y vio que, a su alrededor, la arena estaba teñida de rojo.

Parpadeó un par de veces.

Había sangre por todas partes: cubriendo su armadura, el suelo, el lado izquierdo de su rostro; incluso de sus pestañas caían gotas carmesí. Alguien, muy lejos, chilló su nombre, pero ella no consiguió reaccionar. Poco a poco, su mente continuaba aclarándose, haciendo que el palpitar de un dolor agonizante fuese más y más obvio. Sus ojos rodaron hacia las gotas de sangre que caían de su costado, allí donde el dolor era más intenso, y no tardó en ver la severidad de sus heridas.

Su brazo izquierdo había desaparecido por completo.

El latir de su corazón se aceleró, bombeando calor por todo su cuerpo como si se encontrase tendida demasiado cerca del sol. El dolor se volvió un murmullo, ahogado por algo que vibraba por su cuerpo con mucha más intensidad.

¿Adrenalina... o algo diferente?

Hubo un crujido.

La puerta se había hecho añicos y lo único que quedaban de ella eran las bisagras, las cuales ya no sujetaban nada. Algo creció en su interior, llenándole los pulmones, las venas, presionando contra sus costillas.

Hubo un estallido.

La sensación que había estado atrapada en su interior alargó sus dedos lejos de su cuerpo. Algo se desprendió de ella y atravesó las gradas, haciendo que el público se alterase, y continuó expandiéndose no solo por el estadio entero, sino por toda la Academia, sobresaltando a todo ser vivo en la isla y los océanos cercanos.

Kilyan sintió que el alma se le caía al estómago. Todo ocurrió en un par de segundos dolorosos. Chi se abalanzó sobre Judas y él la alejó de una explosión que habría dejado a cualquier otro inconsciente.

Durante unos instantes, esperó el redoble de los tambores como si su vida colgase de un hilo. Todo lo que había planeado hacer después del Torneo, todos los sitios a los que quería llevarla, todas las mañanas en las que quería despertarse a su lado, todos los momentos en los que había soñado durante las últimas semanas, se escaparon de su agarre.

Pero entonces, Chi se incorporó como una muñeca de trapo. Su cabeza parecía demasiado pesada para su cuello y sus hombros estaban hundidos. El joven vio trozos de carne chamuscados, desperdigados por la arena y por un instante, temió vomitar allí mismo.

Escuchó gritos desde el palco de Bershat y deseó con todas sus fuerzas poder unirse a aquel coro de súplicas. ¿Por qué no se estaba rindiendo? ¿A qué estaba esperando? Sin darse cuenta, Kilyan se llevó una mano al corazón, apretando la tela de su camisa.

No habían pasado más que un puñado de segundos, Judas ni siquiera había terminado de levantarse, y aun así Kilyan sintió que llevaba presenciando aquel horror durante toda una eternidad. Incluso el público había caído en un silencio insólito.

Y entonces, algo ocurrió.

La arena ondeó como si fuese la superficie de un lago, levantando ráfagas de polvo. Kilyan fue atravesado por aquella fuerza invisible, un empujón, un viento que en vez de chocar contra su cuerpo, pasó a través de él.

Duró solo un instante, como si le hubiesen abierto la puerta a una tempestad.

Kilyan supo que sus compañeros lo habían sentido también, pues todos ellos se levantaron. Una ola de exclamaciones recorrió las gradas. Se inclinó sobre la barandilla. El rostro de Chi permanecía escondido detrás de una cortina de pelo.

¿Qué estaba ocurriendo?

Kilyan se fijó en Judas, el cual había caído de vuelta al suelo, sorprendido por lo que fuera que habían sentido todos. La sorpresa en su semblante no tardó en tornarse agria. Su paciencia se había agotado. Kylian no consiguió controlar el grito que brotó de su garganta.

—¡Chi!

La joven alzó la barbilla y sus ojos se fijaron en los de su oponente. Todos los presentes quedaron anonadados bajo su mirada, la cual se reflejaba en grande sobre la arena, fulminando las gradas.

Entonces, Judas dejó escapar un quejido seguido por una serie de aullidos que congelaron la sangre de los presentes. Se revolvió sobre la arena, como si su cuerpo entero estuviese en llamas. No dejó de gritar en ningún momento y cuando su rostro fue enfocado para que el mundo entero lo viese, la sangre brotaba de todos los orificios de su rostro; por su boca, su nariz, sus orejas, incluso de sus ojos.

Un silbido cruzó el estadio. Kilyan vio al director de pie frente a la barandilla de su palco, con su dedo índice y pulgar entre los labios. Debajo de los palcos, una cúpula metálica comenzó a emerger de la pared, cerrándose por encima de la arena. Los hologramas que retransmitían el combate habían desaparecido.

Tal vez debió dudar, tal vez debió pensárselo dos veces o abstenerse, pero no lo hizo. Saltó la barandilla y cayó sin demasiado cuidado sobre el metal que continuaba cerrándose poco a poco. Judas había dejado de gritar. A su izquierda, Arvel había hecho crecer sus alas y volaba a gran velocidad hacia la arena. Kilyan le imitó y segundos después, la cúpula se cerró sobre sus cabezas.

Chi se encontraba de pie sobre Judas, cuyo cuerpo inerte yacía con la espalda doblada de forma antinatural. Un río de sangre manaba de su cuerpo, serpenteando por la arena hasta los pies de Chi, donde el líquido trepaba por su pierna y su ropa sin mancharla.

Kilyan abrió la boca para decir algo, cualquier cosa, cuando la puerta que daba acceso a la arena subió sus barrotes y un grupo de guardias entró en torrente, seguidos por varios sanadores.

Los hombres se arremolinaron alrededor de la joven, levantando sus espadas.

—¿Qué estáis haciendo...? —empezó a decir Kilyan, atónito ante las docenas de armas que empuñaban contra la joven, pero se calló en cuanto Chi se giró para mirarle, percatándose de su presencia por primera vez.

Toda la sangre que había estado cubriendo el lado izquierdo de su rostro y que le daba un aire inquietante empezó a retirarse, fluyendo hasta desaparecer debajo de su armadura. Kilyan entreabrió los labios.

¿Qué estaba ocurriendo?

Sus ojos carmesí se fijaron en Arvel por primera vez. En cuanto le vio, su rostro se contrajo y Kilyan no pudo evitar dar un paso hacia atrás. Jamás la había visto adquirir semejante expresión y, a pesar de que no estaba dirigida a él, sintió que su estómago se hundía, como si el aire a su alrededor hubiese ganado peso.

La joven no se movió, ni siquiera pestañeó, y decenas de gritos emergieron de la primera línea de guardias. Kilyan se giró hacia ellos y observó, horrorizado, cómo sus pies dejaban de tocar el suelo y cómo sus cuerpos temblaban, rígidos, como si unas garras invisibles les estuviesen aplastando. Desde las aperturas de sus cascos comenzó a manar sangre y los alaridos se volvieron mucho peores. Chi alzó su muñón hacia la sangre que flotaba en su dirección y esta se enroscó alrededor de su herida.

Kilyan dio otro paso hacia atrás.

Tanto los guardias como los sanadores restantes retrocedieron, y algunos de ellos corrieron de vuelta hacia la salida. Arvel no necesitó ver más. Se transformó y arremetió contra la joven como si estuviese dispuesto a matarla. Un grito manó de la garganta del Anacreón. La presión que se había formado en el aire se duplicó cuando un dragón que rivalizaba con el tamaño del Titán de Hielo tomó el lugar de Chi.

Los cuerpos de ambas bestias chocaron y la fuerza del impacto envió una ráfaga de viento por la arena que por poco tumbó a Kilyan. Boquiabierto, observó a Chi, cuya forma de dragón parecía ser melliza de la de Arvel a pesar de que sus escamas eran de un rojo profundo y de que su cuerpo no era tan largo y sinuoso. Ambos poseían tres pares de alas y unos bigotes que parecían ondear por el aire por voluntad propia, e incluso enzarzados en una pelea de garras y dientes, inexplicablemente todavía volando sobre la arena, Kilyan supo que ninguno de ellos eran Volkai comunes.

Una mano tiró de su hombro hacia atrás, separando sus ojos de Chi.

—Tienes que marcharte. —La voz del director apenas se hizo oír por encima de los gruñidos de las bestias, pero Kilyan escuchó la severidad de sus palabras con claridad—. No deberías estar aquí.

Detrás de él, Hikami se acercó a paso rápido, sus ojos incapaces de despegarse de la pelea.

—No voy a ir a ningún sitio hasta que sepa que Chi va a estar bien. —Kilyan se zafó de la mano del director—. ¿Qué le está pasando?

—Esto no es de tu...

Antes de que el hombre pudiese terminar de hablar, Hikami le agarró del antebrazo y le dio un pequeño tirón. Le susurró algo al oído y sus hombros parecieron desinflarse. Una ligera capa de sudor le cubría el cuello.

Un temblor hizo que todos se girasen hacia los dragones. Las heridas de Arvel sangraban mucho más de lo normal y cada gota acudía a Chi como si tuviesen vida propia. Su pata izquierda había cobrado forma: su muñón había quedado sumergido por completo en un nuevo brazo de sangre que arañaba y golpeaba igual que lo haría una extremidad de verdad.

Y aunque su tamaño y poder rivalizaban con los de Arvel, los movimientos de la dragona eran lentos y torpes.

—Por favor —susurró el director, haciendo que sus palabras llegasen a los oídos de Arvel—. No la mates.

El cuerpo del Titán de Hielo se tensó. Su pecho se hinchó durante unos segundos y entonces, una llamarada blanca escapó de sus fauces y se dirigió contra el cuerpo de Chi. Al tocarla, el aliento se cristalizó y una capa de hielo comenzó a cubrirla, a tal velocidad que poco pudo hacer la dragona para escapar. Sus alas no tardaron en dejar de agitarse, y para cuando su cuerpo golpeó el suelo, una gruesa capa de hielo la envolvía casi por completo y sus rugidos habían quedado reducidos a poco más que unos quejidos guturales.

Una imagen invadió la mente de Kilyan. Chi inconsciente en el bosque, su piel demasiado gris, sus uñas moradas, cubierta por una fina capa de escarcha que se negaba a derretirse.

El joven no se dio cuenta de que sus pies se estaban moviendo hasta que Hikami le detuvo.

—No queremos hacerle daño —dijo la magistrada, apretándole el brazo con ambas manos—. Por favor... necesitamos tu ayuda.

Capítulo 26

Por primera vez en semanas, Chi no soñó con nada. Por eso, cuando abrió los ojos y fue cegada por blanco, pensó que una vez más tendría que contemplar imágenes y escuchar conversaciones que no estaba segura de haber vivido.

No fue hasta que parpadeó un par de veces, acostumbrándose a la luz, y sintió sus músculos agarrotados, sus costillas doloridas, que se dio cuenta de que no estaba soñando. Se quedó allí tendida un par de segundos más, mientras recordaba poco a poco lo que le había pasado. De pronto, una ola la llenó por dentro, hinchando sus pulmones y haciendo hormiguear desde su pelo hasta las plantas de sus pies.

Tenía magia. Se había transformado. Había matado a Judas. Había peleado contra Arvel. Había perdido su brazo.

Se incorporó de golpe, empujando las sábanas blancas que la cubrían, y tan rápido como se hubo levantado, se detuvo. Detrás de ella, unas cortinas de seda vaporosa ondulaban con cada brisa que se colaba por las aperturas en la pared de cristal. La falda del vestido blanco que llevaba rozó sus rodillas. Frente a ella, Kilyan se incorporó en su silla.

Se había erguido, sobresaltado, y durante un par de segundos, ninguno de los dos hizo nada, simplemente se miraron como si no se hubiesen visto nunca, como si no fuesen más que dos ciervos en un bosque, contemplándose desde la lejanía.

Chi sintió sus ojos llenándose de lágrimas.

Lo que fuese que estaba planeando hacer una vez saliese de aquella habitación ya no le importaba. Una sonrisa tímida alargó los labios de Kilyan y en cuanto hizo ademán de levantarse de la silla en la que llevaba horas sentado, Chi se lanzó a sus brazos. Su cuerpo se quejó por el impacto, pero a ella no le importó. Le apretó con fuerza, hundiéndose en su pecho, sin terminar de creerse que estuviesen juntos por fin.

—Te he echado tanto de menos —suspiró Chi contra su camisa. Su voz le sonó ajena, como si no la hubiese escuchado en años.

Los dedos de Kilyan se hundieron en su pelo y sintió cómo le rozaba la coronilla con los labios. El alivio que la invadió fue tal que sus lágrimas quemaron como ácido en sus ojos, haciéndolas casi imposibles de contener.

—Y yo a ti —respondió él, con la voz algo ronca.

Se quedaron cosidos el uno al otro durante varios minutos, hasta que por fin, Kilyan sintió que la chica no iba a desaparecer de entre sus brazos. Se apartó de ella lo suficiente como para mirarle el rostro. Las quemaduras, los cortes e incluso su nariz rota se habían curado, pero no todo había desaparecido. Los ojos del joven bajaron hasta su brazo, envuelto en vendas, y volvieron a alzarse con rapidez cuando recordó el aspecto de la arena después de aquella explosión.

—¿Cómo te encuentras? —dijo, todavía con voz muda. Movió sus manos para acunar las mejillas de la joven y, con su pulgar, alejó un par de mechones de sus ojos.

Chi se apartó un poco más, bajando la mirada hasta el vestido que llevaba. No era uno que viniese de su armario y, aun así, le caía sobre los hombros y le abrazaba la cintura a la perfección. Escaneó la habitación, pero no vio su armadura en ningún sitio, ni siquiera sus botas. Dio un par de pasos descalzos hacia atrás y alzó las manos, aunque solo vio los dedos de una.

Se mordió la mejilla.

—Podría estar mejor —murmuró. Ladeó el cuerpo hacia las cortinas y cuando una brisa las levantó, vio con claridad el paisaje que se expandía más allá de la habitación—. ¿Estamos en el palacio?

—Sí.

—¿Cuánto tiempo llevo durmiendo?

—Solo unas horas.

—Judas... —Chi calló. Un escalofrío la recorrió de arriba abajo, erizándole la piel. Recordaba sus gritos con claridad. Frunció los labios, evitando que las comisuras de su boca se alzasen—. ¿Hemos ganado el Torneo?

—Sí —respondió el joven, y su sonrisa hizo que Chi no tuviese que esconder la suya—. Rompiste el empate. Felicidades, Chi. —Kilyan se levantó de la silla y, una vez más, se abrazaron—. Somos libres.

En la quietud que se asentó en la habitación, Chi notó que el silencio era mucho más hondo de lo normal. Contuvo el aliento y escuchó el corazón de Kilyan, que a pesar de latir contra su oreja, sonaba suave, distante.

—Kilyan. —Chi dio un paso atrás—. ¿Viste... la pelea? —Él asintió—. ¿Sabes lo que soy?

—Sí, Hikami y Yule me lo han contado todo.

—¿Todo? —insistió, apretando los puños. La expresión de Kilyan se suavizó—. ¿Te han contado que el director es mi padre? —Su mandíbula se agarrotó al pronunciar esas palabras, delatando cómo se sentía en realidad.

Kilyan asintió. Alargó una mano enguantada hasta la de Chi y entrelazó sus dedos con los de ella, dándole un apretón.

—Quieren hablar contigo, nos están esperando.

—¿Quién?

—Hikami y el director.

—¿Y Arvel?

—No está en el palacio —respondió Kilyan, acercándose a ella un poco más—. No tienes que preocuparte por él.

Chi asintió y dejó que Kilyan la guiase. Se giró para observar la habitación mientras la abandonaba. Durante toda su vida esos tonos albos le habían traído calma, felicidad, pero ahora lo único en lo que podía pensar era en cómo ella mancillaba esa paz. Por mucho blanco con el que vistiese o con el que se rodease, su pelo siempre sería igual de rojo que la sangre que había derramado en esos mismos suelos de mármol.

Siempre luciría el color de sus pecados.

Caminaron durante varios minutos en silencio, cruzando galería tras galería y subiendo múltiples pares de escaleras hasta que, por fin, se detuvieron frente a unas puertas amplias con siluetas de dragones tallados en la madera y pomos de oro.

No era la primera vez que se encontraba frente a esa puerta, sujeta de la mano de alguien.

En ningún momento se cruzaron con guardias, ni miembros de la administración, ni siquiera visitantes. Daba la sensación de que el palacio estaba completamente vacío. Kilyan no dijo nada y ella deseó poder escuchar su corazón para saber si palpitaba tan rápido como el suyo, aunque no estaba del todo segura de que fuese a causa de la ansiedad.

Se pasó una mano por ese vestido que no era suyo, alisando unas arrugas inexistentes, y entonces Kilyan dio un paso al frente y empujó la puerta, que se abrió con un crujido seco.

Yule fue el primero en girarse al escucharlos. Se movió demasiado rápido y Chi apreció con facilidad el rubor que teñía su cuello y orejas, como un sarpullido. Hikami, cuya piel no delataba su ansiedad igual que la del director, los recibió con una inclinación de cabeza.

Las manos de la pareja se apretaron un poco más.

—Chi —dijo Yarak, rompiendo el silencio.

Escuchar su nombre en los labios del director hizo que su estómago se revolviese y que parte de la ira que Kilyan había enterrado resurgiese. Hacía años, Hikami le había dicho que su nombre era un secreto preciado y que solo aquellos en los que ella confiase eran dignos de conocerlo.

A los ojos de Chi, su padre no merecía ese honor.

—¿Cómo te encuentras? —preguntó Hikami.

Kilyan sintió cómo la joven se crispaba.

—¿Durante cuánto tiempo planeabas mentirme?

—Chi...

—Durante diez años me has mirado a la cara y me has mentido. ¿Era para castigarme por lo que le hice a mi madre, a tu hermana? ¿Es por eso por lo que me viste sufrir y decidiste no decirme la verdad? —Chi respiró hondo, intentando no ceder a sus instintos. Sería tan fácil hacerles sentir su dolor, hacer que su sangre hirviese. Kilyan puso una mano sobre su espalda, y a pesar del guante, a pesar del vestido, sintió su calor. La joven dejó escapar un suspiro tembloroso—. ¿Disfrutabas viendo el odio con el que mis compañeros me recibían todos los días? ¿Las heridas con las que volvía a casa? ¿Mis súplicas para que me sacases de ese sector?

—No, por supuesto que no. Te amo con todo mi ser, Chi, siempre lo he hecho.

—Entonces, ¿por qué?

—Porque...

—Porque no fue su decisión —interrumpió el director—. El que decidió dejarte en ese sector fui yo.

El cuerpo de Chi comenzó a temblar, sus hombros subiendo y bajando cada vez más deprisa, cada vez menos capaz de contener la rabia que burbujeaba en su estómago.

—Entonces eres tú el que quería castigarme.

—Quería darte la oportunidad de crecer sin saber lo que hiciste, la oportunidad de tener una vida normal.

—¿Y por qué no dejarme en el Sector de la Sabiduría o fuera de la Academia? ¿Por qué abandonarme si ya me lo habías robado todo?

El director cerró los puños contra sus costados.

—Porque mataste al amor de mi vida, tu madre, la mujer que te adoró desde que te vio por primera vez y que nunca hizo nada más que bañarte con su devoción. El día en que tu magia se manifestó, cambiaste; intenté cuidar de ti, de verdad que sí, pero no pude.

—Si estás buscando perdón, no lo vas a encontrar. Me robasteis mi magia, mis recuerdos, mi identidad... —Hizo una pausa, dejando escapar un suspiro tembloroso—. ¿En algún momento os parasteis a pensar lo que sería de mí? ¿De mi vida?

—Naciste de la oscuridad dentro de Shomei. Tu magia es perversa y caótica, y cuando se manifestó cambiaste. Queríamos que crecieses sin la esencia de Ankoku corrompiéndote por dentro —dijo Hikami, dando un paso al frente—. El plan nunca fue que terminases en el Torneo.

—¿Y que Arvel intentase matarme aquella noche en el bosque tampoco era parte del plan? ¿Y la noche que terminé en el hospital después de despertarme con él encima, obligándome a beber su sangre? —Ambos se irguieron, sus ojos abiertos de par en par. Chi bufó—. Supongo que no.

—Lo siento, Chi, hice lo que hice con buenas intenciones, pero ahora... es difícil decir que fue lo correcto. No estoy buscando tu perdón, solo quiero que entiendas que no estaba intentando hacerte daño. —Yule observó el rostro de su hija, inflexible, y sus hombros se encorvaron. Se metió una mano en la chaqueta y sacó un sobre. Lo observó durante varios segundos antes de volver a hablar. La pena en sus ojos podría haber sido sincera o fingida y no habría supuesto ninguna diferencia para Chi—. He escrito nuestra historia, tanto la nuestra como la de tu madre, y cómo las cosas llegaron a lo que son ahora. Por favor, solo pido una oportunidad —dijo, antes de cruzar la habitación y tenderle la carta—. Todos cometemos errores.

Chi observó el papel, impoluto, doblado con cuidado, y el sello de cera roja estampado con sus iniciales, «Y. Y.». A su lado, Kilyan contuvo el aliento. La joven extendió una mano y aceptó el sobre, sintiendo el peso del papel y la tinta en su interior.

Chi no necesitaba escuchar nada más de lo que el director tuviese que decir, por mucho que allí se encontrasen todos los pensamientos del hombre, todos sus razonamientos y recuerdos de lo ocurrido. Cerró la mano, aplastando el sobre y agrietando el sello, antes de dejar caer el papel.

A pesar de que el rostro del director se mantuvo firme, las comisuras de sus labios se arquearon ligeramente hacia abajo.

—Chi —susurró Kilyan, hablando por primera vez. Se inclinó sobre la joven, interponiéndose entre ella y su padre. Sus ojos brillaban con emoción—. No tienes que perdonarlos, solo trata de entenderlos.

Chi dio un paso hacia atrás, apartándose de él.

—¿Qué?

El director comenzó a negar con la cabeza.

—No estoy justificando nada de lo que han hecho, pero estaban intentando hacer lo mejor para ti. —La seguridad en su voz titubeó al ver cómo la expresión de Chi se arrugaba. El corazón del joven comenzó a palpitar de forma dolorosa. Había cometido un error—. Lo mejor para todos...

—¡No! —gritó ella. Kilyan alzó las manos e hizo ademán de acercarse—. ¡No, no, no!

El joven se detuvo en mitad de su andar, su cuerpo temblando como una hoja y su rostro ahora pintado de dolor.

Chi retrocedió un par de pasos más. Ni siquiera había tenido que levantar una mano y ahora, la vida de Kilyan estaba a su merced.

Ni el director ni Hikami se atrevieron a moverse.

Los ojos de Chi se encontraron con los de Kilyan, que la observaban sin miedo alguno, como si viesen a través de ella y de su ira. El labio de la joven comenzó a temblar. ¿Acaso no era él quien la seguiría hasta el fin del mundo, el que se quedaría a su lado y la apoyaría? ¿La persona con la que tendría, por fin, una familia? ¿Con el que viviría todos sus días hasta envejecer? ¿Cómo iba a hacer todo eso con un traidor?

—Chi, por favor. —Las palabras de Kilyan apenas consiguieron escapar de entre sus dientes. Chi negó con la cabeza, sin dejar de retroceder. A su espalda, lo único que la separaba del cielo era una pared de cristal—. Por favor.

Pero ella no quería comprender, no quería perdonar.

A pesar de la furia que sentía, capaz de quemar la Academia entera hasta sus cimientos, las lágrimas que colmaron sus ojos fueron de dolor, de tristeza. Había descubierto la verdad por fin, había descubierto quién y qué era... y en el proceso lo había perdido todo.

Se dio la vuelta, se llevó una rodilla al pecho y le dio una patada al cristal que la retenía en aquella habitación. Docenas de grietas se extendieron por la ventana antes de que estallase en miles de esquirlas.

Escuchó gritos a su espalda, aunque sus palabras no llegaron a alcanzarla. Chi se dejó caer a través de la cortina de cristal que todavía caía frente a ella, con su único brazo extendido como el ala de un pájaro, y por primera vez en su vida, surcó los cielos.

Epílogo

Yarak se derrumbó frente a su escritorio.

Últimamente, sus días se alargaban con interrupciones, quejas y complicaciones, pero ese día en particular hizo que su cuerpo doliese del cansancio. No se movió durante un par de minutos. Dejó que sus músculos se relajasen y que el dolor de sus huesos menguase. En cuanto la mayor parte del estrés que le calaba por dentro se disipó, relajado por el silencio y la luz titilante de la vela que había dejado sobre el escritorio, una sonrisa curvó sus labios.

Hizo lo posible por reprimirla, porque, aunque estaba solo en su despacho, no podía evitar sentir que si sonreía, estaría admitiendo lo mucho que había disfrutado del día, por duro que hubiese sido.

Dejó caer la cabeza sobre el respaldo de la silla, cerrando los ojos, y pensó en lo mucho que Chi había crecido. No podía terminar de creerse la fuerza contenida en su pequeño cuerpo o el brillo desafiante en sus ojos.

Era igual que su madre.

Su sonrisa se ensanchó. Una felicidad amarga le llenó por dentro, triste por que le hubiesen arrebatado semejante proeza a su hija después de todo su esfuerzo, pero feliz de haberla podido mirar a los ojos y hablar con ella, aunque fuese bajo los ojos inquisidores del mundo entero.

Sin perder su expresión risueña, el hombre se inclinó hasta el primer cajón de su escritorio y sacó una hoja de papel, una pluma y un frasco de tinta negra. Observó el folio en blanco durante unos minutos hasta que por fin, con sus pensamientos ordenados, hundió el plumín en la tinta.

Querida Chi:

Hoy he podido mirarte a los ojos por primera vez desde que nos separamos hace ya tantos años, y mentiría si dijese que mi corazón no dio un vuelco al escuchar tu voz por primera vez.

No compartes demasiados rasgos con tu madre, pero decir que no os parecéis sería blasfemo. Sé que no la recuerdas y por eso, me disculpo. Arethe era una mujer que irradiaba valentía. Cada una de sus palabras, por pocas que fuesen, cargaban con todo el peso de su honor y determinación. Todavía recuerdo claramente el efecto que tenía en otras personas. Si ella hablaba, sin importar quién fueses: un director, un rey, un gobernador..., escuchabas.

Hoy, después de muchos años, he vuelto a sentir ese cosquilleo al escucharte.

No estoy escribiendo esta carta sin motivo, lo prometo. Desconozco en qué momento tus ojos llegarán a leer estas palabras, aunque espero que, de cualquier forma, te ayuden a entender el porqué. No me atrevería a suponer nada, pero, a lo mejor, te ayudarán a perdonarme.

Nuestra historia comenzó mucho antes de que los espíritus nos bendijesen con tu existencia, cuando, años atrás, mi mejor amigo, el rey Dallin de Frysterra y su mujer, la reina Willow, tuvieron un hijo de rizos plateados y ojos de reptil.

Willow, con su último aliento, le llamó Arvel.

Su muerte fue tan inesperada como devastadora, y debido a ella, Arethe y yo pasamos mucho tiempo con nuestro amigo, ayudándole tanto con su duelo como con su hijo, que por desgracia había nacido con lágrimas en los ojos y gritos en la garganta. Jamás en mi vida había estado en la presencia de un bebé tan descontento e irritable. Lloraba sin parar hora tras hora, día tras día, y las cosas solo empeoraron en cuanto aprendió a gatear y más tarde a caminar.

Y sus ojos... Nunca habíamos visto nada igual. Sopesamos la posibilidad de que Arvel hubiese heredado algún gen Zú, pero por muy atrás que fuésemos en los registros, ningún antepasado de la familia había sido Zú.

Al cumplir los cinco años, la magia de Arvel se manifestó por primera vez y nuestras dudas se convirtieron en desconcierto. Su magia era de hielo, algo que tampoco estaba presente en su familia, y desde el primer día supimos que no era un poder normal y corriente. Arvel era poderoso y ejercía un control sobre su magia que era inimaginable en un niño de su edad. Y no solo eso, sino que con su magia, sus pataletas, sus ataques de rabia y sus llantos cesaron por completo.

Por primera vez desde que nació, hubo silencio, sonrisas.

Dallin no podía estar más contento, aunque eso no hizo que ninguna de nuestras dudas se disipasen, sino todo lo contrario. Ya habíamos estado indagando durante años, pero ahora que su magia se había manifestado y que con ella vino un cambio de personalidad radical, de pronto la respuesta fue clara.

Arvel era, sin duda, la reencarnación de una de las magias originales, portador de un poder legendario.

Por eso, cuando años después tu madre te dio a luz a ti, los tres supimos de inmediato quién eras. Tu pelo y ojos carmesí fueron toda la advertencia que necesitamos. Por desgracia, tú no fuiste igual que Arvel, sino todo lo contrario. Al nacer, no dejaste escapar ni un solo sonido, ni una sola lágrima. Lo único que hiciste fue sonreír.

Nunca hubo una niña más risueña, más dichosa de haber nacido.

Y, a pesar de lo felices que estábamos de tenerte y de que todo fuese bien durante tu nacimiento, estábamos preocupados, porque sabíamos que tu comportamiento, siendo opuesto al de Arvel, no era bueno.

Las leyendas cuentan que las cuatro magias nacen de las entrañas de los espíritus, de allí donde sus esencias fueron corrompidas por el otro desde el momento en el que rompieron la Ley Sagrada. Cada vez que una magia original es reencarnada, su esencia cambia dependiendo del espíritu del que provenga. Antes de manifestar su magia, Arvel estaba lleno de rabia, agresión y odio. Él era hijo de Ankoku, el espíritu de todo lo malo, de la oscuridad y el caos. Pero tan pronto como su magia se manifestó, su naturaleza fue enterrada por una mucho más poderosa, el núcleo de luz que Ankoku arrancó de su cuerpo, la esencia de Shomei.

Por eso estábamos tan preocupados cuando naciste como la hija perfecta, siempre contenta, siempre sonriente, la que dormía la noche entera de un tirón y la que nos brindaba felicidad a todos, porque eso significaba que eras hija de Shomei y que al manifestarse tu magia, te convertirías en algo diferente, algo peligroso.

Pero fuimos ingenuos.

Estábamos cegados por el amor que sentíamos por ti y pensamos, estúpidamente, que era imposible que la hija que queríamos con todo nuestro corazón se convirtiese en algo como lo que Arvel solía ser. Por algún motivo, no parecía real.

Aun así, hicimos preparativos. Te mantuvimos en la torre central del palacio, lejos de ojos ajenos. Le dijimos a todo el mundo, incluso a nuestras familias, que no habías sobrevivido al parto. Tu existencia sería un secreto para todos menos un puñado de personas de confianza, para que así, cuando tu magia se manifestase, estuvieras protegida del mundo y juntos, tu madre y yo, pudiéramos criarte y educarte para que consiguieses equilibrar la naturaleza de tu magia con la personalidad con la que habías nacido.

Pero como ya he dicho, fuimos ingenuos, nos dejamos conquistar por tus ojos y tu amor. El día llegó en el que tu magia floreció y no fuimos capaces de afrontar lo drástico que fue el cambio.

Dicen los libros que de las cuatro magias originales, la magia de sangre es la más poderosa de todas, capaz de blandir el poder de la vida y la muerte, y por ello, es también la más esclava de su naturaleza, incapaz de equilibrarse por sí sola.

Los libros tenían razón: eras completamente irreconocible... y ya no eras un bebé.

El día en el que Arvel consiguió su magia, se dedicó a convertir los pasillos de su castillo en pistas de patinaje, crear preciosas estatuas de hielo que parecían tan suaves como la seda, hacer caer la más esponjosa de las nieves... Tú, por otro lado, hacías caer a las sirvientas, las mismas que te habían cuidado desde el día de tu nacimiento, de rodillas cuando iban a despertarte por las mañanas o a pedir que te vistieses. Hiciste que los cocineros se retorciesen de dolor porque no dejaron que te llevases todas las galletas, rompías las alas de los pájaros que vivían en los jardines y los curabas solo para poder volver a rompérselas.

Tus cambios de humor eran tan drásticos, tus caprichos tan egoístas, tus latigazos de agresión tan constantes, que perdimos el control tan rápido como aprendiste que podías obligarnos a hacer cualquier cosa con solo levantar un dedo. Tu crueldad no conocía límites.

Pero dejamos de ser ingenuos y nos convertimos en necios.

Todavía teníamos esperanza de poder enseñarte que lo que hacías estaba mal; al fin y al cabo, los niños son famosos por su crueldad, no nacen sabiendo lo que es la empatía. Eso es algo que tienen que aprender con los años. Por desgracia, tú no nos diste los años para enseñarte.

Fue un día como cualquier otro. Actuaste como lo hacías siempre, sin provocación alguna, aunque por algún motivo, tu ira se volvió desmesurada. Arethe fue a buscarte en el jardín, cerca de la fuente donde solías pasar todo tu tiempo con Arvel cuando venía a visitarnos. Era la hora de comer y la mesa llevaba servida casi una hora, pero todavía no tenías hambre. Tu madre intentó persuadirte para que fueses a comer, te cogió en brazos, te acarició el pelo, te dio besos...; todo lo que ella solía hacer porque te quería y porque te temía.

Yo ya me había marchado a trabajar, por eso tardé tanto tiempo en enterarme. La que os encontró primero fue Hikami, tu tía. Dijo que te halló sentada al lado del cuerpo de tu madre y que habías hecho estallar cada una de sus venas. Había tanta sangre en el suelo que era difícil creer que toda proviniese de una sola persona.

Si te soy sincero, Chi, no recuerdo mucho de lo que sucedió a continuación. Sé que pasaron varios meses durante los cuales estuve a punto de perder mi trabajo como director. Me resultaba casi imposible levantarme de la cama por las mañanas. No solo porque había perdido al amor de mi vida, sino porque sentía que te había perdido a ti.

Al final, llegué a la conclusión de que lo mejor que podía hacer, tanto por ti como por todos nosotros, era intentar quitarte la magia. Tardamos mucho en averiguar cómo conseguirlo sin hacerte ningún tipo de daño, pero entonces me di cuenta de algo. Si íbamos a suprimir tanto tu magia como tu esencia, que te corrompía por dentro, eso significaba que volverías a ser como siempre habías sido.

Al principio me permití a mí mismo sentir alegría; al menos, podría recuperar a una de las dos, aunque no tardé en darme cuenta de algo más.

Si volvías a ser como lo eras antes, sabiendo lo que le habías hecho a tu madre, a los sirvientes, a los animales..., supe que eso te rompería. Apenas podía sobrevivir la pena que me comía por dentro, así que ¿cómo ibas a sobrevivirla tú? Decidí, con el apoyo de Hikami y Dallin, que lo mejor que podía hacer era quitarte los recuerdos, al igual que tus poderes; hacerte olvidar para que tuvieses la oportunidad de crecer y vivir sin la culpa ahogándote. No me arrepiento de ninguna de las decisiones que tomamos. Creo, con todo mi corazón, que hice lo correcto para protegerte tanto a ti como a todos nosotros.

También decidí que sería mejor que te criases con otros niños y que estudiases en la Academia, lo suficientemente cerca de mí como para que pudiese, aunque fuese de vez en cuando, encontrarme contigo, pero lo suficientemente lejos como para que no pudieses deducir tu origen.

En su momento, pensé que te estaba haciendo un favor, que si te criaba como quien eras, como mi hija, terminarías preguntando sobre tu madre y temía que tarde o temprano lo averiguases todo. Y... no confiaba en mis habilidades como padre. No solo había fallado ya una vez, lo cual nos costó a tu madre, sino que en el fondo, una pequeña parte de mí te resentía por lo que habías hecho. Intenté convencerme de que no fue culpa tuya, y a pesar de que sabía que no tenías ningún control sobre tu naturaleza, no podía evitar sentirme como lo hacía y tenía miedo de que, si continuabas a mi lado, te dieras cuenta.

La idea de que crecieses pensando que no te amo o que no estoy orgulloso de ti, y que no entendieses por qué, me daba náuseas.

No estoy seguro de si ahora mismo me siento igual. Antes no comprendía la magnitud de lo que estaba haciendo, lo difícil que sería dejarte en las manos de otros y todos los años que pasarían antes de que, por fin, pudiese volver a llamarte «mi hija». Ha pasado tanto tiempo y me he perdido tantas cosas... Ahora más que nunca me arrepiento de no haberte mantenido a mi lado, pero no puedo cambiar mi decisión, sobre todo ahora.

El plan siempre fue que una vez que Arvel se graduase de la Academia, él se te acercaría y te ayudaría, poco a poco, a destapar lo que hicimos con brujería hace ya tantos años. Pensé que a una edad como la que tienes ahora, tu personalidad, tu bondad y tu forma de ser se habrían solidificado lo suficiente como para poder devolverte tu magia poco a poco sin que esta te consumiese.

Espero que funcione. Espero que cuando esta carta llegue a tus manos ya no tenga que preocuparme de nada más que de ganarme tu confianza y tu cariño. Sobre todo quiero que sepas que te quiero, que siempre lo he hecho y que siempre lo haré, y que lo siento.

No puedo esperar a volver a verte,
Yarak Yule.

Agradecimientos

Llevo trabajando en *Torneo de Monstruos* desde que tenía 16 años, cuando me pasaba toda la clase de biología escribiendo y reescribiendo diferentes escenas en mi cuaderno de rayas rojo. Han pasado siete años desde entonces y ahora, por fin, aquí estamos. Sería una gran mentira decir que he llegado hasta aquí yo sola. Ha habido un número incontable de personas que me han ayudado hasta donde estoy ahora, tantos, que me sería imposible nombrarlos a todos.

Primero, quiero darles las gracias a mis lectores, en especial a aquellos que solían leer mis actualizaciones cuando todavía éramos todos renacuajos de instituto. Gracias a todos los que me habéis seguido y apoyado durante los años, a aquellos que volvieron a encontrarme después de muchos años y a todos los que estáis aquí conmigo ahora, viejos o nuevos. Gracias. Sin vosotros, me habría dado por vencida hace mucho tiempo.

De todos mis lectores, quiero darle un gracias especial a Anahi, mi lectora alpha, por tomarme de la mano durante los seis meses que estuve escribiendo esta novela y por estar ahí, lista para regalarme su tiempo, cada vez que me empotraba por un muro construido por mí misma.

Gracias a todos y cada uno de mis lectores beta, sobre todo a Itziar (ahora ascendida a lectora alpha), Mariana, Helena y Diana, que fueron lo suficientemente amables como para darme tiempo de su día a día.

Gracias a Adella Brac, por su increíble ayuda, consejos y apoyo. Me hiciste sentir mucho mejor, tanto conmigo misma como con mi historia.

Gracias a Isabelle Däröste (@Bellebubben) por darle vida al libro con su arte. Una vez más, me has dejado sin aliento con tu talento. Pensé que nada podría superar la portada de *Academia de Bestias*, pero me equivocaba.

Gracias a Lidia Fernández, mi correctora, por ser la más increíble de las profesionales. Es gracias a ti que este libro es la joya que es ahora mismo. Ahuyentaste tanto las dudas en mi habilidad como escritora, como en mí misma y mis limitaciones. No puedo esperar a poder seguir trabajando contigo en el futuro. Eres la mejor.

Gracias a mi familia, ahora el doble de grande, y a Alex, mi compañero, mi media naranja y, ahora, mi marido. Sin ti este libro no sería una realidad, al igual que mi sueño de ser escritora. Gracias por empujarme a no darme por vencida y por estar aquí conmigo cada día, siendo el mayor pilar de mi vida. Y, como no hablas español, diré que por culpa de la boda, me atrasé casi cuatro semanas en terminar este libro…, pero ha merecido la pena.

Espero que todos vosotros hayáis disfrutado de este libro tanto como yo he disfrutado creándolo.

Gracias.

Sobre la Autora

Lucy Macrae es una autora de fantasía y ciencia ficción para jóvenes. Escribió su primer libro a los 13 años después de enamorarse de Crepúsculo y empezó a publicar sus historias en Wattpad a los 15 años de edad.

Cuando no está escribiendo, podrás encontrarla jugando videojuegos, dibujando, cantando canciones de Steven Universe o hablando de Star Wars.

Para saber más sobre Lucy, visita:

www.lucymacrae.com

O encuéntrala en sus redes sociales:

@ImLucyMacrae
@ImLucyMacrae
@ImLucyMacrae

Si has disfrutado de la novela, considera dejar una reseña para apoyar a la autora.

Lightning Source UK Ltd.
Milton Keynes UK
UKHW010653101022
410232UK00001B/181